创新型师范及学前教育专业精品教材

现代教育技术

汤书波　主审

旦　敏　朱思华　刘　丹　主编

首都师范大学出版社
CAPITAL NORMAL UNIVERSITY PRESS

图书在版编目（CIP）数据

现代教育技术 / 旦敏，朱思华，刘丹主编. -- 北京：首都师范大学出版社，2025. 1. -- ISBN 978-7-5656-8844-7

Ⅰ. G40-057

中国国家版本馆 CIP 数据核字第 2025DP7797 号

XIANDAI JIAOYU JISHU

现代教育技术

旦　敏　朱思华　刘　丹　主编

责任编辑　连景岩

首都师范大学出版社出版发行

地　址　北京西三环北路 105 号
邮　编　100048
电　话　68418523（总编室）　　68982468（发行部）
网　址　http://cnupn.cnu.edu.cn
印　刷　河北鹏润印刷有限公司
经　销　全国新华书店
版　次　2025 年 1 月第 1 版
印　次　2025 年 1 月第 1 次印刷
开　本　787 mm×1092 mm　1/16
印　张　17.5
字　数　404 千
定　价　59.90 元

* 版权所有　违者必究
* 如有印装质量问题，请到所购图书销售部门联系调换
* 盗版举报电话：400-117-9835　　客服热线：400-117-9835

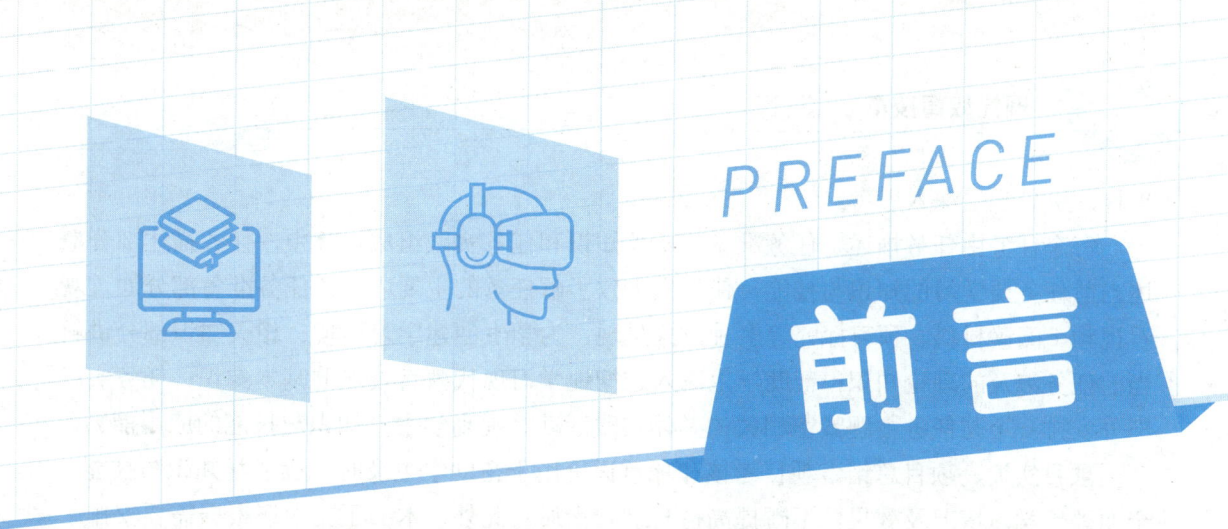

前言

随着信息技术的飞速发展,教育领域正经历着前所未有的变革。教师肩负着传授知识技能、培育时代新人的重要使命。在新的时代背景下,教师应主动适应教育数字化转型的要求,不断提升自身的数字素养和信息技术应用能力。百年大计,教育为本;教育大计,教师为本。为帮助师范生和学科教师更好地应用现代教育技术的基本知识与技能,促进自身专业发展,我们精心策划和编写了本书。

具体来说,本书具有以下几个特色。

一、三位一体,立德树人

党的二十大报告指出:"育人的根本在于立德。"本书积极贯彻党的二十大精神,探索价值塑造、能力培养、知识传授"三位一体"的立德树人新路径,尽可能选取既对应相关知识点,又能够体现核心素养并与实际应用紧密相关的案例,同时在正文中安排了"拓展阅读"模块,以培养学生爱国奉献、开拓创新、自信自强、爱岗敬业、踏实负责、包容公平的良好品德,引导他们树立正确的世界观、人生观和价值观,主动肩负起时代责任和历史使命。

二、校企合作,实践引领

本书在编写过程中得到了一线高科技企业、教育类企业的大力支持,书中所选取的案例均与实际应用紧密相关,或展示现代教育技术如何在实际应用中推动教育与产业融合发展,或引入能够促进学生实践能力提升的体验、探究、实践和自主学习活动,不仅可以帮助学生更好地理解和掌握所学知识,还可以锻炼他们的工作思维和实践能力,让他们边学边练、学以致用。

三、全新形态,全新理念

本书采用"项目引领,任务驱动"模式编写,每个项目包括项目导读、学习目标、引导案例、多个任务、项目实训、项目总结、项目考核和项目评价。

项目导读介绍项目背景,引出项目的主要内容;学习目标包括知识目标、能力目标和素质目标,分别对应学生学完当前项目要掌握的知识要点、具体技能和要达到的育人目标,便于学生有针对性地学习每个项目;引导案例与项目主题紧密相关,用于激发学生的学习兴趣，引导学生深入思考。

每个任务由任务描述、任务准备、相关知识和任务实践组成。其中，任务描述部分概述当前任务要学习的知识与技能，使学生大致了解任务的主要内容；任务准备部分通过观看视频、阅读材料、预习探究等多种方式呈现，为学生创建学习情境；相关知识部分讲解当前任务涉及的理论知识，帮助学生深入透彻地学习现代教育技术的基本知识；任务实践部分安排一个与任务主题紧密相关的具体实践活动，提高学生对知识与技能的应用能力。

项目实训、项目总结、项目考核和项目评价用于帮助学生及时巩固所学知识与技能，全面评价学习情况及效果，不断提高自身综合素质。此外，本书正文中还根据需要安排了"提示""知识库"等模块，可以起到补充讲解、课外拓展、增强趣味性等作用。

四、平台支撑，资源丰富

本书提供了丰富的数字资源，读者可以借助手机或其他移动设备扫描二维码观看微课视频，也可以登录文旌综合教育平台"文旌课堂"查看和下载本书配套资源，如教学课件、素材与实例、项目考核答案等。读者在学习过程中有疑问时，也可登录该平台寻求帮助。

此外，本书还提供了在线题库，支持"教学作业，一键发布"，教师只需通过微信或"文旌课堂"App扫描扉页二维码，即可迅速选题、一键发布、智能批改，并查看学生的作业分析报告，提高教学效率，提升教学体验。学生可在线完成作业，巩固所学知识，提高学习效率。

本书由汤书波担任主审，旦敏、朱思华、刘丹担任主编，廖淑琴、蒋银虎、鲍顺萍、唐利、周建榕担任副主编。由于编者水平有限，书中可能存在疏漏和不妥之处，敬请读者批评指正。

特别说明：

（1）在本书编写过程中，编者参考了大量资料并引用了部分文章和图片。这些资料大部分已获授权，但由于部分资料来自网络，我们暂时无法联系到原作者。对此，我们深表歉意，并欢迎原作者随时与我们联系。本书没有注明资料来源的案例均为编者根据真实事件或材料改编。

（2）本书所选案例大多为真实案例，但为避免引起误会，部分人物和组织使用了化名。

本书配套资源下载网址和联系方式

网址：https://www.wenjingketang.com

电话：400-117-9835

邮箱：book@wenjingketang.com

目录

项目一 教育技术概述 …… 1

任务一 认识教育技术 …… 3
任务描述 …… 3
任务准备 …… 3
一、教育技术的定义 …… 3
二、教育技术的发展 …… 6
三、教育信息化 …… 9
四、现代教育技术的地位和时代意义 …… 10
任务实践——体验在线开放课程 …… 12

任务二 了解教师教育技术能力 …… 14
任务描述 …… 14
任务准备 …… 14
一、教师教育技术能力框架 …… 15
二、教师教育技术能力相关标准 …… 18
三、教师教育技术能力提升途径 …… 21
任务实践——制订并讨论教育技术能力发展计划 …… 22

任务三 了解信息技术与课程整合 …… 23
任务描述 …… 23
任务准备 …… 24
一、信息技术与课程整合的概念 …… 24
二、信息技术与课程整合的由来 …… 25
三、信息技术与课程整合的教学模式 …… 26
任务实践——探索信息技术与课程整合的教学设计 …… 27

项目实训 探究现代教育技术应用 …… 28
项目总结 …… 29
项目考核 …… 30
项目评价 …… 32

项目二 现代教育技术理论基础 …… 33

任务一 了解学习理论 …… 35
任务描述 …… 35
任务准备 …… 35
一、行为主义学习理论 …… 35
二、认知主义学习理论 …… 37
三、建构主义学习理论 …… 38
四、人本主义学习理论 …… 39
任务实践——探究学习理论发展现状 …… 40

任务二 了解教学理论 …… 43
任务描述 …… 43
任务准备 …… 43
一、关注行为的教学理论 …… 44
二、关注认知的教学理论 …… 45

三、关注人格的教学理论……………46
　　任务实践——赏析发现教学法应用
　　　　实例……………………………47
任务三　了解视听传播理论……………47
　　任务描述…………………………47
　　任务准备…………………………48
　　一、视听教育理论…………………48
　　二、教育传播理论…………………49
　　任务实践——根据香农—韦弗传播模型
　　　　分析教育传播过程………………51
任务四　了解系统科学理论……………51
　　任务描述…………………………51
　　任务准备…………………………51
　　一、系统科学的基本理论……………52
　　二、系统科学的基本原理……………53
　　三、系统科学方法及其教育应用………54
　　任务实践——运用系统科学方法解决
　　　　教学问题………………………54
项目实训　制作教育技术理论发展
　　　　脉络图……………………55
项目总结……………………………56
项目考核……………………………56
项目评价……………………………59

项目三　信息化教学媒体与环境…………60

任务一　认识信息化教学媒体…………61
　　任务描述…………………………61
　　任务准备…………………………62
　　一、信息化教学媒体的概念……………62
　　二、信息化教学媒体的类型……………63
　　三、信息化教学媒体的功能与特性………64
　　任务实践——识别信息化教学媒体
　　　　类型……………………………65

任务二　熟悉信息化教学环境…………67
　　任务描述…………………………67
　　任务准备…………………………67
　　一、信息化教学环境的概念……………67
　　二、信息化教学环境的类型……………68
　　三、信息化教学环境的功能与特点………69
　　任务实践——调研学校信息化教学
　　　　环境组成………………………70
任务三　信息化教学环境实例…………71
　　任务描述…………………………71
　　任务准备…………………………71
　　一、多媒体教室……………………72
　　二、网络教室………………………73
　　三、微格教室………………………75
　　四、智慧教室………………………76
　　五、数字校园………………………78
　　六、智慧校园………………………79
　　任务实践——探究微格教学实践过程……81
项目实训　探究信息化教学环境
　　　　应用现状…………………83
项目总结……………………………83
项目考核……………………………84
项目评价……………………………86

项目四　多媒体教学素材…………87

任务一　认识多媒体技术与素材………88
　　任务描述…………………………88
　　任务准备…………………………89
　　一、多媒体技术的概念与教育应用………89
　　二、多媒体技术的发展趋势……………90
　　三、常用多媒体技术…………………90
　　四、多媒体素材的概念与类型…………92
　　任务实践——选择和使用多媒体素材……93

任务二　文本与图形图像素材 …… 94
    任务描述 …………………………… 94
    任务准备 …………………………… 94
        一、文本素材的类型与格式 ……… 95
        二、文本素材的获取与处理 ……… 96
        三、图形图像素材的类型与格式 … 97
        四、图形图像素材的获取与处理 … 99
    任务实践——制作校园义卖宣传
                海报 …………………… 101

任务三　音频与视频素材 ………… 104
    任务描述 …………………………… 104
    任务准备 …………………………… 104
        一、音频素材的类型与格式 …… 105
        二、音频素材的获取与处理 …… 106
        三、视频素材的类型与格式 …… 107
        四、视频素材的获取与处理 …… 108
    任务实践——剪辑"植树
                活动 vlog" ……………… 110

任务四　动画素材 ………………… 113
    任务描述 …………………………… 113
    任务准备 …………………………… 113
        一、动画素材的类型与格式 …… 114
        二、动画素材的获取与制作 …… 115
    任务实践——制作奥运会奖牌数
                竞猜动画 ……………… 116

项目实训　准备和制作多媒体教学
            素材 ……………………… 120
项目总结 ……………………………… 121
项目考核 ……………………………… 121
项目评价 ……………………………… 124

项目五　多媒体课件与微课 …… 125

任务一　认识多媒体课件 ………… 127
    任务描述 …………………………… 127
    任务准备 …………………………… 127
        一、多媒体课件的概念与特点 … 127
        二、多媒体课件的类型 ………… 128
        三、多媒体课件的作用 ………… 130
    任务实践——获取与简单处理多媒体
                课件 …………………… 131

任务二　多媒体课件制作要点 …… 133
    任务描述 …………………………… 133
    任务准备 …………………………… 133
        一、多媒体课件制作原则 ……… 133
        二、多媒体课件制作软件 ……… 134
        三、多媒体课件制作流程 ……… 135
    任务实践——制作历史多媒体课件 … 137

任务三　认识微课 ………………… 141
    任务描述 …………………………… 141
    任务准备 …………………………… 141
        一、微课的概念与特点 ………… 141
        二、微课的类型 ………………… 142
        三、微课的作用 ………………… 143
    任务实践——赏析基础教育精品课 … 143

任务四　微课视频制作要点 ……… 146
    任务描述 …………………………… 146
    任务准备 …………………………… 146
        一、微课视频制作原则 ………… 146
        二、微课视频制作软件 ………… 147
        三、微课视频制作流程 ………… 148
    任务实践——制作录屏式微课视频 … 149

项目实训　制作演示文稿讲解型
            微课视频 ………………… 151
项目总结 ……………………………… 153
项目考核 ……………………………… 153
项目评价 ……………………………… 156

项目六 信息化教学工具 …… 157

任务一 认识信息化教学工具 …… 159
- 任务描述 …… 159
- 任务准备 …… 159
  - 一、信息化教学工具的概念 …… 159
  - 二、信息化教学工具的类型 …… 160
  - 三、信息化教学工具的特点 …… 161
- 任务实践——调研学校的信息化教学工具 …… 161

任务二 知识建构工具 …… 163
- 任务描述 …… 163
- 任务准备 …… 163
  - 一、笔记工具 …… 163
  - 二、思维导图工具 …… 165
  - 三、概念图工具 …… 167
  - 四、知识管理平台 …… 168
- 任务实践——制作思维导图 …… 169

任务三 协作交流工具 …… 172
- 任务描述 …… 172
- 任务准备 …… 172
  - 一、在线会议工具 …… 173
  - 二、即时通信工具 …… 173
- 任务实践——组织直播教学 …… 175

任务四 虚拟实验工具 …… 177
- 任务描述 …… 177
- 任务准备 …… 177
  - 一、虚拟实验室 …… 177
  - 二、虚拟实验资源平台 …… 178
- 任务实践——体验虚拟实验资源平台 …… 179

- 项目实训 探究信息化教学工具应用 …… 181
- 项目总结 …… 182
- 项目考核 …… 183
- 项目评价 …… 185

项目七 信息化教学设计 …… 186

任务一 认识信息化教学设计 …… 187
- 任务描述 …… 187
- 任务准备 …… 188
  - 一、信息化教学设计的概念 …… 188
  - 二、信息化教学设计的过程与原则 …… 189
  - 三、信息化教学设计的基本内容 …… 191
- 任务实践——赏析教学设计案例 …… 194

任务二 课堂教学设计 …… 196
- 任务描述 …… 196
- 任务准备 …… 196
  - 一、课堂教学设计的内涵 …… 197
  - 二、课堂教学设计的模式 …… 197
- 任务实践——探索课堂教学设计 …… 199

任务三 在线教学设计 …… 201
- 任务描述 …… 201
- 任务准备 …… 201
  - 一、在线教学设计的内涵 …… 202
  - 二、在线教学设计的模式 …… 202
- 任务实践——探索在线教学设计 …… 203

任务四 混合式教学设计 …… 204
- 任务描述 …… 204
- 任务准备 …… 204
  - 一、混合式教学设计的内涵 …… 205
  - 二、混合式教学设计的模式 …… 205
- 任务实践——探索混合式教学设计 …… 207

- 项目实训 开展信息化教学设计 …… 209
- 项目总结 …… 209
- 项目考核 …… 210
- 项目评价 …… 212

项目八 信息化教学评价 213

任务一 认识信息化教学评价 214
- 任务描述 214
- 任务准备 215
  - 一、信息化教学评价的含义 215
  - 二、信息化教学评价的类型 216
  - 三、信息化教学评价的功能 217
  - 四、信息化教学评价的原则 218
- 任务实践——探究信息化教学评价过程 218

任务二 信息化"教"的评价 219
- 任务描述 219
- 任务准备 220
  - 一、信息化教学设计评价 220
  - 二、信息化教学活动评价 222
- 任务实践——制作教学设计评价问卷 226

任务三 信息化"学"的评价 229
- 任务描述 229
- 任务准备 229
  - 一、面向学习过程的评价 229
  - 二、面向学习结果的评价 233
- 任务实践——分析学生学习过程问卷数据 234

项目实训 探究信息化教学评价应用现状 237
项目总结 238
项目考核 239
项目评价 241

项目九 信息化教育教学创新 242

任务一 了解教育应用新技术 244
- 任务描述 244
- 任务准备 244
  - 一、人工智能技术 245
  - 二、脑机接口与眼动追踪技术 250
  - 三、计算机图形与仿真技术 252
  - 四、云计算与大数据技术 254
  - 五、物联网技术 255
- 任务实践——生成小组活动计划 256

任务二 了解信息化教学新模式 259
- 任务描述 259
- 任务准备 259
  - 一、翻转课堂教学模式 260
  - 二、STEAM教学模式 261
  - 三、创客教学模式 262
  - 四、大单元教学模式 262
- 任务实践——探索大单元教学设计 263

项目实训 探究信息化教育教学创新现状 265
项目总结 265
项目考核 266
项目评价 268

参考文献 269

项目一　教育技术概述

项目导读

信息革命所带来的技术进步使人类的学习方式发生了深刻变革，教育信息化已成为现代教育发展的必然趋势，而现代教育技术作为教育信息化的主要推动力，为教育改革和发展提供了新的方向和可能性。这一现实对教师培养提出了更高的要求。现代教育技术能力是新时代教师必须具备的职业素养，学习并掌握信息技术与课程整合也已成为教师专业发展的重要组成部分。本项目主要介绍现代教育技术的入门知识，包括教育技术、教师教育技术能力、信息技术与课程整合等内容。

学习目标

知识目标

- 了解教育技术的定义和发展，以及教育信息化。
- 了解现代教育技术的地位和时代意义。
- 了解教师教育技术能力及其框架、相关标准、提升途径。
- 了解信息技术与课程整合的概念、由来及教学模式。

能力目标

- 能够描述现代教育技术的应用现状及优势。
- 能够体验和探究现代教育技术的典型应用。
- 能够探索信息技术与课程整合，提升教育技术能力。

素质目标

- 培养对现代教育技术的学习热情，积极适应教育变革。
- 初步树立教师教育技术能力发展意识。
- 积极践行教育伦理与道德规范，如尊重个体差异、维护他人隐私等。

引导案例　科技赋能教育变革创新

教育大模型、智慧黑板、虚拟现实（VR）移动课堂、智慧体育、人工智能（AI）机器人……随着大数据、云计算、人工智能等新一代信息技术的发展，科技赋能教育变革创新迎来了空前的机遇，也给教育带来了更多思考。

2024年4月19日，第83届中国教育装备展示会（以下简称"教装展"）在重庆国际博览中心开幕。该届教装展以"数字赋能教育，创新引领未来"为主题，搭建了一个集展示、交流、合作、创新、发展为一体的优质平台。展会汇聚了国内外1 300余家企业，展出教育装备产品超过2.1万件，吸引了超过20万人次前来现场观摩、交流。

在该届教装展上，有企业展示了利用遥感卫星技术打造的实景交互课题库，以智慧遥感赋能基础教育新业态。此外，还有企业通过增强现实（AR）推题（即推送导课资源和习题）与人工智能软件，构建了从课前预习到课后答疑的全链条个性化学习体系。这一体系充分尊重并考虑学生的个体差异，为他们铺设了个性化的成长道路。

在该届教装展上，科技不仅深度赋能传统学科教育与个性化学习领域，在学生综合素养的培养方面影响力也日益增强。例如，智慧操场通过AI技术精准记录学生的运动数据，即时反馈成绩，提升体育教学效率和公平性；AI心理筛查室利用人脸识别和情感计算技术，辅助诊断学生心理状态，建立数字心理档案，预警潜在心理问题。这些产品为素质教育注入了新的活力，提升了教学的精准度与科学性，增强了人文关怀。

教装展不仅是一场科技的盛宴，更是一次对教育未来的深刻展望。在这里，科技产品不再是冰冷的工具，而是充满温度与智慧的"伙伴"，携手教育者共同重塑教育场景，推动教学变革，助力学生综合素养的全面提升。

（资料来源：于珍、田玉，《智能技术如何推进教育变革》，中国教育新闻网，2024年5月7日）

请思考：

如今，越来越多的企业积极探索将前沿技术融入教育领域，取得了教育技术方面的诸多突破性进展。面对这一日新月异的技术发展趋势，我们应如何平衡技术创新与教学本质，确保技术真正满足学生的学习需求，而非形式化应用？

项目一 教育技术概述

任务一 认识教育技术

任务描述

现代教育技术作为一门新兴的综合性应用学科,融合了现代科技与教育理论,在推动教育现代化的变革中扮演着重要角色。在本任务中,我们将学习教育技术的定义、教育技术的发展、教育信息化、现代教育技术的地位和时代意义等内容,以全面认识现代教育技术。

任务准备

随着科技的发展与人类社会的进步,越来越多的信息技术被应用于教育领域,以提升教学质量和效果。如何更好地利用信息技术实现教育教学的最优化,已成为教育领域从业者的研究热点。例如,在某些学校,教师借助VR技术让学生身临其境地感受历史事件,增强学习的沉浸感;有的机构通过在线教育平台,实现了优质教学资源的共享,让所有地区的学生随时随地都能享受到一流的教育。

请同学们扫码观看"VR助力情景教学"视频并思考以下问题。

(1)视频中所展现的教学活动与传统教学活动有什么不同?(可从教学方式、手段、效果等方面展开思考)

(2)现代教育技术是什么?教育技术的主要研究内容是什么?

VR助力情景教学

一、教育技术的定义

世界各国的教育技术大都经历了从硬件建设、软件制作到系统方法与教学设计的演变过程,但在不同时期、国家或地区,人们对教育技术的认识和理解是存在差异的。这种差异源于不同的文化背景、教育体系、技术发展状况等诸多因素。下面,我们对教育技术发展历程中的标志性定义进行简要介绍。

1. AECT对教育技术的定义

美国教育传播与技术协会(association for educational communications and technology,AECT)是国际教育技术学领域最具影响力的学术组织之一。该协会自成立以来,一直致力于研究教学与教育技术,并在不同时期发表了多种不同的教育技术定义。下面,分别对AECT在1994年、2005年、2017年发表的教育技术定义进行简要介绍。

1）教育技术的 AECT'94 定义

1994 年，在众多教育技术专家的参与下，AECT 发表了教育技术定义（简称"AECT'94 定义"）：教育技术（教学技术）是为了促进学习，对学习过程和学习资源进行设计、开发、利用、管理和评价的理论与实践。

AECT'94 定义认为，教育技术的研究目标是促进学习，研究对象是学习过程和学习资源，研究范畴包括设计、开发、利用、管理和评价，研究领域是理论和实践。AECT'94 定义界定的概念名称为"教学技术（instructional technology）"，研究重点放在了教学。AECT'94 定义下的教育技术构成如图 1-1 所示。

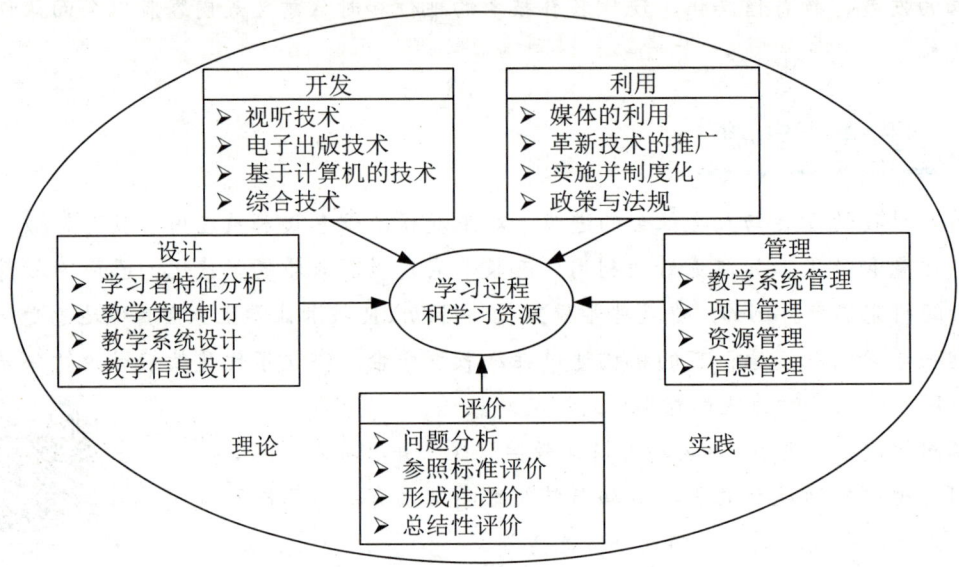

图 1-1 AECT'94 定义下的教育技术构成

2）教育技术的 AECT'05 定义

2005 年，AECT 经过充分讨论后发表了新的教育技术定义（简称"AECT'05 定义"）：教育技术是通过创造、使用和管理适当的技术过程和资源，以促进学习和提高绩效的研究与符合道德规范的实践。

与之前相比，AECT'05 定义将教育技术的研究目标从"促进学习"扩充为"促进学习和提高绩效"，研究对象由"学习过程和学习资源"转为"技术过程和资源"，研究范畴整合为"创造、使用和管理"。该定义确定了教育技术包括"研究"和"符合道德规范的实践"两大领域，进一步强调教育技术实践过程要符合道德规范。AECT'05 定义的贡献还包括重新将概念名称界定为"教育技术（educational technology）"而不是"教学技术（instructional technology）"，突出了教育技术的综合性，强调教育技术是在教学、学习和绩效提高等方面的广泛应用。

3）教育技术的 AECT'17 定义

2017年12月，AECT在其官网发布了教育技术的全新定义：教育技术是通过对学习与教学的过程和资源的策略性设计、管理和实施，来增进知识，调节和提升学习与绩效的研究，以及对理论、研究成果和最佳实践的合乎道德的应用。

在之前定义的基础上，AECT'17定义又对教育技术的研究目标、研究对象、研究范畴与研究领域等方面进行了更新。AECT'17定义将教育技术的研究目标确定为"增进知识，调节和提升学习与绩效"，研究对象转向"学习与教学"，重点关注学习与教学的过程和资源。教育技术的研究范畴涵盖设计、管理和实施，强调实施过程的重要性。教育技术的研究领域包括理论、研究成果和最佳实践，整合了以往的研究领域。

2. 国内学者对教育技术的定义

自从AECT'94定义发表之后，国内学者对教育技术的理解发生了重要的变化，纷纷重新审视和研究教育技术的内涵、定位及概念界定。下面列举两个有代表性的国内学者对教育技术的定义。

（1）彭绍东在《教育技术的定义与命题》一文中指出：教育技术是为教育的实施和提高教育的效果而采用的方法、工具与所要求的教育参与者的技能之和。教育技术的领域包括对教育过程、教育资源的设计、开发、利用、管理与评价，以及对教育参与者技术素质的培训等。在一定的教育思想、理论的指导下，教育技术可起到支持教与学和优化教与学的作用，其核心目标是促进学习。

（2）祝智庭在《现代教育技术——走进信息化教育》一书中指出：教育技术是应用现代信息技术，对学习资源和学习过程进行设计、开发、利用、管理和评价的理论与实践，包括教育技术学的理论基础、媒体与教学、教学资源的开发与应用、教学过程的理论与实践、教学设计与开发、远程教学技术、教学评价技术等内容。他强调，教育技术不仅仅是一种理论，更是一种贯穿教学过程各个阶段的实践。

关于教育技术，目前还没有统一的定义或描述，本书认为：教育技术是指运用各种理论及技术，通过对教与学过程及相关资源的设计、开发、利用、管理和评价，实现教育教学优化的理论与实践。

3. 现代教育技术的定义

大多数学者认为，现代教育技术是教育技术的一个组成部分，是教育技术的一个子概念。目前，国内的现代教育技术定义大都参照了AECT'94定义。例如，李克东教授对现代教育技术的定义：现代教育技术是指运用现代教育理论和现代信息技术，通过对教与学的过程和资源的设计、开发、利用、管理和评价，以实现教学优化的理论和实践。

与教育技术相比，现代教育技术多了"现代"二字，这意味着，现代教育技术在研究过程中更加注重与现代的理论、技术相结合。在教育技术的AECT'94定义中，凡是可

以促进学习的一切技术手段和方法（如教学策略制订、电子出版技术、媒体的利用、教学系统管理、总结性评价）都被定义为教育技术，而现代教育技术则更加强调现代信息技术（如多媒体技术、计算机技术、人工智能技术、信息与通信技术等）。对于现代教育技术的定义，可以从以下两个角度进行理解。

（1）与教育技术的定义保持一致，现代教育技术以"教与学的过程和资源"为研究对象，研究范畴包括设计、开发、利用、管理和评价五个方面，涵盖了理论和实践两大研究领域，研究目标是优化教学。

（2）不同于传统教育技术，现代教育技术建立在系统科学方法之上，以先进的教育思想和教育理论为指导，借助现代信息技术，推动教育领域的创新与发展。

二、教育技术的发展

作为教育领域的重要支撑，教育技术自诞生之日起就深刻地影响着教育的形态和质量，并在后续的发展中不断推动着教育的创新和变革。了解教育技术的发展和教育的现代化变革，有利于更好地学习现代教育技术，实现信息技术与课程整合。下面，从国外和国内两个维度对教育技术的演变历程进行介绍。

1. 国外教育技术的发展

国外教育技术的发展历程按时间脉络大致可分为萌芽起步、初步发展、系统发展和网络发展四个阶段。

1）萌芽起步阶段

这个阶段主要指 17 世纪到 19 世纪末期。现有的大多数观点认为，直观教学是教育技术的先声。直观教学最早由 17 世纪捷克著名的教育学家夸美纽斯提出，指的是运用生物活体、标本、模型、板画等直观教具辅助教学，实质上是一种传授观察经验的直观技术。但直观教学理论并没有在当时的教学实践中产生很大的影响，直到 19 世纪在裴斯泰洛齐、福禄贝尔等人的大力倡导下，该理论开始在欧洲流行，然后迅速传入美洲大陆，并对美国教育技术产生了深刻影响。

19 世纪末期，随着科技的飞速发展，照相机、幻灯机、电影摄影机等机械化、电动化的信息传播媒介被引入教育领域，正式拉开了教育技术新篇章的序幕。1920 年，美国影片公司开始为学校提供教育影片，部分美国高校也开始探索自制教学影片的可能性。1923 年，美国教育协会成立了视觉教学部，标志着视觉教学作为教育领域的一项重要实践被官方认可。

2）初步发展阶段

这个阶段主要指 19 世纪末期到 20 世纪 50 年代。在这一阶段，各类视觉和视听设备开始在教学中被广泛运用，同时一些具有影响力的教育技术理论也在这一时期诞生。

19世纪末期，视觉教学的倡导者们开始在教育教学过程中合理地利用视觉教材，将各种抽象知识具体化呈现，以实现提升教学和学习效果的目的。到了20世纪30年代，无线电广播、录音机、留声机等一系列设备开始广泛应用于教育教学，视觉教学发展为视听教学。1946年，戴尔提出了"经验之塔"理论，对视听媒体在教学中的作用进行了分析和论证，这一理论被认为是视听教学最为重要的理论。1947年，美国教育协会的视觉教学部更名为视听教学部。

3）系统发展阶段

这个阶段主要指20世纪50年代到90年代。在这一阶段，视听设备和计算机辅助教学迅猛发展，教育技术领域经历了巨变，在理论创新与职能转型方面尤为显著。学者们的关注重心逐渐从具体的教学工具转向整个教育传播过程及教学系统的优化，促使教学理念从单一的"媒体中心论"向更加综合的"过程论"和"系统论"转型。

进入20世纪50年代后，技术的持续进步引发了视听设备与教学资源的爆炸式增长，教育电视成功从实验探索阶段迈入实际应用。同时，计算机辅助教学研究作为一种新兴力量，正式进入教育技术研究的广阔领域。在这一转变中，传播理论和系统科学理论的观点与方法被创造性地引入视听教育领域，引领了理论创新的浪潮。美国教育协会的视听教学部在这一时期经历了从名称到职能的双重变革。该部门先是于1963年更名为视听传播部，后在1970年正式转型为美国教育传播与技术协会（AECT），从原属机构中独立出来。

4）网络发展阶段

这个阶段主要指20世纪90年代至今。自20世纪90年代以来，新一代信息技术、新型多媒体技术和网络技术快速发展，越来越多的先进技术和手段被应用到教育领域以促进教学优化。例如，计算机辅助教学、在线学习平台（含移动学习APP）、远程教育、虚拟现实技术、人工智能技术等。这些现代教育技术的应用使得教育的全民化、终身化、多元化和国际化成为可能。

2．国内教育技术的发展

在我国，"教育技术"这个名称由"电化教育"演变而来，其发展历程按时间脉络大致可分为萌芽起步、初步发展、重新起步和全面发展四个阶段。

1）萌芽起步阶段

这个阶段主要指20世纪20年代至中华人民共和国成立前。我国受美国视听教育运动的影响，逐步将幻灯机、电影摄影机和录音机等现代化视听设备引入教育领域，作为辅助教学的重要媒介。在这一阶段，电化教育的三大主体（电教事业、学科、产业）从无到有，电化教育的三大建设（电教机构、基础设施、队伍）开始起步。尽管取得了上述初步成就，但这一时期的教育技术应用范围相对有限，主要局限于部分城市的高等学府及个别先进教育机构之中，尚未实现广泛而深入的普及与应用。

2）初步发展阶段

这个阶段主要指中华人民共和国成立后至党的十一届三中全会召开前。1949年11月，为了加强对全国电化教育工作的统一领导，原文化部科学普及局正式设立了电化教育处，这标志着我国首个专门负责电化教育的机构诞生。在这一时期，电化教育的重心逐步由社会领域向学校内部转移，实现了电化教育重心的战略性调整。然而，自1966年开始，我国经历了十余年的社会变革，电化教育基本处于停滞状态，但电化教育工作的基础已经奠定，教育现代化的火种已经播下。

> **知识库**
>
> 褚宏启教授认为，教育现代化是指与教育形态的变迁相伴的教育现代性不断增长和实现的过程。教育现代化包括教育观念、教育内容、教育方法、教育管理、师资队伍、办学条件等的现代化。

3）重新起步阶段

这个阶段主要指党的十一届三中全会召开后至20世纪90年代。20世纪70年代末期，随着党的十一届三中全会的召开，我国的教育技术迎来了新的发展机遇，在政府的强力推动下，一系列的政策扶持、充足的资金投入及社会各界的广泛协同，为教育技术营造了积极、健康的发展环境。在这一阶段，我国的电化教育组织机构基本形成，主要包括中国卫星电视教育系统、学校电化教育系统、中国电大系统、计算机辅助教学系统和高校电化教育系统五大组成部分。

4）全面发展阶段

这个阶段主要指20世纪90年代至今。自20世纪90年代以来，我国的教育技术进入了全面复苏与快速发展期，其理论与实践均发生了深刻变革。计算机技术的普及和信息时代数字技术的赋能，极大地丰富了教学手段，提高了教学效率，为我国教育事业注入了新的活力。

> **知识库**
>
> 中国电化教育的奠基人南国农教授认为，电化教育就是在现代教育思想、理论的指导下，主要运用现代教育技术进行教育活动，以实现教育过程的最优化。国内学者普遍认为，电化教育是教育技术的早期叫法。1993年，原国家教委发布《普通高等学校本科专业目录》，将"电化教育"改为"教育技术学"，逐步与国际接轨。2002年11月，在昆明召开的中国电化教育协会年会上，该协会名称正式改为"中国教育技术协会"。由此开始，"教育技术"逐步取代了在中国沿用半个多世纪的"电化教育"名称和定义，全面进入教育技术发展的新阶段。

三、教育信息化

教育信息化是指在教育教学的各个领域中，积极开发并充分应用信息技术和信息资源，促进教育现代化，以培养满足社会需求的人才的过程。这一概念是在20世纪90年代伴随美国"信息高速公路"的兴建而提出的。美国政府于1993年9月提出建设"国家信息基础设施"（俗称"信息高速公路"）计划，其核心是构建以互联网为基础的综合化信息服务体系和推进信息技术的广泛应用。

作为一项极为复杂的系统工程，教育信息化涉及社会生活、生产劳动、经济、科技、文化等多个层面。从技术属性看，教育信息化的基本特征为数字化、网络化、智能化和多媒体化；从教育属性看，教育信息化的基本特征为开放性、共享性、交互性和协作性。教育信息化是信息化时代背景下教育发展的必然趋势，旨在通过整合各种信息技术和教育教学理论，促进信息技术在教育领域的广泛应用，满足现代社会和经济发展对素质教育改革与发展的需求，实现创新人才培养，推动教育现代化。

为了加快教育现代化和教育强国建设，推进新时代教育信息化发展，培育创新驱动发展新引擎，结合国家新一代信息技术等重大战略的任务安排和《国家中长期教育改革和发展规划纲要（2010—2020年）》《国家教育事业发展"十三五"规划》《教育信息化十年发展规划（2011—2020年）》《教育信息化"十三五"规划》等文件要求，教育部制定了《教育信息化2.0行动计划》。

中共中央作出中国特色社会主义进入新时代的重大判断，开启了加快教育现代化、建设教育强国的新征程。站在新的历史起点，必须聚焦新时代对人才培养的新需求，强化以能力为先的人才培养理念，将教育信息化作为教育系统性变革的内生变量，支撑引领教育现代化发展，推动教育理念更新、模式变革、体系重构，使我国教育信息化发展水平走在世界前列，发挥全球引领作用，为国际教育信息化发展提供中国智慧和中国方案。新时代赋予了教育信息化新的使命，也必然带动教育信息化从1.0时代进入2.0时代。为引领推动教育信息化转段升级，提出《教育信息化2.0行动计划》。

《教育信息化2.0行动计划》是加快实现教育现代化的有效途径。没有信息化就没有现代化，教育信息化是教育现代化的基本内涵和显著特征，是"教育现代化2035"的重点内容和重要标志。教育信息化具有突破时空限制、快速复制传播、呈现手段丰富的独特优势，必将成为促进教育公平、提高教育质量的有效手段，必将成为构建泛在学习环境、实现全民终身学习的有力支撑，必将带来教育科学决策和

综合治理能力的大幅提高。以教育信息化支撑引领教育现代化，是新时代我国教育改革发展的战略选择，对于构建教育强国和人力资源强国具有重要意义。

（资料来源：教育部，《教育部关于印发〈教育信息化2.0行动计划〉的通知》，中国政府网，2018年4月13日）

四、现代教育技术的地位和时代意义

1．现代教育技术的地位

随着现代教育技术的不断创新与发展，其在我国教育改革中逐渐占据了突出地位。教育部曾多次发布文件，强调信息技术应用能力应成为教师的必备技能，并将现代教育技术的应用作为各层次教师专业标准的基本内容。当前，现代教育技术已成为我国教育现代化的重要保障和实施素质教育的重要手段。

1) 现代教育技术是教育现代化的重要保障

2019年，中共中央、国务院印发《中国教育现代化2035》，提出了推进教育现代化的十大战略任务，包括发展中国特色世界先进水平的优质教育、建设高素质专业化创新型教师队伍、加快信息化时代教育变革等。现阶段的实践已经表明，要想顺利完成这些任务，真正实现教育现代化，现代教育技术必不可少。

2) 现代教育技术是实施素质教育的重要手段

早在1999年，《中共中央 国务院关于深化教育改革全面推进素质教育的决定》就明确提出"大力提高教育技术手段的现代化水平和教育信息化程度"，同时在"优化结构，建设全面推进素质教育的高质量的教师队伍"的要求中，强调教师"要有宽广厚实的业务知识和终身学习的自觉性，掌握必要的现代教育技术手段"。

3) 现代教育技术能力是教师专业素养的重要组成部分

作为新时代的教师，具备现代教育技术能力不仅是职业素养的体现，更是一种责任和使命。2005年，教育部启动了全国中小学教师教育技术能力建设计划。该计划的宗旨是以《中小学教师教育技术能力标准（试行）》为依据，以全面提高中小学教师教育技术应用能力，促进技术在教学中的有效运用为目的，建立中小学教师教育技术培训和考试认证制度，组织开展以信息技术与学科教学有效整合为主要内容的教育技术培训，全面提高广大教师实施素质教育的能力水平。这一计划表明，掌握现代教育技术可以帮助教师更好地开展教学工作、拓宽教学视野和创新教学方法。

2．现代教育技术的时代意义

现代教育技术作为教育现代化发展的重要组成部分，对教育的进步与发展具有深远的时代意义。

1) 现代教育技术助力教育信息化

现代教育技术助力教育信息化不仅是国家的战略部署，也是教育信息化的基本要求。2018年，教育部印发《教育信息化2.0行动计划》，标志着我国教育信息化正式迈入智能时代的教育新征程，而现代教育技术的发展是其中至关重要的一环。《教育信息化2.0行动计划》的主要任务中提到：继续深入推进"三通两平台"，实现三个方面普及应用；持续推动信息技术与教育深度融合，促进两个方面水平提高；构建一体化的在线教育大平台。要想顺利实施这些任务，离不开现代教育技术的助力。

提示

"三通两平台"是指宽带网络校校通、优质资源班班通、网络学习空间人人通、教育资源公共服务平台、教育管理公共服务平台。

2) 现代教育技术促进教师专业发展

在信息时代，现代教育技术不仅是教师开展教学的重要支撑，对教师的专业发展也具有重要影响。它为身处不同环境的教师提供了交流的机会，丰富了教师学习的内容，并为教学研究提供了有效的工具和方法。2011年，《教育部关于大力推进教师教育课程改革的意见》提到：加强以信息技术为基础的现代教育技术开发和应用，将现代教育技术渗透、运用到教学中。

3) 现代教育技术促进创新人才培养

创新人才是指具有创新思维、创新能力和创新意识，在解决问题、推动变革和实现突破方面具有独特能力的人。而现代教育技术的理论基础之一，建构主义学习理论就强调学生自主学习、自主探索及在教师的帮助下主动建构知识，主张通过真实的、有意义的学习体验来促进知识的建构和发展，激发学生的创造性和批判性思维。这一理论基础使得现代教育技术有利于培养学生的创新思维、创新能力和创新意识，与创新人才的培养目标不谋而合。此外，现代教育技术提供的教学资源、教学方式，也对培养学生的自主性和创造性具有积极作用。

4) 现代教育技术促进基础教育课程改革

在基础教育课程改革的进程中，现代教育技术必不可少。2023年5月9日，教育部办公厅印发《基础教育课程教学改革深化行动方案》，明确提出：提升教师和教研员专业化水平，确保高质量落实课程教学改革要求，深入推进教育数字化，促进信息技术与教育教学深度融合。这一任务部署体现了现代教育技术对教育教学进步和提高教学质量的重要性，以及对基础教育课程改革的促进作用。

5) 现代教育技术促进教育均衡发展

在传统教育模式下，学生通常只能在学校接触到有限的教育资源。然而，随着现代教育技术的广泛应用，学生可以突破时空的限制，轻松获取全国乃至全球的教育资源，这极大地促进了教育的均衡发展。

任务实践——体验在线开放课程

当今，现代教育技术的应用形式丰富多样，如在线课堂、虚拟学习环境、教育资源共享平台、互动学习工具、学习管理系统等，它们在改善学习体验、拓展教学空间和提升教学效果等方面发挥着重要作用。下面以国家高等教育智慧教育平台为例，了解其主要服务，体验在线选择和学习一门自己喜欢的课程的方法。

体验在线开放课程

步骤 1 打开浏览器，在地址栏中输入"https://higher.smartedu.cn"，按回车键，打开国家高等教育智慧教育平台主页，如图1-2所示（读者也可通过百度搜索关键词"智慧高教"或"国家高等教育智慧教育平台"进入该平台）。通过主页的导航栏可以看到，该平台功能齐全，资源丰富，提供了课程、教材、虚仿实验、教师教研、研究生教育、创课平台等多个版块。

图1-2 国家高等教育智慧教育平台主页

步骤 2 在导航栏中单击"课程"按钮，跳转至"课程"页面。在"课程"页面的搜索框中输入想要学习的课程名称，如"人工智能"，按回车键，即可显示所有的"人工智能"课程资源，如图1-3所示。

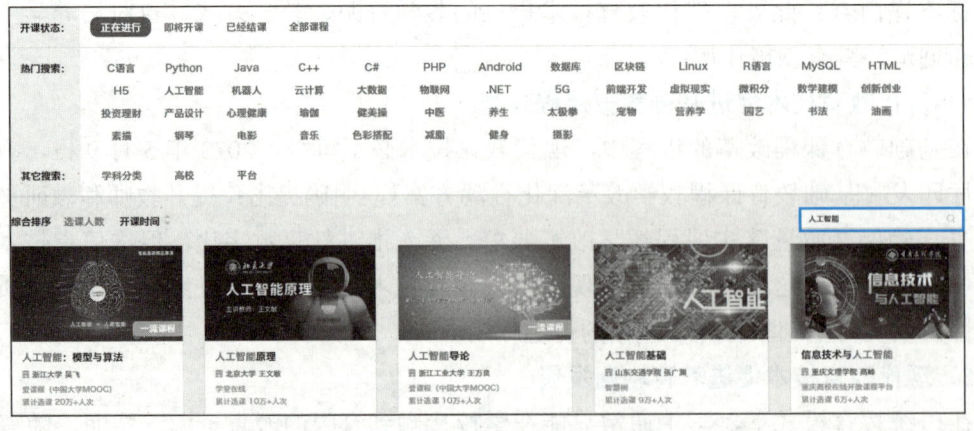

图1-3 在"课程"页面搜索"人工智能"课程

步骤 3 在"课程"页面的搜索结果列表中单击想要学习的课程，打开该课程的基本信息页面，其中显示了开课平台、开课高校、开课教师、学科专业、开课时间、课程周期、开课状态、每周学时、课程简介、课程大纲等信息，如图1-4所示。首先认真阅读这些内容，了解课程的整体情况，然后单击"现在去学习"按钮，进入课程的在线学习页面。

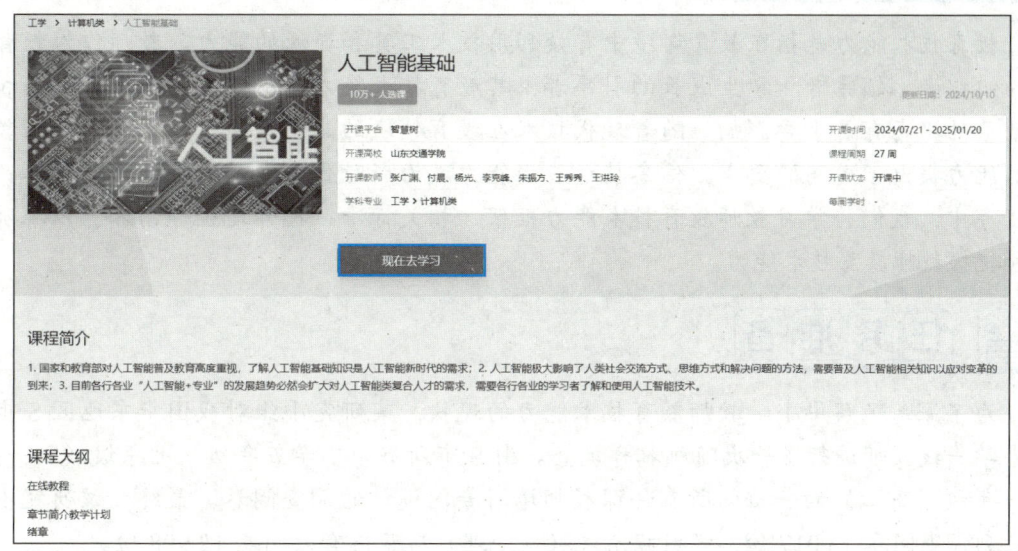

图1-4 课程的基本信息页面

步骤 4 在课程的在线学习页面，首先根据指引进一步了解课程，然后正式开始学习课程，即按照课程的规划观看在线视频、阅读电子资料，完成对应的学习任务，如图1-5所示。此外，课程中通常还会设置互动问答、作业测试及期末考试环节，以便检验学习成果。

图1-5 正式开始学习课程

任务二 了解教师教育技术能力

任务描述

教育技术能力是指在教育环境中有效利用技术工具和资源的能力。教师作为教育工作的组织者、领导者和学生成长的引导者，其教育技术能力对中国年轻一代的发展和民族素质的提高有着重要影响。随着现代技术在教育领域的广泛应用，社会对教师的教育技术能力提出了更高的要求。信息技术应用能力成为新时代高素质教师的核心素养。在本任务中，我们将学习教师教育技术能力框架、相关标准、提升途径等内容，以准确理解和把握教师教育技术能力。

任务准备

为了深入了解中小学教师教育技术能力的现状，某研究小组对我国华东地区S市的中小学一线教师进行了一次随机抽样调查。由S市所有中小学五年级、七年级（初一）、十一年级（高二）的一班的所有任课教师填写专门设计的调查问卷。最终，该研究小组共收到调查问卷13 017份，经数据清洗（预处理）后获得有效问卷12 998份。

图1-6为教师在教学设计时所考虑因素的调查结果。由图1-6可知，90%以上的教师会在教学设计时对教学方法和教学内容进行设计，81.73%的教师会在教学设计时对学生特征进行分析，72.03%的教师会在教学设计时对教学评价进行设计，49.55%的教师会在教学设计时考虑使用信息化教学环境，还有0.51%的教师会在教学设计时考虑其他因素。

图1-7为教师在教学环节所使用软硬件或系统平台的调查结果。由图1-7可知，在教师的教学过程中，课件工具的使用率为71.83%，教学平台的使用率为52.48%，学科软件的使用率为44.29%，资源平台的使用率为35.01%，教研平台的使用率为22.51%，即时通信工具的使用率为17.57%，成绩分析工具的使用率为7.18%，阅卷工具的使用率为5.82%。

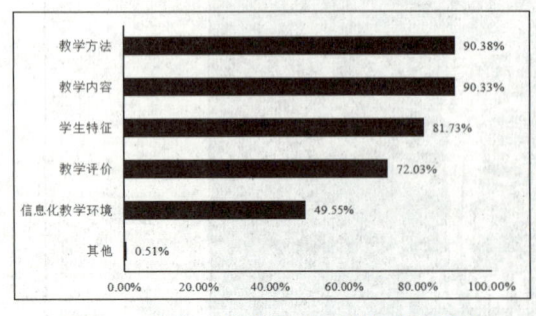

图1-6　教师在教学设计时所考虑的因素　　图1-7　教师在教学环节所使用的软硬件或系统平台

（资料来源：李娜，《中小学教师教育技术能力评价指标体系的设计与现状调查》，硕士学位论文，上海师范大学教育学院，2021年）

请同学们结合上述材料思考以下问题。

（1）你如何看待"49.55%的教师会在教学设计时考虑使用信息化教学环境"这一调查结果？

（2）根据图1-7中的调查结果，你认为教师在教学环节使用软硬件或系统平台时面临哪些挑战？学校应如何支持教师提升这方面的能力？

（3）你认为目前我国整体的教师教育技术能力如何？对此，你有哪些建议？

一、教师教育技术能力框架

为了科学界定并优化教师教育技术能力，有学者借鉴TPACK框架（指明了信息时代教师应具备的知识），提出了适用于信息时代的教师教育技术能力框架。这一框架的提出，不仅为教师专业能力的提升指明了方向，也促进了教育领域对技术融合教育的深入理解和探索。下面对TPACK框架及教师教育技术能力框架进行具体介绍。

1. TPACK框架

美国教师教育学院协会（AACTE）通过对美国自20世纪90年代以来实施的信息技术与课程整合大量案例的回顾，并结合协会自己组织教师培训的实践经验，发现前期阶段的信息技术与课程整合工作特别强调"技术"和"学生对技术的自主应用"，而没有认真关注"教师所需的知识"和"教师在将信息技术整合于学科教学过程中的重要作用"。

2006年，国外学者在学科教学知识（pedagogical content knowledge, PCK）框架的基础上加入了技术知识，提出了一个名为"整合技术的学科教学知识"（technological pedagogical and content knowledge, TPACK）的新框架。该框架包含三个核心要素和四个复合要素，如图1-8所示。

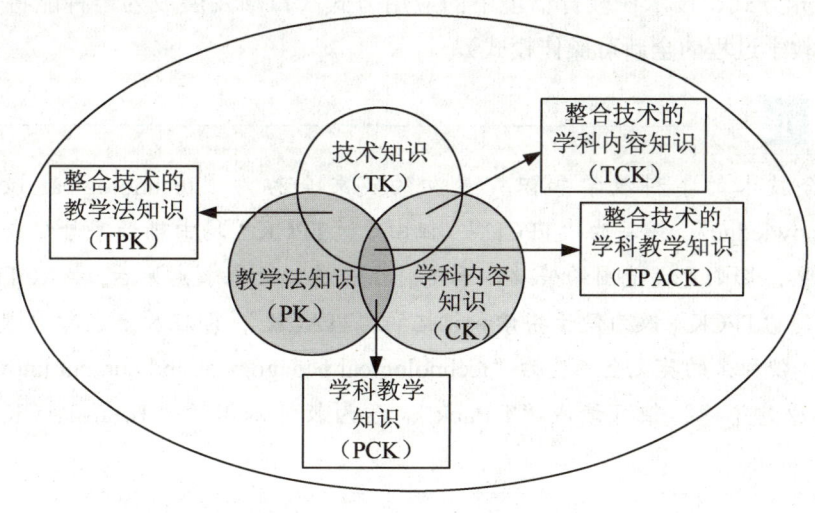

图1-8　TPACK框架

1）三个核心要素

TPACK 框架的三个核心要素包括：① 技术知识（technological knowledge, TK），指教师应当具有的，可以被整合到学科教学中的各种传统与新兴的技术知识；② 教学法知识（pedagogical knowledge, PK），指教师应当具有的能够促进学生学习的各种教学策略、教学方法与教学活动方面的知识；③ 学科内容知识（content knowledge, CK），指任何一门学科的知识内容，也是教师需要承担的教学内容。

2）四个复合要素

TK、PK 和 CK 的结合产生了四个复合要素：学科教学知识（pedagogical content knowledge, PCK）、整合技术的教学法知识（technological pedagogical knowledge, TPK）、整合技术的学科内容知识（technological content knowledge, TCK）和整合技术的学科教学知识（TPACK）。

（1）**学科教学知识（PCK）**：适用于具体学科内容教学的教学法知识，包括学科内容知识、一般教学法知识、课程知识、学习者及其特点知识、教育情境脉络知识、教育目标与价值知识，以及教育哲学和历史背景的知识。

（2）**整合技术的教学法知识（TPK）**：在有具体技术应用于"教与学"过程的条件下，"教与学"应如何有效开展的知识，包括教育技术相关工具可提供哪些教学功能，以及对这些功能的适用性与局限性的了解。

（3）**整合技术的学科内容知识（TCK）**：技术和学科内容之间如何相互作用的知识。技术的融入给学科内容的组织和呈现带来了翻天覆地的变化，先进的技术使得学科内容的表征和呈现方式更加灵活多样。

（4）**整合技术的学科教学知识（TPACK）**：有关技术、教学法和学科内容三者之间复杂关系的全新学科教学知识，对每一个学科内容领域的技术整合都非常关键，还可以改变教师的培养方式、技术在教育情境中的应用方式（日渐发展成为一种能将信息技术整合于各学科教学过程的全新可操作模式）。

> **提示**
>
> "整合技术的学科教学知识"最初的英文全称为"technological pedagogical content knowledge"，缩写为"TPCK"，但由于"TPCK"均由辅音字母组成，不利于拼读和记忆，影响更大范围的普及。于是，在经过广泛征求意见后，AACTE 决定将原来的缩写"TPCK"改为便于拼读和记忆的"TPACK"，即在原来名称中增加一个单词"and"，使原来的英文全称变为"technological pedagogical and content knowledge"，该名称的原意不变，但可读成"T-Pack"，意为教师知识的"Total PACKage"（总包装）。

2. 教师教育技术能力框架

根据 TPACK 框架，有学者总结出了对应的教师教育技术能力框架，如图 1-9 所示。图 1-9 中，四个复合要素分别对应了教师应当具备的四种教育技术能力：学科教学能力、教学设计能力、资源应用能力、信息技术与课程整合能力。

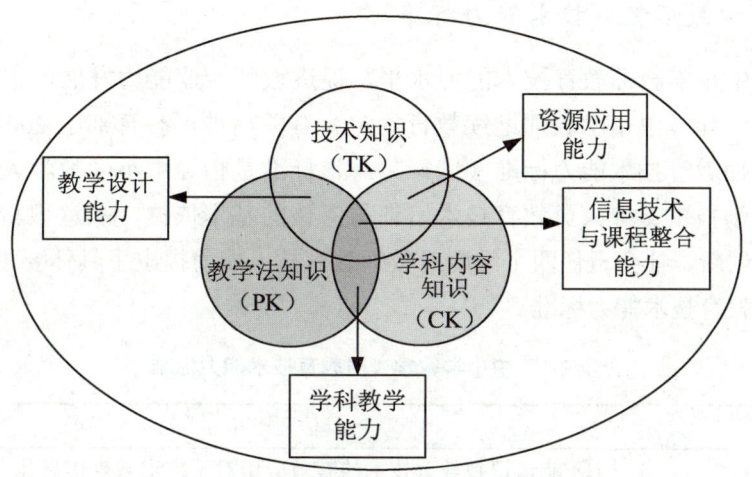

图 1-9　教师教育技术能力框架

1）学科教学能力

学科教学能力是指教师的专业功底和与教学基本环节相对应的教学能力，是对应学科教学知识（PCK）的教师教育技术能力，包括对学科和课程知识的掌握能力、对课程标准和教材的理解能力、对学生学习基础和学习困难的判断能力、对教学过程的规划能力、对作业和试卷的设计能力，以及体现学科特点的教学基本功等。

2）教学设计能力

教学设计是依据对学习需求的分析，提出解决问题的最佳方案，使教育教学绩效得到提升的系统决策过程。教学设计能力是对应整合技术的教学法知识（TPK）的教师教育技术能力，包括课程规划与设计能力、教学活动设计能力、促进学生自主学习的数字化设计能力等。

3）资源应用能力

资源应用能力是指有效使用教学资源的能力，是对应整合技术的学科内容知识（TCK）的教师教育技术能力，包括教学资源的收集与鉴别、加工与处理、设计与开发等能力。对于学科教师来讲，常用的教学资源主要有投影仪、多媒体课件、教学视频、专题教学网站、网络课程等。

4）信息技术与课程整合能力

学科教学能力、教学设计能力和资源应用能力这三项能力，最后综合成为信息技术与课程整合能力。信息技术与课程整合是通过将信息技术与教学系统中各要素有效地融

合在一起，经过科学的教学设计，以改善各学科的教学过程，提高教学效果，进而达到优化学科知识体系和促进学生全面发展的实践过程。

二、教师教育技术能力相关标准

1. 中小学教师教育技术能力标准

为了提高中小学教师教育技术能力水平，促进教师专业能力发展，根据《中华人民共和国教师法》和《中小学教师继续教育规定》有关精神，教育部于2004年12月印发了《中小学教师教育技术能力标准（试行）》。该标准是指导中小学教学人员、中小学管理人员、中小学技术支持人员教育技术培训与考核的基本依据，从意识与态度、知识与技能、应用与创新、社会责任四个维度对教师教育技术能力提出了具体要求。表1-1为中小学教学人员教育技术能力标准。

表1-1 中小学教学人员教育技术能力标准

维度		具体要求
意识与态度	重要性的认识	① 能认识到教育技术的有效应用对于推进教育信息化、促进教育改革和实施国家课程标准的重要作用 ② 能认识到教育技术能力是教师专业素质的必要组成部分 ③ 能认识到教育技术的有效应用对于优化教学过程、培养创新人才的重要作用
	应用意识	① 具有在教学中应用教育技术的意识 ② 具有在教学中开展信息技术与课程整合、进行教学改革研究的意识 ③ 具有运用教育技术不断丰富学习资源的意识 ④ 具有关注新技术发展并尝试将新技术应用于教学的意识
	评价与反思	① 具有对教学资源的利用进行评价与反思的意识 ② 具有对教学过程进行评价与反思的意识 ③ 具有对教学效果与效率进行评价与反思的意识
	终身学习	① 具有不断学习新知识和新技术以完善自身素质结构的意识与态度 ② 具有利用教育技术进行终身学习以实现专业发展与个人发展的意识与态度
知识与技能	基本知识	① 了解教育技术基本概念 ② 理解教育技术的主要理论基础 ③ 掌握教育技术理论的基本内容 ④ 了解基本的教育技术研究方法
	基本技能	① 掌握信息检索、加工与利用的方法 ② 掌握常见教学媒体选择与开发的方法 ③ 掌握教学系统设计的一般方法 ④ 掌握教学资源管理、教学过程管理和项目管理的方法 ⑤ 掌握教学媒体、教学资源、教学过程与教学效果的评价方法

续表

维度		具体要求
应用与创新	教学设计与实施	① 能正确地描述教学目标、分析教学内容，并能根据学生特点和教学条件设计有效的教学活动 ② 积极开展信息技术与课程的整合，探索信息技术与课程整合的有效途径 ③ 能为学生提供各种运用技术进行实践的机会，并进行有针对性的指导 ④ 能应用技术开展对学生的评价和对教学过程的评价
	教学支持与管理	① 能收集、甄别、整合、应用与学科相关的教学资源以优化教学环境 ② 能在教学中对教学资源进行有效管理 ③ 能在教学中对学习活动进行有效管理 ④ 能在教学中对教学过程进行有效管理
	科研与发展	① 能结合学科教学进行教育技术应用的研究 ② 能针对学科教学中教育技术应用的效果进行研究 ③ 能充分利用信息技术学习业务知识，发展自身的业务能力
	合作与交流	① 能利用技术与学生就学习进行交流 ② 能利用技术与家长就学生情况进行交流 ③ 能利用技术与同事在教学和科研方面广泛开展合作与交流 ④ 能利用技术与教育管理人员就教育管理工作进行沟通 ⑤ 能利用技术与技术人员在教学资源的设计、选择与开发等方面进行合作与交流 ⑥ 能利用技术与学科专家、教育技术专家就教育技术的应用进行合作与交流
社会责任		① 公平利用：努力使不同性别、不同经济状况的学生在学习资源的利用上享有均等的机会 ② 有效应用：努力使不同背景、不同性格和能力的学生均能利用学习资源得到良好发展 ③ 健康使用：促进学生正确地使用学习资源，以营造良好的学习环境 ④ 规范行为：能向学生传授与技术利用有关的法律法规知识和伦理道德观念

2．中小学教师信息技术应用能力标准

信息技术应用能力是信息化社会教师必备的专业能力。为了全面提升中小学教师的信息技术应用能力，促进信息技术与教育教学深度融合，教育部办公厅于2014年5月印发了《中小学教师信息技术应用能力标准（试行）》。该标准是规范与引领中小学教师在教育教学和专业发展中有效应用信息技术的准则，是各地开展教师信息技术应用能力培养、培训和测评等工作的基本依据。

《中小学教师信息技术应用能力标准（试行）》根据我国中小学校信息技术实际条件的不同、师生信息技术应用情境的差异，对教师在教育教学和专业发展中应用信息技术提出了基本要求和发展性要求。其中，应用信息技术优化课堂教学的能力为基本要求，

主要包括教师利用信息技术进行讲解、启发、示范、指导、评价等教学活动应具备的能力；应用信息技术转变学习方式的能力为发展性要求，主要针对教师在学生具备网络学习环境或相应设备的条件下，利用信息技术支持学生开展自主、合作、探究等学习活动所应具有的能力。

3. 中小学教师信息技术应用能力提升工程

2013 年，国家开始实施全国中小学教师信息技术应用能力提升工程，这一举措虽然使得教师应用信息技术改进教育教学的意识和能力普遍提高，但仍然存在着信息化教学创新能力不足，乡村教师应用能力薄弱，支持服务体系不够健全等问题，同时大数据、人工智能等新技术变革对教师信息素养提出了新要求。为此，教育部于 2019 年 3 月发布了《关于实施全国中小学教师信息技术应用能力提升工程 2.0 的意见》。随后，教育部教师工作司于 2021 年 8 月印发了《全国中小学教师信息技术应用能力提升工程 2.0 校本应用考核指南》，并以附件形式发布了《中小学教师信息化教育教学能力发展框架》，具体内容如表 1-2 所示。

表 1-2 中小学教师信息化教育教学能力发展框架

维度	信息技术应用环境		
	多媒体教学环境	混合学习环境	智慧学习环境
学情分析	技术支持的学情分析	技术支持的测验与练习	
教学设计	① 数字教育资源获取与评价 ② 演示文稿设计与制作 ③ 数字教育资源管理	① 微课程设计与制作 ② 探究型学习活动设计	① 跨学科学习活动设计 ② 创造真实学习情境
学法指导	① 技术支持的课堂导入 ② 技术支持的课堂讲授 ③ 技术支持的总结提升 ④ 技术支持的方法指导 ⑤ 学生信息道德培养 ⑥ 学生信息安全意识培养	① 技术支持的发现与解决问题 ② 学习小组组织与管理 ③ 技术支持的展示交流 ④ 家校交流与合作 ⑤ 公平管理技术资源	① 创新解决问题的方法 ② 支持学生创造性学习与表达 ③ 基于数据的个别化指导
学业评价	① 评价量规设计与应用 ② 评价数据的伴随性采集 ③ 数据可视化呈现与解读	① 自评与互评活动的组织 ② 档案袋评价	① 应用数据分析模型 ② 创建数据分析微模型

4. 国家高校教师教育技术能力指南

2010 年 9 月，全国高等学校教育技术协作委员会发布了《国家高校教师教育技术能力指南（试用版）》。该指南适用于所有学科专业的高校教师，为新教师入职培训、继续教育培训等提供了参考，对促进高校教师专业化发展、提高高校教师教育技术能力培训质量、促进高等教育改革与发展等具有重要意义。该指南包括意识与责任、知识与技能、设计与实施、教学评价、科研与创新五个维度的 17 个一级指标、54 个二级指标。每个维度包含的一级指标如表 1-3 所示。

表 1-3 国家高校教师教育技术能力一级指标

维度	一级指标
意识与责任	① 能够意识到教育技术对于高校教学的重要性 ② 具有应用教育技术促进自身专业发展的意识 ③ 能够遵守与技术使用相关的法律法规和社会道德
知识与技能	① 了解教育技术的基本理论与方法 ② 掌握教学系统设计的一般模式和方法 ③ 掌握数字化教学的特点、模式和方法 ④ 掌握基本的信息技术工具和方法
设计与实施	① 能够确定合理的教学目标，选择有效的教学内容 ② 能够设计并实施有效的教学活动 ③ 能够为教学提供恰当的媒体、资源和工具，创设有效的学习环境 ④ 能够与同行和管理人员等就教学问题进行有效交流
教学评价	① 掌握基本的评价理念 ② 能够对教学活动过程进行合理的评价、反思与调整 ③ 能够选择合适的评价方法全面评价学生的学习绩效
科研与创新	① 能够关注新技术和方法并应用其改进教学 ② 能够借助技术手段开展广泛的学术研究、合作与交流 ③ 能够利用教育技术提高科研项目的管理水平和研究团队的工作效率

三、教师教育技术能力提升途径

为了更好地适应现代教育的需求，教师可以通过以下几个途径提升自身的教育技术能力。

1．培训与学习

（1）参加培训和研讨会：教师应定期参加与教育技术相关的培训和研讨会，以了解最新的技术趋势和教学方法，不断更新自己的教育观念和手段。

（2）学习在线课程：通过在线学习平台，教师可以参加教育技术课程，学习如何有效地将技术融入教学，提升自己的技术应用能力。

（3）阅读相关文献：关注教育技术领域的书籍、期刊和研究报告，深入了解理论基础和最新研究成果。同时，教师应对新技术保持开放和好奇的态度。

2．实践与应用

（1）课堂实践：在教学过程中，教师可以积极尝试使用不同的教育技术工具和平台，如学习管理系统、互动白板和在线测验工具等，通过实践积累经验。

（2）**反思与反馈**：在应用教育技术后，教师应进行自我反思，并收集学生的反馈，以评估所使用技术的有效性，并根据反馈进行相应的调整。

3. 交流与合作

（1）**加入专业社区**：参与教育技术相关的专业组织或社交媒体群组，教师可以与同行交流经验，分享资源和最佳实践，从而互相学习和提高。

（2）**跨学科合作**：与信息技术教师或其他学科的教师进行合作，学习他们在技术应用方面的经验，从而有效拓宽教师的视野，促进专业发展。

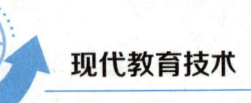

> 2024年9月10日，在第四十个教师节到来之际，中央宣传部、教育部向全社会发布了2024年"最美教师"。他们心有大我、敬业立学，以仁爱之心践行教书育人使命，有的多年扎根教学一线，坚守如磐，用爱心和智慧点亮学生成长梦想；有的深耕药学教育，积极探索推广生物制药人才培养模式；有的坚持实践育人，长期奋战在田野考古教学中，致力培养考古专业人才；有的聚焦幼儿教育，创新办学模式，让孩子们获得广阔的成长空间；有的用匠心筑梦，以工匠精神激励学生坚定走技能成才、技能报国之路；有的挚爱特殊教育事业，用心用情当好扶残助残的守护者；有的积极弘扬中华优秀传统文化，精心培育舞蹈人才，让中国舞蹈艺术薪火相传；有的瞄准科技前沿，在推进科技攻关上奋勇争先，服务国家战略需求……他们的先进事迹，集中展现了新时代人民教师的良好师德师风和强烈责任担当。
>
> （资料来源：薛涛，《中央宣传部、教育部联合发布2024年"最美教师"》，新华网，2024年9月10日）

——制订并讨论教育技术能力发展计划

在当今数字化和信息化迅速发展的教育时代，教师的教育技术能力愈发重要。它不仅关乎教学质量的提升，更是适应教育变革、满足学生多元化学习需求的关键。在了解完教师教育技术能力后，下面结合所学知识及对教师教育技术能力的理解，对照教师教育技术能力标准，思考自己需要学习哪些知识与技能及如何学习。按照下列步骤填写表1-4，完成制订并讨论教育技术能力发展计划的任务。

步骤 1 现状分析。参照表1-1所列的中小学教学人员教育技术能力标准，填写自己目前已经具备的教育技术能力。例如，已经做到了"了解教育技术基本概念""掌握常见教学媒体选择与开发的方法"等。初步判断想成为一名合格的中小学教学人员，在教

育技术能力方面还需要学习哪些知识与技能,并将答案填写在表1-4的相应位置。

步骤 2 计划制订。在对自身的教育技术能力进行充分分析后,这一步将制订教育技术能力发展计划。计划包含两方面内容:发展目标和发展途径。在表1-4的相应位置填写通过这一计划最终实现的目标(例如,掌握信息检索、加工与利用的方法;能够正确地描述教学目标、分析教学内容,并能根据学生特点和教学条件设计有效的教学活动)和为了实现这些目标所选择的途径(例如,培训与学习、实践与应用、交流与合作)。

步骤 3 具体执行。在制订好大体的计划后,想想如何具体实现该计划,并将其填入表1-4的相应位置。例如,通过在××平台学习××课程(与教育技术能力提升相关的课程)提升自己的教育技术能力。对应计划:第一周,预计学习××课时,完成对应作业;第二周,预计学习××课时,完成对应作业并复习第一周知识;第三周,预计学习××课时,完成对应作业并复习第二周知识……

步骤 4 评估与反馈。规划学习结束后的评估与反馈内容,可以包括自评、学生互评、教师评价等,并将其填入表1-4的相应位置。

步骤 5 讨论与分享。教育技术能力发展计划制作表完成后,同学之间进行讨论与分享,总结不足,以进一步完善自己的计划。

表1-4 教育技术能力发展计划表

步骤	具体内容
现状分析	
计划制订	
具体执行	
评估与反馈	

任务三 了解信息技术与课程整合

任务描述

作为教师教育技术能力的重要组成部分,信息技术与课程整合自20世纪90年代中期以来,就是国际教育界关注的焦点与研究重点。信息技术与课程整合不仅是实施教育信息化的核心与关键,更是提升教师专业素养的重要途径。教师这方面能力的提升,不仅有助于提高教学质量，还能帮助学生提升综合素养，使其更好地适应未来社会的发展需求。在本任务中，我们将学习信息技术与课程整合的概念、由来及教学模式等内容，以全面认识信息技术与课程整合。

任务准备

2022年2月23日，教育部公布了《2021年度基础教育信息技术与教育教学深度融合示范案例名单》，确定66个区域和44个学校案例为示范案例，广西柳州某小学的《三微助力 蝶变启程——大数据背景下"三微教学"的探索与实践》名列其中。

三微教学

请同学们扫码观看"三微教学"视频并思考以下问题。

（1）为了在教育教学中融入信息技术，该学校采取了哪些措施？（可从教师、学生、教学等方面进行分析）

（2）你对这一案例实践效果有何看法？

一、信息技术与课程整合的概念

著名教育家何克抗教授认为，信息技术与课程整合就是通过将信息技术有效地融合于各学科的教学过程来营造一种信息化教学环境，实现一种既能发挥教师主导作用，又能充分体现学生主体地位的以"自主、探究、合作"为特征的教与学方式，把学生的主动性、积极性、创造性较充分地发挥出来，使传统的"以教师为中心"的课堂教学结构发生根本性变革——由"以教师为中心"的教学结构转变为"主导—主体相结合"的教学结构，从而使学生的创新精神与实践能力的培养真正落到实处。图1-10为根据该定义绘制的信息技术与课程整合框架。

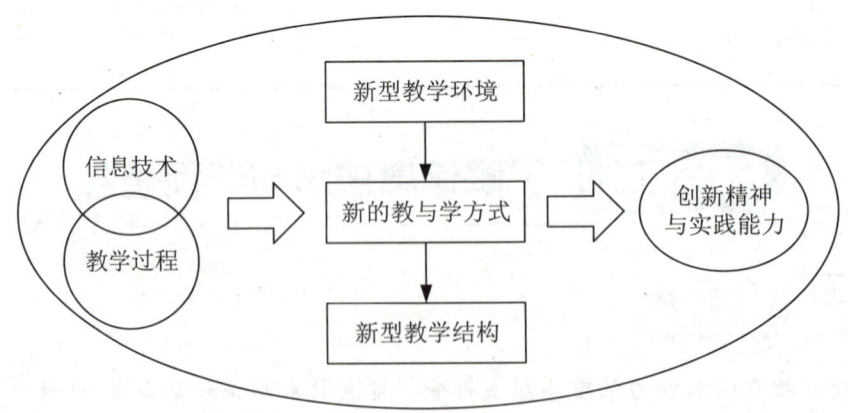

图1-10　信息技术与课程整合框架

根据定义可知，信息技术与课程整合具有三个基本属性：营造（或建构）新型的教学环境、实现新的教与学方式、变革传统的教学结构。应当注意，三个属性并非并列，而是存在逐步递进的关系——新型教学环境的建构是为了支持新的教与学方式，新的教与学方式是为了变革传统教学结构，变革传统教学结构则是为了最终达到创新精神与实践能力培养的目标（即创新人才培养的目标）。"整合"的实质与落脚点是变革传统的"以教师为中心"教学结构，创建新型的、既能发挥教师主导作用又能充分体现学生主体地位的"主导—主体相结合"教学结构。

二、信息技术与课程整合的由来

何克抗教授认为，自世界上第一套真正意义上的计算机辅助教学系统诞生至今，信息技术教育应用经历了计算机辅助教学阶段和计算机辅助学习阶段，来到了信息技术与课程整合阶段。

1. 计算机辅助教学阶段

计算机辅助教学是指用计算机帮助和代替教师执行部分教学任务，传递教学信息，向学生传授知识和训练技能，直接为学生服务的教学形式。这一阶段主要从 20 世纪 60 年代初至 80 年代中期。1960 年，世界上第一套计算机辅助教学系统（PLATO 系统）诞生于美国伊利诺伊大学，这一事件成为计算机辅助教学发展历史上的标志事件。随后，伴随计算机软硬件性能的不断革新，如操作系统和算法语言的成熟与应用，计算机辅助教学开始在世界范围内普及，教师开始应用计算机的快速运算、图形动画和仿真等功能解决教学中的某些重难点问题。

2. 计算机辅助学习阶段

计算机辅助学习是指用计算机来辅助学生学习的一种新型的学习模式，其按学习形式可分为计算机支持的课堂学习、计算机支持的个别化学习和计算机支持的协作化学习。这一阶段主要从 20 世纪 80 年代中期至 90 年代中期。随着教育理论的发展与教育实践的探索，20 世纪 80 年代中期，计算机辅助教学逐渐从"教"转向"学"，也就是强调如何利用计算机辅助学生学习。例如，用计算机帮助学生搜集资料、辅导答疑、自我测试及帮助学生安排学习计划等。

3. 信息技术与课程整合阶段

信息技术与课程整合阶段主要从 20 世纪 90 年代中期至今。在这一阶段，信息技术不仅作为辅助教或辅助学的工具，而且强调要利用信息技术营造一种新型的教学环境，该环境应能支持情境创设、启发思考、信息获取、资源共享、多重交互、自主探究、协作学习等多方面要求的教学与学习方式。

三、信息技术与课程整合的教学模式

学科教学过程通常涵盖课前、课中和课后三个阶段。其中，课前与课后这两个阶段也可合称为课外阶段，对应的课中阶段则称为课内阶段。下面按照"课内""课外"分类原则对常见的整合教学模式进行介绍。

1．课内整合教学模式

目前，比较流行的课内整合教学模式主要有两种："传递—接受"教学模式和探究性教学模式。

1）"传递—接受"教学模式

所谓"传递—接受"教学模式，是指在教学过程中教师主要通过口授、板书、演示，学生则主要通过耳听、眼看、手记来完成知识与技能传授，从而达到教学目标要求的一种教学模式。该模式基于美国著名教育心理学家奥苏贝尔提出的有意义接受学习理论，其基本特征是以教为主，对于学生在学习过程中的主体地位虽然关注，但也存在不足。这种教学模式通常包括四个实施步骤：① 实施先行组织者策略；② 介绍与呈现新的学习内容；③ 运用教学内容组织策略；④ 促进对新知识的巩固与迁移。

"传递—接受"教学模式的重点在"接受"，能够使学生通过教学将当前所学的新知识和原有认知结构中的旧知识建立起某种内在的联系，教师的责任是帮助或启发学生亲自去发现或找出这种内在联系。

2）探究性教学模式

探究性教学模式是指在教学过程中，要求学生在教师指导下，通过以"自主、探究、合作"为特征的学习方式对当前教学内容中的主要知识点进行自主学习、深入探究和小组合作交流，从而较好地达到课程标准中关于认知目标与情感目标要求的一种教学模式。其中，认知目标涉及与学科相关的知识、概念、原理、能力的理解和掌握；情感目标则涉及感情、态度、价值观与思想品德的培养。

探究性教学模式的基本特征是"主导—主体相结合"，强调既重视发挥教师在教学过程中的主导作用，又充分体现学生在学习过程中的主体地位。该教学模式的实施步骤包括：创设情境、启发思考、自主学习与探究、协作交流和总结提高。信息技术的使用贯穿了整个实施过程。

2．课外整合教学模式

目前，影响较大、较为有效的课外整合教学模式主要有三种："研究性学习"教学模式、WebQuest 模式和适时教学（JiTT）模式。

1)"研究性学习"教学模式

"研究性学习"教学模式是指学生在教师指导下,从自然界或社会生活中选择某个真实问题作为专题进行研究,要求学生在研究过程中主动地收集信息、获取知识,并应用所学知识去解决选定的实际问题的一种教学模式。研究性学习的目的,不仅仅是让学生能够认识与理解所学的知识与技能,而且要能够真正掌握——能运用所学的知识与技能去解决实际问题。"研究性学习"教学模式包括提出问题、分析问题、解决问题、实施解决方案和总结提高五个实施步骤。

2)WebQuest 模式

创始人伯尼·道奇等这样定义 WebQuest 模式:一种以探究为取向、利用互联网资源的课程单元教学活动,在这种活动中,学生使用的全部或大部分信息都是从网上获取的。WebQuest 模式是西方(特别是美国)实施信息技术与课程整合的主要模式,其包括七个实施步骤:① 设计一个合适的课程单元;② 选择一个能促进高级认知发展的任务;③ 准备互联网教学资源;④ 形成评价;⑤ 规划学习活动过程;⑥ 以文字形式记录下所有活动内容以供别人借鉴;⑦ 检查并改进。这种教学模式呈现给学生的是一个特定的假想情景或者一项任务,其课程计划为学生提供了一些网上的信息资源,要求学生通过对信息的分析与综合得出创造性的解决方案。

3)适时教学(JiTT)模式

诺瓦克等人认为:适时教学(just-in-time teaching, JiTT)是建立在"基于网络的学习任务"和"学习者的主动学习课堂"二者交互作用基础上的一种新型教与学策略。

"基于网络的学习任务"要求学生在课前按照教师设计的预习要求,在网上完成教师指定的预习任务并写下自己对预习内容的理解,并在课前通过电子邮件反馈给教师;"学习者的主动学习课堂"的主要形式是在教师已经实施有针对性的、比较切合实际的教学的基础上,开展各种各样的讨论与辩论(包括教师和学生之间、学生和学生之间、全班性的或小组形式的讨论与辩论)。JiTT 模式包括五个实施步骤:① 教师在网上发布课前预习内容;② 学生在课前认真预习并向教师反馈;③ 教师根据学生的反馈对教学做出适应性调整并加以实施;④ 创设"学习者的主动学习课堂";⑤ 促进学生高级、复杂认知能力的发展。

任务实践——探索信息技术与课程整合的教学设计

在了解完信息技术与课程整合的概念、发展与教学模式后,下面引用何克抗教授《信息技术与课程整合的教学模式研究之六——"适时教学(JiTT)"模式》一文中的 JiTT 模式实施案例,以此探索信息技术与课程整合的教学设计。

步骤 1 教师在网上发布课前预习内容。阅读"凯撒密码"产生的历史和介绍 RSA 实验室(该实验室以研究加密算法而著名)的有关资料。

步骤 2 学生在课前认真预习并向教师反馈。思考以下问题并将答案以电子邮件的形式提交给教师。

（1）为何这种密码要以古罗马将军凯撒的名字命名？什么是密钥？凯撒密码的密钥是多少？

（2）RSA 如何与互联网一起对文明社会的方方面面（如商业、科技、教育等）产生影响？

步骤 3 教师根据学生的反馈对教学做出适应性调整并加以实施。例如，在了解学生预习情况后，教师设置了"完成下面两个练习题"的任务，练习题如下。

（1）右边引号中的消息"CTKTG IGJHI P SDV LXIW DGPCVT TNTQGDLH"已经过密钥为 15 的移动密码加密，请将它解密。

（2）假定你接收到右边引号中的消息"XII VLRO YXPB XOB YBILKD QL RP"，请将它解密；但你只知道该消息是用移动密码加了密，却忘记了密钥，你将怎样找出该密码的密钥？

步骤 4 创设"学习者的主动学习课堂"。通过提出富有启发性且具有一定难度的问题让学生在课堂上进行讨论（或辩论），在此基础上再让学生以小组形式开展合作探究，从而在较大程度上调动学生在课堂上的主动性与积极性。实施过程举例如下。

（1）提出问题：如何对一段经过疑难密码加密的消息进行解密？

（2）已知条件：这是一种字母表可随机变换的移动密码（但事先并不知道替换的模式）。

（3）讨论流程：让学生首先进行课堂讨论（或辩论），然后再分成小组，通过合作探究去找出答案——希望学生通过自身的努力找到解密的办法，哪怕有 26 的阶乘（26！）那么多的可能替换模式。

（4）教师提示：只要善于利用字母或词语的出现频率和上下文等语言特征去缩小求解空间，就有可能使密码相对容易破解。

项目实训 探究现代教育技术应用

1. 实训背景

信息技术的飞速发展及其与教育教学的深度融合，推动了我国现代教育技术的不断进步。如今，教育部门对于教育技术的重视程度日益提升，促进了数字化、信息化和智能化教育的快速发展。各级学校和教育机构纷纷引入先进的现代教育技术手段，给学生提供了更加丰富、高效的学习体验。本项目实训将带领大家探究教育技术的典型应用，以便更加全面、深入地认识现代教育技术。

2. 实训目的

在了解教育技术基本内容的基础上，探究现代教育技术的应用，使学生关注新技术发展，培养学生将新技术应用于教学的意识，此外，使学生认识到教育技术的有效应用，对于优化教学过程、培养创新人才、推进教育信息化、促进教育改革等均具有重要意义。

3. 实训步骤

（1）学生自由组成小组，搜索"现代教育技术应用案例"。每个小组确定一个案例，组内合理分工进行深入研究并收集相关资料，收集过程中应注意资料内容的严谨性和形式的多样性。

（2）整理收集的资料并形成展示成果。学生将资料筛选优化后制作成演示文稿、动画、视频等形式，以备下一步进行课堂展示。制作的成果要体现出创新性，争取做到独树一帜（与其他小组区别开来）。

（3）各小组派代表在课堂上进行展示汇报。展示汇报完毕后，在课堂上自由讨论，让学生发表自己的见解，加深学生对汇报内容的理解和认识。

（4）教师评价总结。

项目总结

为了帮助读者更好地掌握本项目所学内容，下面通过一张思维导图直观地呈现所有知识要点，如图 1-11 所示。

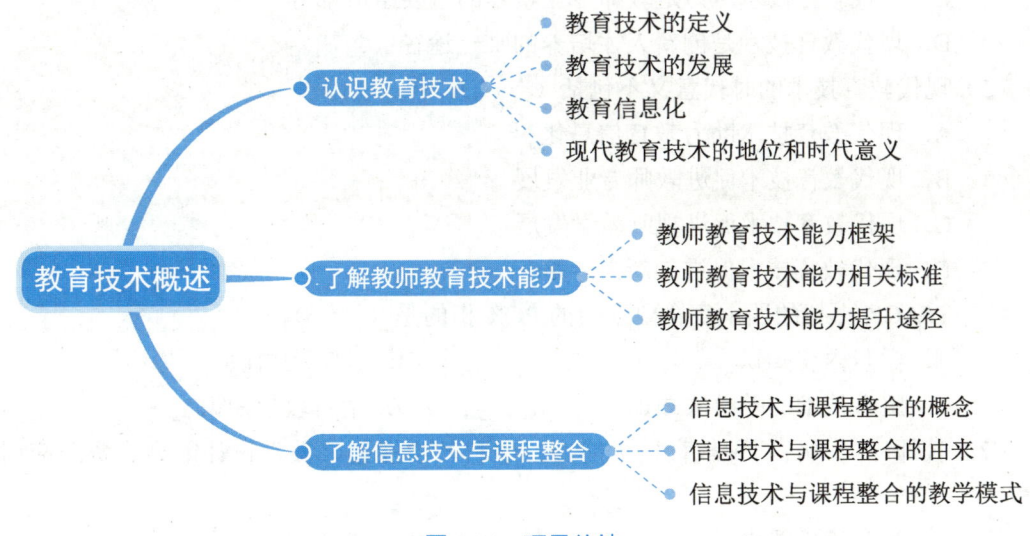

图 1-11　项目总结

项目考核

1. 选择题

（1）现代教育技术建立在（　　）之上。
　　　A．经验方法　　　B．理论方法　　　C．系统科学方法　　　D．哲学方法

（2）国内教育技术的发展历程，按照时间脉络大致可分为（　　）四个阶段。
　　　A．萌芽起步、初步发展、系统发展和网络发展
　　　B．萌芽起步、初步发展、重新起步和全面发展
　　　C．萌芽起步、初步发展、系统发展和全面发展
　　　D．萌芽起步、初步发展、重新起步和网络发展

（3）教育信息化是指在教育教学的各个领域中，积极开发并充分应用（　　），促进教育现代化，以培养满足社会需求的人才的过程。
　　　A．仿真技术和虚拟现实技术
　　　B．信息技术和信息资源
　　　C．人工智能、大数据和计算机科学技术
　　　D．虚拟现实技术、无线通信技术和互联网技术

（4）现代教育技术的地位不体现在（　　）。
　　　A．现代教育技术是教育现代化的重要保障
　　　B．现代教育技术是实施素质教育的重要手段
　　　C．现代教育技术能力是教师专业素养的重要组成部分
　　　D．现代教育技术是创新人才培养的唯一途径

（5）现代教育技术的时代意义不包括（　　）。
　　　A．现代教育技术助力教育信息化
　　　B．现代教育技术促进教师专业发展
　　　C．现代教育技术促进视听教学发展
　　　D．现代教育技术促进创新人才培养

（6）TPACK框架的四个复合要素中的PCK指的是（　　）。
　　　A．学科内容知识　　　　　　　　B．教学法知识
　　　C．整合技术的教学法知识　　　　D．学科教学知识

（7）教师应当具备四种教育技术能力：学科教学能力、教学设计能力、资源应用能力和（　　）。
　　　A．教学管理能力　　　　　　　　B．媒体技术能力
　　　C．学习管理能力　　　　　　　　D．信息技术与课程整合能力

2. 填空题

（1）根据 AECT'94 定义，教育技术（教学技术）是为了_____，对_____和_____的_____、_____、_____、_____和_____的理论与实践。

（2）教育技术起初的研究领域为_____和_____，后在 AECT'05 定义中确定了教育技术包括_____和_____两大领域。AECT'17 定义的教育技术领域包括_____、_____和_____。

（3）_____重新将概念名称界定为"教育技术（educational technology）"而不是"教学技术（instructional technology）"。

（4）TPACK 框架的三个核心要素分别为_____、_____和_____，四个复合要素分别为_____、_____、_____和_____。

（5）信息技术与课程整合具有三个基本属性：_____、_____、_____。

（6）信息技术与课程整合的实质与落脚点是变革传统的"_____"教学结构，创建新型的、既能发挥教师主导作用又能充分体现学生主体地位的"_____"教学结构。

（7）适时教学是建立在_____和_____二者交互作用基础上的一种新型教与学策略。

3. 简答题

（1）现代教育技术的定义是什么？其与教育技术的区别是什么？

（2）国外教育技术的发展分别可分为哪些阶段？每个阶段的突出特点是什么？

（3）教师教育技术能力的提升途径有哪些？

（4）信息技术与课程整合的教学模式可以分为哪两类？分别包括哪些典型教学模式？

（5）WebQuest 模式包括哪几个实施步骤？

4. 实践题

（1）查阅相关资料并结合自己的切身体验，谈谈现代教育技术给教育教学带来的巨大变化。

（2）结合自身所学专业，选择一种信息技术与课程整合的教学模式，按照其实施步骤，选择并计划一堂课的教学过程，将实施步骤整理为 Word 文档（形式可参考任务三的任务实践）。

项目评价

完成所有学习任务之后,请按照以下要求进行项目评价。

全班同学每 3～5 人一组,各组成员结合课前、课中和课后的学习情况,以及项目实训和项目考核的完成情况,按照表 1-5 中的评价标准对本项目的学习效果进行自评和互评(组内成员互相打分),并请教师进行总体评价,学生根据评价结果进行总结。

表 1-5　学习效果评价表

评价项目	评价内容	评价分数			
		分值	自评	互评	师评
知识 (50%)	教育技术的定义和发展,以及教育信息化	15 分			
	现代教育技术的地位和时代意义	5 分			
	教师教育技术能力及其框架、相关标准、提升途径	15 分			
	信息技术与课程整合的概念、由来及教学模式	15 分			
技能 (30%)	描述现代教育技术的应用现状及优势	10 分			
	体验和探究现代教育技术的典型应用	10 分			
	探索信息技术与课程整合,提升教育技术能力	10 分			
素养 (20%)	遵守课堂秩序,展现良好学习态度	5 分			
	具有自主学习意识,做好课前准备	5 分			
	积极参与教学活动,善于思考、提问和探索创新	5 分			
	具有团队合作精神,高效解决问题,出色完成实践任务	5 分			
总评	综合得分:_____	100 分			
	综合等级:_____	教师签字:_____			
总结	最突出的表现(创新或进步): 还需改进的地方(不足或缺点):				

注:综合得分=自评(25%)+互评(25%)+师评(50%);综合等级可以"优"(综合得分≥90 分)、"良"(80 分≤综合得分<90 分)、"中"(60 分≤综合得分<80 分)、"差"(综合得分<60 分)为标准进行评价。

项目二 现代教育技术理论基础

项目导读

现代教育技术是一门新兴的综合性应用学科，它在产生和发展的过程中综合了许多相关学科的理论，特别是随着信息技术的发展而建立起来的新理论。这些理论彼此交织、相互渗透，共同奠定了现代教育技术坚实的理论基础，并推动着该学科的持续发展。本项目主要介绍现代教育技术的理论基础，包括学习理论、教学理论、视听传播理论、系统科学理论等内容。

学习目标

知识目标

- 了解学习理论、教学理论、视听传播理论和系统科学理论的主要观点。
- 理解学习理论、教学理论、视听传播理论和系统科学理论对教育技术的支撑作用。

能力目标

- 能够阐述戴尔"经验之塔"理论的基本概念和基本观点。
- 能够解释系统科学方法的一般步骤。
- 能够运用相关理论分析教学过程。

素质目标

- 培养教育技术方面的批判性思维和系统思维。
- 树立终身学习意识，增强归纳分析能力和知识迁移能力。

现代教育技术

> **引导案例** 儿童项目式学习探索与实践

2024年6月25日，青岛市市北区教育和体育局隆重举行"青岛市市北区儿童项目式学习研究中心"揭牌仪式。这一研究中心的成立，标志着全国首个由教育行政部门主导的儿童项目式学习研究中心正式诞生，具有里程碑意义。

项目式学习（project-based learning, PBL），这一基于学生兴趣和实际问题的教学方法，通过引导学生参与真实项目和任务，培养他们的独立思考能力、解决问题能力和团队协作能力。近年来，项目式学习在全球范围内得到广泛认可和应用，其独特的教育理念和教学方式对学生的全面发展产生了深远的影响。在学前教育阶段，项目式学习的引入不仅能激发幼儿的学习兴趣和探索欲望，还能帮助他们在实践中掌握基础知识和技能。通过项目式学习，幼儿能够在亲身实践中理解和运用知识，从而增强自信心和成就感。

在揭牌仪式上，青岛市市北区第二实验幼儿园的宋老师、青岛市市北区乐安路幼儿园的赵园长，以及可爱的小朋友们，带来了《我的毕业大电影》和《不一样的奇妙夜》两个精彩的项目式学习案例分享。生动的案例分享不仅展示了青岛市市北区在项目式学习实践中的丰硕成果，更为其他各级各类幼儿园带来了诸多灵感和启示。

青岛市市北区儿童项目式学习研究中心的成立，不仅是对当前先进教育理念的深化与拓展，更是对未来教育发展趋势的积极回应和主动布局。相关负责人表示，该研究中心将汇聚国内外先进学前教育项目式学习理念和资源，积极开展理论研究和实践探索，打造全国学前教育研究和实践的重要高地，为全国教育系统儿童项目式学习研究中心的运作提供宝贵的经验和可借鉴的模式。

（资料来源：孙军，《儿童项目式学习研究中心在青岛揭牌》，中国教育新闻网，2024年6月25日）

> **请思考：**

如何理解"青岛市市北区儿童项目式学习研究中心的成立，不仅是对当前先进教育理念的深化与拓展，更是对未来教育发展趋势的积极回应和主动布局"这句话？请结合材料详细阐述你的看法。

项目二 现代教育技术理论基础

任务描述

学习理论是研究人类学习本质及其形成机制的心理学理论，从心理学角度探讨人类如何进行学习。通过学习这一理论，我们可以了解学习者的学习动机，学习过程的发生机制，学习方法和策略的制订等内容，进而实现提高教学质量、促进有效学习的目标。学习理论主要有行为主义学习理论、认知主义学习理论、建构主义学习理论和人本主义学习理论等。在本任务中，我们将学习这四种理论，了解学习理论的演变过程和重要观点。

任务准备

俄国生理学家、心理学家巴甫洛夫曾做过一个著名的实验。他观察到狗看到食物或进食前会流口水，于是在每次给狗喂食前都先摇一下铃铛。如此尝试一段时间后，有一天，巴甫洛夫在摇铃后并没有喂食，却惊讶地发现狗照样流口水。而之前狗明明对摇铃没有这样的反应。由此，巴甫洛夫得出结论：经过连续几次的刺激，狗已将摇铃视作"进食"的信号，因此引发了流口水的反应。这种现象称为条件反射，表明动物的行为是由环境刺激引发的（刺激信号通过神经系统传递至大脑，神经和大脑随后做出反应）。相应地，在特定刺激下，动物能够自发地产生反射性反应，而无须经过任何训练，这种现象称为非条件反射。

请同学们结合上述材料思考以下问题。

（1）常见的条件反射和非条件反射分别有哪些？（请结合实际生活经验回答）

（2）下面成语所描述的反射性反应，哪些属于条件反射？哪些属于非条件反射？

　　　　望梅止渴　　闻鸡起舞　　谈虎色变　　耳濡目染　　酒酣耳热　　垂涎欲滴

一、行为主义学习理论

行为主义学习理论诞生于 20 世纪初，并在此后近半个世纪一直作为占统治和主导地位的心理学理论存在。该理论源自巴甫洛夫的"经典条件反射实验"（又称"狗进食的摇铃实验"），将学习的过程概括为"刺激—反应—强化"。行为主义学习理论认为，一切学习都是通过条件作用，在刺激和反应之间建立直接联结的过程，强化在联结的过程中起到了重要作用。学习的最终效果表现为外部行为的变化，并强调变化一旦形成，只要原

35

来或类似的刺激环境一出现，对应行为就能激发。行为主义学习理论按照发展阶段可分为早期行为主义学习理论和新行为主义学习理论，前者的主要代表人物有巴甫洛夫、华生和桑代克，后者的主要代表人物有斯金纳和班杜拉。

1. 华生的行为主义学习理论

20世纪初，华生在巴甫洛夫实验的基础上，第一个提出：学习就是以一种刺激替代另一种刺激来建立条件反射的过程。华生认为，人类出生时只有几个反射（如打喷嚏、膝跳反射）和情绪反应（如惧、爱、怒），其他行为都是通过条件反射建立新刺激—反应（S-R）联结而形成的。

2. 桑代克的联结主义学习理论

桑代克是动物心理学的开创者，1898年，他进行了"饿猫打开迷笼"实验：将饿猫关在迷笼（可理解为封闭的笼子）里，观察猫多久可以打开迷笼吃到外面的鱼。在实验过程中，桑代克发现，随着尝试次数的增加，猫打开迷笼吃到鱼所用的时间逐渐变短。通过类比该类实验的结果，桑代克提出了联结主义学习理论：学习就是刺激和反应之间建立联结的过程，即人或动物通过盲目尝试，逐渐减少错误/试误，最终形成刺激—反应（S-R）联结。该理论也称"联结—试误说"或"试误说"。桑代克的联结主义学习理论被看成是历史上第一个系统的学习理论，预示着现代学习理论在现代心理学中已上升到突出的地位。后来，桑代克又在这一理论的基础上提出了学习的三大定律：准备律、练习律和效果律。

（1）准备律。在进入某种学习活动之前，如果学习者做好了与学习活动相关的准备（包括生理和心理两方面），学习者就能比较自如地掌握学习的内容。准备律启发教师可以在正式开展教学之前激发学习者的学习动机。

（2）练习律。对于学习者已形成的某种刺激—反应联结，在实践中正确地重复这种反应会有效地增强这种联结，而失用（不练习）或错用则会减弱或遗忘这种联结。练习律启发教师要意识到大量的、反复的练习和操作的重要性。

（3）效果律。学习者在学习过程中，若得到积极的反馈（正反馈）会加强已经形成的某种联结，而得到消极的反馈（负反馈）则会减弱这种联结。效果律是最重要的学习定律，启发教师可以合理利用反馈加强学习者的学习效果。

3. 斯金纳的操作性条件反射学习理论

斯金纳是新行为主义学习理论的代表人物之一，也是行为主义后期影响力最大的心理学家。斯金纳通过改进桑代克的"饿猫打开迷笼"实验创制了"斯金纳箱"：将一只饥饿的老鼠放入封闭箱内，老鼠在自由活动时偶然触发箱内的特定投食机关得到一粒食物，经过几次尝试后老鼠会不断触发该机关，直到吃饱为止。

斯金纳根据实验结果提出，人和动物的行为应当分为应答性行为和操作性行为两种。应答性行为是由特定刺激引起的行为，是经典性条件反射研究的对象，这类行为先有刺激（S），后产生反应（R）[例如，狗听到摇铃（S）后分泌唾液（R）]；操作性行为是不与任何特定刺激产生联系的行为，是有机体自发做出的随意行为，这类行为通过反应（R）产生刺激（S），刺激更多地作为一种增强反应的手段出现[例如，老鼠偶然触发机关获得食物（R），后尝试多次触发机关（S）]。

相应地，学习也应当分为经典性条件反射式学习和操作性条件反射式学习。经典性条件反射式学习是前人所提到的学习，即建立刺激—反应（S-R）联结的过程；操作性条件反射式学习则强调学习本质上是一种反应概率上的变化，而强化是提高反应概率的手段。

如果一个操作（自发反应）出现后，伴随强化刺激，则该操作再次发生的概率就会提高；如果已经通过条件反射强化了的操作发生后，不再有强化刺激伴随，则该操作再次发生的概率就会降低甚至消失。这就是操作性条件反射式学习的基本过程。

尽管上述行为主义学习理论对学习的具体看法存在差异，但从宏观层面来看，它们对学习的解释仍然是一致的。

二、认知主义学习理论

由于行为主义学习理论的观点无法准确清楚地解释更为复杂的学习问题。20世纪60年代，出现了一种在某些方面与行为主义对立的学派——认知主义学派。认知主义学派的学习理论源自格式塔心理学理论。该理论认为，学习并不是在外部环境的支配下被动地形成刺激—反应（S-R）联结，而是主动地在头脑内部构建认知结构的过程。

认知主义学习理论强调学习是个体作用于环境的过程，充分肯定学习者在学习过程中的主体性和自觉能动性，注重学习的内在动机和创造性。20世纪60年代至90年代，认知主义学习理论逐渐取代行为主义学习理论成为主流。该学习理论的主要代表人物有布鲁纳、奥苏贝尔和加涅。

1. 布鲁纳的认知—发现学习理论

布鲁纳提出，学习是一种积极的认知过程，其实质是主动地形成认知结构。他的认知—发现学习理论认为，学习者在学习过程中并不是被动地接受知识，而是主动地获取知识，并通过把新获得的知识和已有的认知结构联系起来，积极地建构其知识体系。认知—发现学习理论将学习过程细分为获得、转化和评价三个阶段。

2. 奥苏贝尔的有意义接受学习理论

奥苏贝尔认为，学习应当是有意义的，为此其提出了有意义学习理论。有意义的学习就是符号所代表的新知识应当与学习者认知结构中已有的观念建立起非人为的（内在的）、实质性的（非字面的）联系。

要想实现有意义学习，应当满足内、外部条件。

（1）**内部条件**：学习者必须有有意义学习的倾向；学习者认知结构中必须具有适当的知识，以便与新知识产生联系；学习者必须积极主动地将具有潜在意义的新知识与认知结构中的旧知识加以联系。

（2）**外部条件**：学习的材料本身必须具有逻辑意义。

3．加涅的信息加工学习理论

加涅认为，学习是人的心理倾向和能力的变化，这种变化要能持续一段时间，并且不能把这种变化简单地归结为生长过程。认知主义学习理论发展到后期，受到计算机信息加工理论的影响，许多学者开始接受计算机模拟的思想，将学习过程看作一个信息加工的过程。在此背景下，加涅的信息加工学习理论应运而生，并对当时的学习理论研究产生了很大的影响。该理论综合了行为主义、认知主义学习理论的观点，结合计算机信息加工理论，将学习者学习与记忆的过程描绘为一个信息加工模型，如图2-1所示。

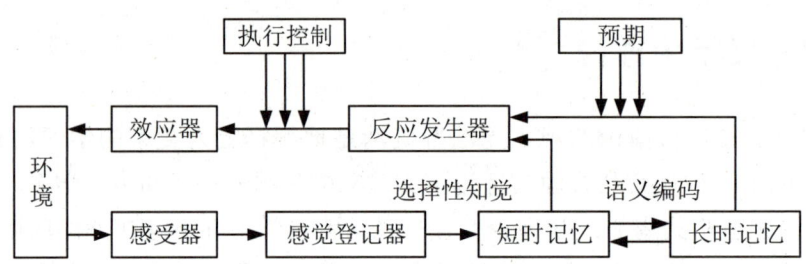

图2-1　学习与记忆的信息加工模型

三、建构主义学习理论

20世纪90年代，建构主义学习理论开始兴起，该理论强调知识的学习是个体积极、主动地进行有意义建构的过程。在认知主义学习理论的基础上，建构主义学派的研究拓宽了学习领域、深化了知识认识本质、推动了认知科学发展和教学改革。但该理论质疑知识的客观性，注重学习者的个体差异和独特性，认为学习是学习者主动构建内部心理表征的过程。在建构主义学习理论发展的过程中，维果茨基、皮亚杰和布鲁纳等人的思想起到了重要作用。

建构主义学习理论认为，学习是在一定的情境下，通过他人（同伴和老师）的帮助，利用必要学习资料，以个人原有经验、心理结构和信念为基础，主动建构知识的过程。这一过程既包括对旧知识的重组，又包括对新知识的建构。情境、协作、会话和意义建构是学习环境中的四大要素。

（1）情境。建构主义学习理论强调，学习是发生在特定情境中的。知识不是独立于情境之外的符号，而是存在于具体的、情境性的、可感知的活动之中。

（2）协作。学习既是个别化行为，也是社会性行为。学习者常常需要在他人的帮助下、与他人的合作中建构知识。

（3）会话。建构主义学习理论认为，有协作必定有会话。通过会话，学习者的学习思维可以被共享。

（4）意义建构。建构主义学习理论提出，意义建构是学习的最终目标。通过建构，可以帮助学习者对当前内容所反映的事物的性质、规律，以及该事物与其他事物之间的内在联系达到更深层次的理解。

关于建构主义学习理论，可以通过一则童话故事进行理解，如图 2-2 所示。

图 2-2　"鱼牛"童话

在德国，有一则关于"鱼牛"的童话故事，说的是在一个小池塘里住着鱼和青蛙，它们是一对好朋友。听说外面的世界很精彩，它们都想出去看看。鱼由于自己不能离开水而生活，只好让青蛙自己走了。

后来，青蛙回来了，鱼迫不及待地向它询问外面的情况。青蛙告诉鱼，外面有很多新奇有趣的东西。"比如说牛吧，"青蛙说，"这真是一种奇怪的动物，它的身体很大，头上长着两个犄角，以吃青草为生，身上有黑白相间的斑块，长着四条粗壮的腿，还有大大的乳房。"鱼惊叫道："哇，好怪哟！"同时脑海里即刻勾画出"牛"的形象：一个大大的鱼身子，头上长着两个犄角，嘴里吃着青草……

鱼脑海中"牛"的形象（我们姑且称之为"鱼牛"）在客观上当然是错误的，但对于鱼来说却是合理的，因为它根据从青蛙那里得到的关于牛的部分信息，从本体出发，将新信息与自己头脑中已有的知识相结合，构建出了"鱼牛"形象。

四、人本主义学习理论

人本主义学派在行为主义和精神分析理论的实践效果都不尽如人意时出现，给当时的教育界带来了很大的冲击和震撼。该学派认为，任何旁观者视角的学习理论都是没有意义的，学习理论应是从学习者本身立场和意义出发，强调人的本能和潜能、尊严和价值的重要性。人本主义学习理论认为，学习的实质就是形成与获得经验，学习的过程就是经验（经历、体验和感悟）的过程。这一理论的研究重点是如何为学习者创造一个良好的学习环境以发挥其自我实现潜能，主要代表人物有马斯洛和罗杰斯。

1. 马斯洛的需求层次理论

马斯洛的需求层次理论将人的需求分为生理、安全、爱与归属、尊重、自我实现五个层次。马斯洛认为，人的成长来源于个体最高级的需求——自我实现的需求，强调自我实现是人的潜能，而不是教育的作用使然。马斯洛批判单纯依赖强化和条件作用的学习，认为理想的学习应当是纯粹依靠学习者的内驱力，充分开发潜能，达到自我实现的学习。

2. 罗杰斯的学习理论

罗杰斯认为，学习分为无意义学习和有意义学习两类。

（1）无意义学习。这种学习类似于无意义音节的学习。学习者要记住无意义音节是一项困难的任务，因为它们是没有生气、枯燥乏味、无关紧要、很快就会忘记的东西。无意义学习只涉及心智，没有情感参与，是一种"颈部以上发生的学习"。

（2）有意义学习。这种学习以学习者的自发性和主动性为动力，能使学习者的行为、态度、个性，以及未来行动方针发生重大变化。有意义学习不仅仅增长知识，而且关注知识与个人之间的关系，将知识与学习者的各部分经验融合在一起。罗杰斯认为，有意义学习应当是自我发起的、全身心参与的、具有渗透性的和由自我评价的。

任务实践——探究学习理论发展现状

在学习理论的发展过程中，涌现出诸多学说和观点，其中一些理论不仅流传至今，而且在实际应用中取得了显著成效。下面以使用中国知网对相关主题文献进行系统检索与分析为例，探究各种学习理论在我国的发展现状。

探究学习理论发展现状

步骤 1 检索论文。打开浏览器，在地址栏中输入"https://www.cnki.net"，按回车键，打开中国知网主页。在主页的搜索框中输入关键词"学习理论"，仅选中"学术期刊""学位论文"复选框，单击"检索"按钮进行检索，如图2-3所示。

项目二　现代教育技术理论基础

图 2-3　检索"学习理论"相关论文

步骤 2　可视化分析。在"学习理论"的检索结果页面中，选择"导出与分析"/"可视化分析"/"全部检索结果分析"选项（见图 2-4），对"学习理论"相关论文进行可视化分析。

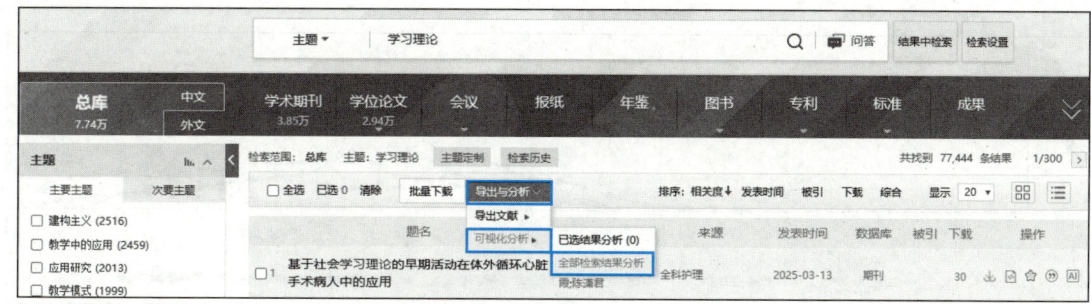

图 2-4　对检索结果执行可视化分析

步骤 3　查看可视化分析结果。查看"学习理论"相关论文发表数据的总体趋势，如图 2-5 所示。

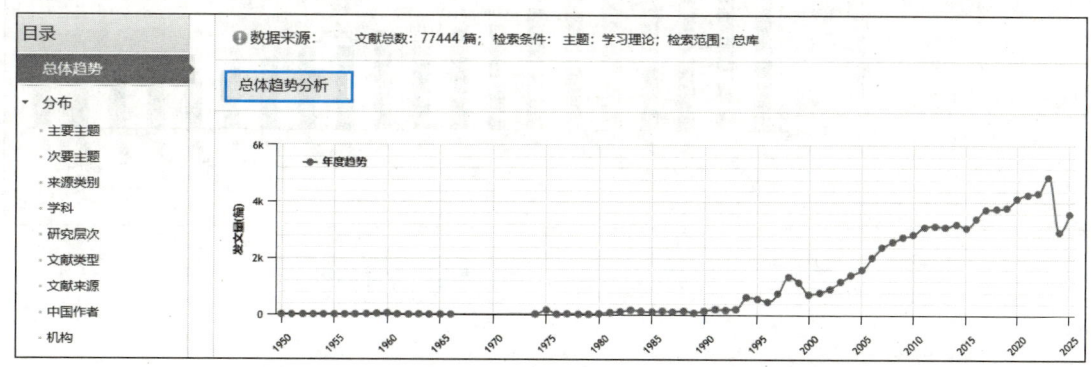

图 2-5　"学习理论"相关论文发表数据的总体趋势

> **提示**
>
> 读者也可通过选择左侧"目录"列表中的不同选项,查看"学习理论"相关论文的其他分析结果,如次要主题分布、来源类别分布、学科分布和研究层次分布等。

步骤 4 比较分析。以"主要主题分布"为例,单击其柱状图中的"建构主义"系列,页面顶部弹出该主题自诞生以来的发文趋势图。

依次单击多个不同的系列,可以对不同主题进行对比分析。例如,依次单击"建构主义""教学中的应用""应用研究""教学模式""深度学习"系列,可查看"学习理论"发文量靠前的主题的对比分析结果,如图2-6所示。通过分析可以发现,在这五个主题中,"应用研究"和"深度学习"主题的相关论文,自2019年开始出现了大幅增长,是当下"学习理论"相关研究的热点。

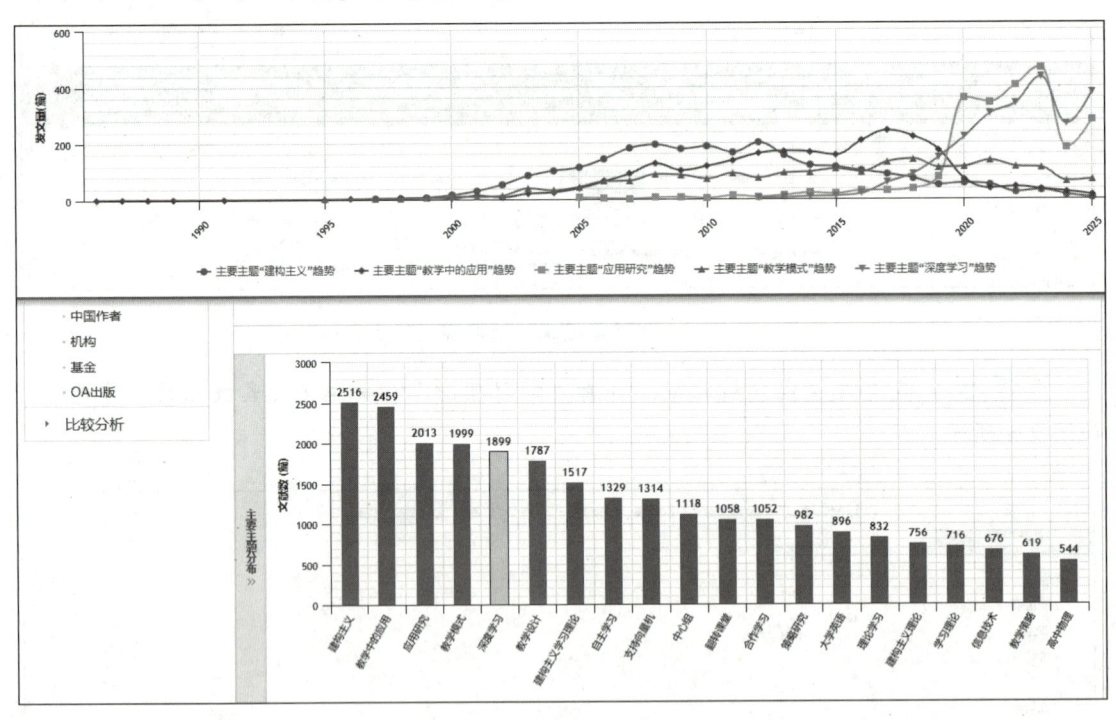

图2-6 "学习理论"相关论文主要主题发文趋势对比

项目二　现代教育技术理论基础

任务二　了解教学理论

任务描述

教学理论是研究存在于教育系统之中的教学活动规律的理论，其对教育技术的发展产生了直接的影响。教学理论既是一门理论科学，又是一门应用科学；它既要研究教学的现象、问题，揭示教学的一般规律，也要研究利用和遵循规律解决教学实际问题的方法策略和技术。在本任务中，我们将从行为主义、认知主义和人本主义的角度出发，学习相关教学理论的具体内容。

任务准备

对于"道德与法律的关系"这节课，表2-1展示了两种不同的教学过程。请结合表格内容以小组形式讨论以下问题。

（1）"道德与法律的关系"这节课的教学过程包括哪几步？

（2）哪一种教学过程比较好？好在哪里？另一种存在哪些不足之处？

表2-1　"道德与法律的关系"教学过程

教学过程一	教学过程二
导入 （1）引导案例。学生小李因为外貌和个性与同学们有所不同，在社交媒体上遭到了一些同学的嘲讽和辱骂。这些伤人的言论在网络上迅速传播，给小李的心理造成了很大的伤害。尽管老师和家长都注意到了这个问题，但由于网络言论具有匿名性，传播速度快，很多针对小李的恶意言论一时难以被追踪和管控 （2）提出问题。如果你是小李的朋友，将会怎么帮助小李？ **知识讲解** （1）讲解法律的定义、特征和作用（讲解过程结合生活实例） （2）讲解法律、道德和校规校纪的产生方式、实施手段、调整对象和范围 **案例分析** （1）情况描述。在一次小组作业中，小王抄袭了其他小组的内容，老师发现后要求整个小组重新提交作业	**导入** 请用一个词或一句话，表达你对法律的感受，并说说这种感受从何而来 **知识讲解** （1）知识点一。① 讲解法律与道德的概念、特征。② 提问法律与道德的主要区别是什么。③ 提供正确答案和解释，帮助学生理解 （2）知识点二。① 讲解法律、道德和校规校纪的产生方式、实施手段、调整对象和范围。② 列举法律、道德和校规校纪的具体案例。③ 提供一些案例的解析 **案例分析** （1）情况描述。在一次小组作业中，小王抄袭了其他小组的内容，老师发现后要求整个小组重新提交作业。小王虽然没有触犯法律，但他的这一行为是不道德的 （2）提出问题。列举其他案例，让学生分析道德与法律的不同立场

43

续表

教学过程一	教学过程二
（2）讨论问题。① 道德层面。小王的行为对整个小组的结果产生了什么影响？是否公平？② 法律层面。老师的惩罚是否合理？在学术环境中抄袭的法律后果是什么？ **实践应用** 设计"法律进校园"宣传方案，以生动案例解析法律的实际应用 **反思总结** （1）总结本节课的主要内容 （2）思考如何在生活中运用法律保护自己	（3）老师反馈。提供详细的案例分析，从不同的视角进行解读 **反思总结** （1）复习所学的主要内容 （2）进行综合测试，评估学生对知识的掌握情况 （3）根据测试结果提供个性化的学习建议，帮助学生更好地理解和掌握知识

一、关注行为的教学理论

关注行为的教学理论是以行为主义学习理论为基础，以促进学生行为变化为目的的理论。这一领域的理论是早期视听教学的基础，对后期计算机辅助教学的发展也具有突出贡献。关注行为的教学理论以斯金纳的程序教学理论和布鲁姆的掌握学习教学理论为代表。

1. 斯金纳的程序教学理论

斯金纳提出，程序教学是按照一定的逻辑顺序把教材内容加以编排，使教学过程由浅入深、循序渐进的一种自动教学模式。程序教学的基础是操作性条件反射学习理论和强化理论。根据这一理论，斯金纳设计了程序教学方案、程序教学教材和斯金纳教学机器等。程序教学方案的实施过程如图 2-7 所示。该过程包含了五个基本教学原则。

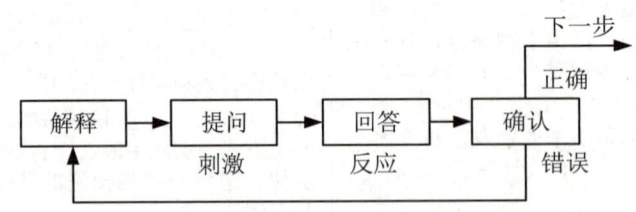

图 2-7 程序教学理论的基本教学过程

（1）**积极反应原则**。教学机器或教材以问题的形式呈现给学生知识，学生对此能够做出积极的、外显的反应，如"书写""按键"等。

（2）**小步子原则**。知识由简单到复杂，由容易到困难呈现给学生，每相邻两个步子（知识）之间的难度不大。学生每进一步，如果对了，给予一次激励；如果错了，则重新学习，不进行下一步。

（3）及时反馈原则。学生对学习的问题做出反应之后，要及时清楚地将反应的正确与否反馈给学生。

（4）自定步调原则。学生可按自己认为的合适的速度学习，不追求统一进度。

（5）最低错误率原则。斯金纳认为，在教学进行过程中，应尽量避免学生出现错误的反应。错误的反应会使学生的情绪和学习速度受到影响，会使学生得到令人厌恶的刺激，也就是说教学过程中尽量不要出现"惩罚"。

此外，斯金纳还给出了强化与惩罚的相关概念。强化是指伴随于行为之后且有助于该行为重复出现的概率提高的事件，分为正强化和负强化；惩罚是指伴随于行为之后且导致该行为重复出现的概率降低的事件，分为正惩罚和负惩罚。有关强化与惩罚的详细条件和举例如表2-2所示。

表2-2 强化与惩罚

类型		条件	举例	行为发生的概率
强化	正强化	给予愉快刺激	成绩优秀给予表扬	提高
	负强化	撤销厌恶刺激	成绩及格免于被批评	
惩罚	正惩罚	呈现厌恶刺激	犯错后体罚	降低
	负惩罚	撤销愉快刺激	犯错后禁止玩游戏	

2. 布鲁姆的掌握学习教学理论

布鲁姆的掌握学习教学理论，是指在"大多数学生都能掌握"的学习理念指导下，以集体教学为基础，辅之以经常、及时的反馈，为学生提供个别化帮助和额外学习时间，从而使大多数学生达到教学目标所规定的掌握标准。这一教学理论的实践包括准备和实施两个阶段。

（1）准备阶段。教师需要确定掌握教学目标和内容，根据目标为掌握学习设计学习单元和编制总结性测验。

（2）实施阶段。该阶段包括三个步骤：① 教师向学生介绍掌握学习的一般程序，使学生适应掌握学习的方法；② 按照反馈—矫正策略教授每一个单元，教师在教学结束后进行测试，学生根据测试答案自行打分反馈，教师根据反馈情况为一些没有掌握的学生提供相应的矫正策略；③ 进行总结性评价。

二、关注认知的教学理论

关注认知的教学理论以布鲁纳的结构—发现教学理论和赞可夫的发展教学理论为代表。

1. 布鲁纳的结构—发现教学理论

布鲁纳认为，任何一门学科都有一个基本结构，即具有其内在的规律性。因此，教学的目的在于理解学科的基本结构（包括基本概念、基本原理和规律）。根据这一理论，布鲁纳提出了掌握学科基本结构的四个教学原则：动机原则、结构原则、程序原则和强化原则。

此外，布鲁纳还强调，要想取得好的教学效果，必须采取发现教学法。发现教学法是以培养探究性思维方法为目标，以基本教材为内容，使学生通过"再发现"（因为学生所要学习的知识是前人已经总结出来的间接经验）进行学习的方法。发现教学法实施步骤包括：根据所创设的问题情景提出问题，针对提出的问题做出相应的假设，进行假设的验证和得出结论。

2. 赞可夫的发展教学理论

赞可夫的发展教学理论基于心理学家维果茨基所提出的"最近发展区"概念。该概念认为学生的发展有两种水平：一种是学生的现有水平，指独立活动时所能达到的解决问题的水平；另一种是学生可能的发展水平，也就是通过教学所获得的潜力。两者之间的差异就是最近发展区。

赞可夫认为，教学的任务就是创造最近发展区，教学目标应当设置在学生的最近发展区内，以促进其一般发展（指学生的个性发展，包括智力、情感、意志等方面）。发展教学理论提出了教学过程应遵循的五条原则：高难度教学原则、高速度教学原则、理论知识起主导作用原则、使学生理解学习过程原则、使全体学生（包括后进生）都得到发展原则。

三、关注人格的教学理论

在关注学生人格的教学理论中，罗杰斯提出的"学生中心"理论最为经典。该理论源自其提出的"以人为中心"的非指导性心理咨询疗法，认为若要进行有意义学习，教师需要在课堂上创造出一种良好的学习情境，无论是在学习活动的准备、进行阶段，还是结束阶段，学生都是主体。在教学过程中，教师的任务是为学生提供学习手段和条件，教师的时间不应浪费在组织教案和讲解上，而应用在为学生提供学习所需要的各种资源上。

罗杰斯提出，教师不是专家，不是知识的传授者，而是学习的促进者。教学的目的在于培养"全面发展的人"，使学生自发地、主动地进行学习。

任务实践——赏析发现教学法应用实例

发现教学法是针对传统教学模式的弊端而提出的教学方法。该方法将学生看作独立的个体,强调学生是具有思想的主体。发现的本质是为了认识,学生通过认识世界来认识自己,从而培养自我意识。下面通过赏析"环境保护"这节课,学习如何运用发现教学法开展教学,培养学生的探究性学习思维。

步骤 1 创设问题情景并提出问题。教师首先展示某地区在经历酸雨前后的对比照片(例如,酸雨影响下的植物、土壤等变化),然后提出问题。

(1)这是在同一地点、不同时间所拍摄的两张照片,请同学们仔细观察这两张照片有什么不同。

(2)这些不同是怎么导致的?

步骤 2 针对提出的问题做出假设。学生分组讨论教师提出的问题,在该过程中教师鼓励学生根据照片观察结果和自身知识提出假设。例如,"我认为植物的枯萎是因为酸雨对它们的影响""土壤的颜色变化可能是因为酸性物质改变了土壤的化学成分"。

步骤 3 进行假设的验证。教师引导学生思考如何进一步验证这些假设,验证方式举例如下。

(1)查阅文献:学生在图书馆或网络上查找相关的环境科学资料,了解酸雨的成因及其对生态的影响。

(2)实验:设计简单的土壤酸碱度测试或者小规模的植物生长实验,观察酸性对土壤或植物的影响。

(3)访谈:与当地的环境保护机构或专家进行深入交流,以了解实际情况。

步骤 4 总结并得出结论。在验证的基础上,学生进行集体讨论,结合研究结果得出结论。例如,"通过对比和实验,我们发现酸雨确实会对植物造成伤害,并且土壤的酸性增加也会影响其生态系统的健康""我们了解到,保护环境需要从减少工业排放、增强公众环保意识等方面入手"。教师总结学生的发现,强调探究的过程和方法,并鼓励学生将这种探究思维运用到其他环境问题的研究中。

任务三 了解视听传播理论

任务描述

视听教育理论和教育传播理论作为教育技术学的重要理论基础,在现代教育技术的发展过程中发挥了不可或缺的作用。从传播理论的角度分析教育现象,探讨媒体在教学过程中的作用机制，是教育技术领域研究的一个重要方向。在本任务中，我们将学习视听教育理论和教育传播理论的重要观点，以便更好地理解和应用现代教育技术。

任务准备

某学校组织了一次"亲近大自然"的短途露营活动，学生小雨积极报名参加了这一活动。白天，她和同学们在营地自由活动，观察各种植物。小雨用放大镜仔细观察每一朵花和每一片叶子，感受到了探索自然的乐趣和美好。夜晚来临，小雨和同学们来到营地的"观星中心"，一边透过望远镜观察浩瀚的宇宙，一边听老师讲解天文知识。

在营地，小雨还遇到一位热情的阿姨，阿姨向她分享了在西双版纳旅行时拍摄的照片和视频，讲述了那里的奇特动物和一些少数民族的不同风俗。阿姨的故事让小雨充满了对西双版纳的向往。此外，阿姨还推荐了一些关于自然探险和科学发现的书籍给小雨。

通过这次露营活动，小雨不仅感受到了大自然的美妙，还在和同学、阿姨的交流中收获了不少知识和灵感。她发现，探索的旅程不仅仅是用脚步丈量土地，还带来了心灵的感悟与成长。

请同学们结合上述材料思考以下问题。

（1）在这次露营活动中，小雨学到了哪些知识？

（2）小雨的这些知识是通过什么方式获取到的？

一、视听教育理论

19世纪末，美国教育技术的发展进入了视觉教学阶段，后又因无线电广播、录音机、留声机等一系列设备在教育教学中的应用，视觉教学发展为视听教学，并形成了自身的一套理论——视听教育理论。这一理论源自杜威的"实验主义"教学思想与桑代克的学习理论。1946年，戴尔在《教学中的视听方法》一书中提出了"经验之塔"理论，为视听教学建立了理论基础，是视听教育最为重要的理论。

1. "经验之塔"的基本概念

"经验之塔"理论根据抽象程度将人类学习的经验分为三大类十个层次，如图2-8所示。三大类经验分别为做的经验、观察的经验和抽象的经验。

（1）做的经验。在做的经验范围之内，学习者不是旁观者，而是活动的直接参与者，学习者的感官和身体得以充分运用。这类经验是具体的经验，包括有目的的直接经验、设计的经验和参与活动的经验。

（2）观察的经验。相对于底层的做的经验，在获得这类经验的过程中，学习者较少动手参与活动，大部分依靠视听感官获取间接经验，并依次向上增加抽象性。观察的经验包括观摩示范，见习旅行，参观展览，电影、电视，录音、广播、幻灯、照片。

（3）抽象的经验。这类经验包括视觉符号和语言符号，抽象层次最高，要求学习者通过思维和符号来处理经验。

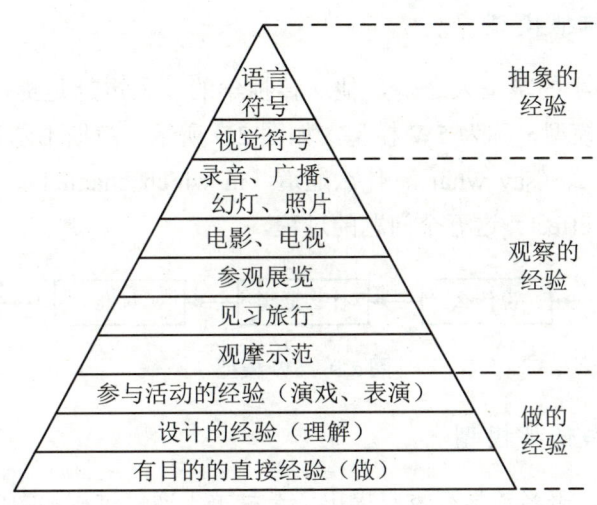

图 2-8 "经验之塔"理论

2. "经验之塔"的基本观点

（1）最底层的经验最具体，越往上，经验越抽象。同时，"经验之塔"的各层级并不是僵化不变的，"因为各种不同的感官教具经常是相互重叠，有时又是相互混杂的"。

（2）经验的具体—抽象程度与学习的难易无关，各类学习经验是相互联系、相互重叠的。教学过程中的学习经验应该有效地加以混合运用，使学习者的直接经验和间接经验能够产生有机联系。

（3）教学应从具体经验入手，逐步过渡到抽象经验，谨防"言语主义"（从概念到概念，缺少具体经验的支撑），但也要谨防过分强调直观经验，陷入狭义经验论，要引导学习经验向抽象、普遍发展，形成概念。

（4）在学校，由于经济、时空等因素的限制，学习者往往难以获得足够的直接经验，因此要善于运用各种教学媒体，冲破各种限制，以弥补直接经验的不足。

二、教育传播理论

南国农教授认为，传播是人们通过符号、信号、传递、接收与反馈信息的活动；是人们彼此交换意见、思想、情感，以达到互相了解和影响的过程。传播的重要功能之一就是教育。20 世纪 40 年代，施拉姆总结了前人的研究结论，提出了教育传播理论。通常认为，教育传播是由教育者按照一定的目的和要求，选定合适的信息内容，通过有效的媒体通道，把知识、技能、思想、观念等传送给特定的教育对象的一种活动。传播过程十分复杂，为了方便研究，学者们大都采用了简约化的模型研究方法，比较经典的是拉斯韦尔传播模型和香农—韦弗传播模型。

1. 拉斯韦尔传播模型

拉斯韦尔是传播学的奠基人之一，他对传播学的一大贡献是提出了一个用文字形式阐述的线性传播过程模型，称为 5W 模型，如图 2-9 所示。拉斯韦尔认为，传播过程就是回答谁（who）、说什么（say what）、什么通道（in which channel）、对谁（to whom）和什么效果（with what effect）这五个问题的过程。

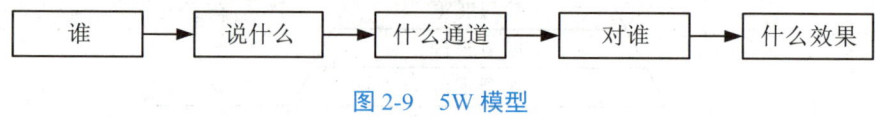

图 2-9　5W 模型

2. 香农—韦弗传播模型

20 世纪 40 年代，著名数学家香农提出了一种关于通信过程的数学模型，后来经过与韦弗的合作改进，形成了香农—韦弗传播模型，如图 2-10 所示。这一模型是现代传播理论里程碑式的成就。

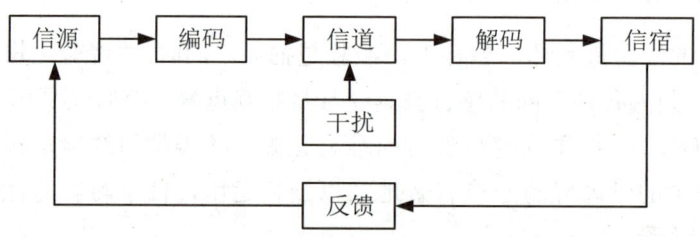

图 2-10　香农—韦弗传播模型

该模型认为，构成传播的要素包括信源、编码、信道、解码、信宿、干扰和反馈。信息传播的过程为，信源将提供的信息编码后通过信道传输出去，信宿将编码的信息解码后接收，并在接收后发送反馈信息给信源。另外，在整个信息传播过程中还会存在干扰信号，其对信息的整个传输过程都可能产生影响。

上述模型集中反映了传播学理论研究的成果，对教育技术的发展具有重大的启发意义。

任务实践——根据香农—韦弗传播模型分析教育传播过程

香农—韦弗传播模型是传播领域的经典和权威模型，下面根据该模型分析教育传播过程，以更好地理解教育传播理论。

步骤 1 教师分析教学目标，选择相应的教学内容。根据教学内容的性质和学生的特征，教师将教学内容编码为各种信息符号。

步骤 2 教师选定并编制所需的教学媒体，将多种媒体有机组合，以形成最佳的课堂教学结构，进行教学内容的传输。

步骤 3 学生通过各种感知通道（如视觉和听觉）接收教学内容。

步骤 4 学生的大脑对接收到的教学内容进行解码，从而实现对教学内容的解释、理解和存储。

步骤 5 学生通过回答问题、参与讨论和完成测验等方式，将对教学内容的理解与接受情况反馈给教师。

步骤 6 教师根据反馈信息检验教育传播的效果，进行反思与调整，不断提升教学质量和效果。

任务四 了解系统科学理论

任务描述

系统科学产生于20世纪中叶，它将研究对象视为一个系统进行整体研究，探讨其要素、结构和功能之间的相互作用。通过信息传递和反馈机制，系统科学实现了不同系统之间的联系，达到了优化效果的目的。这一理论为人们认识和改造世界提供了全新的工具，对教育技术的发展产生了深远的影响。在本任务中，我们将从基本理论、基本原理、方法及教育应用等多个方面学习系统科学理论。

任务准备

在一所艺术氛围浓厚的音乐学校里，张老师为学生们上了一节独特的钢琴课。她使用了一架与平板电脑相连的特殊钢琴，这架钢琴不仅外观引人注目，还内置了一套先进的智能音乐教学系统。每当学生的指尖在琴键上灵动地舞动时，系统的智能硬件便会实时捕捉他们的演奏数据，并将这些信息传输到云端进行深度分析。例如，当小明用钢琴弹奏一段动人的旋律时，系统立刻对他的表现进行评估，实时反馈："你的节奏感很好，但是可以尝试在这个段落稍微慢一点，多投入一些情感。"

请同学们结合上述材料思考以下问题。

（1）张老师使用"特殊钢琴"教学有什么好处？

（2）材料中提到的"智能音乐教学系统"主要由什么组成？

一、系统科学的基本理论

系统科学的基本思想是从系统的观点出发，关注整体与部分（要素）之间的关系。在整体与外部环境相互作用、相互制约的框架下，系统科学综合性地考察对象，以寻找处理问题的最佳方法。系统科学作为以系统思维为核心思想的一门综合性、交叉性学科，由控制论、信息论和系统论三个基本理论构成。

1. 控制论

控制论是关于控制系统的一般规律和控制过程的学科，涉及自动控制、电子技术和生物学等多种学科和技术。1948年，数学家维纳出版了《控制论》一书，标志着这门学科正式诞生。1962年，心理学家兰达将控制论、算法化教学和程序教学理论结合起来，提出了教育控制论。这一理论运用控制论原理来看待教学系统，强调通过强化反馈和组织程序教学来提高教学效率和教学质量。

2. 信息论

信息论是关于各种研究系统中信息的计算、传递、变换、存储和使用规律的科学，该理论的创始人是香农。同时，维纳对于信息论的发展也具有很大的贡献，其提出了信息量公式。信息论在教育领域中应用所形成的理论称为教育信息论，教育信息论是研究教学过程中教学信息如何传递、变换和反馈的理论。

3. 系统论

系统论是从系统的角度出发研究事物的发展、运动规律的科学，强调用整体、综合的观点来看待事物。1968年，生物学家贝塔朗菲出版了《一般系统论：基础、发展和应用》一书，标志着这门学科正式诞生。教育系统论就是以整体的思想即系统科学的思想和方法探讨教学问题。

钱学森与系统科学理论

钱学森是中国航天科技事业的先驱和杰出代表，被誉为"中国航天之父"和"火箭之王"。他在系统科学、工程控制论和复杂巨系统学等领域做出了卓越贡献，

为现代科学技术的发展奠定了坚实的理论与实践基础。钱学森不仅是一位杰出的科学创新者，更是一位具有深厚人文情怀和坚定信念的科学家。

钱学森引入辩证唯物主义的思想，强调系统科学的整体性与复杂性研究，推动了科学技术的发展。他的系统科学体系不仅为科学研究提供了有效的方法论，还为社会实践的组织与管理提供了重要的理论支持。通过综合集成和大成智慧思想，钱学森展现出了一位科学大师的风范，成为科学界的领袖和泰斗。

钱学森的成就与贡献源于他坚定的政治信仰、高尚的思想情操和品德。他曾说："我作为一名中国的科技工作者，活着的目的就是为人民服务。"从人民的视角来看，钱学森是一位真正的人民科学家，他的科学精神和奉献精神深深影响了一代又一代的科技工作者。作为一代宗师，钱学森的影响力超越了时代，成为中华民族的骄傲和中国人民的光荣。他的科学成就与人文情怀将永载史册，激励后人不断追求科学真理和服务社会的理想。

（资料来源：佚名，《钱学森的系统论、系统科学体系》，知乎网，2024年2月20日）

二、系统科学的基本原理

系统科学的基本原理包括整体原理、反馈原理和有序原理。

1. 整体原理

整体原理强调，任何一个系统都是由若干要素组成的，尽管这些要素有各自不同的特征，在系统中发挥着不同的作用，但是它们最终必须服从或服务于系统的整体功能。一个系统之所以被视为"系统"，正是因为它展现出了作为整体的特性。这个原理启示教师在设计教学系统时，应综合考虑教育的各个层面，而非仅关注单一因素。

2. 反馈原理

反馈原理认为，任何系统都需要通过信息反馈来实现有效的控制。反馈主要分为正反馈和负反馈两种，正反馈能增强控制信息的作用，而负反馈则与控制信息的作用相反。在教学过程中，教师应及时接收反馈信息，以便调整和优化教学效果。

3. 有序原理

有序原理指出，任何系统内部都普遍存在一种诸如从"大"到"小"、从包含到被包含的等级秩序。如果说整体原理提醒教师关注整个教学系统，那么有序原理则指导教师关注教学中各要素之间的关系，以及这些要素与整体的关联性。

三、系统科学方法及其教育应用

1. 系统科学方法

系统科学方法是指把对象放在系统的形式中综合考虑，以达到最佳处理问题目的的各种方法、方法论的有机组合。该方法是教育技术学研究的核心方法，具有整体性、综合性、最优性的特点。系统科学方法的一般步骤包括：① 从需求分析中确定问题；② 确定解决问题的方案和可替代方案；③ 从多种可能的解决方案中选择问题解决的策略；④ 实施问题解决的策略；⑤ 确定实施的效率；⑥ 进行系统修正（如有必要）。

2. 系统科学方法的教育应用

系统科学方法在教育中的应用非常广泛，它为教育实践带来了新的思路和方法，以下是一些典型应用。

（1）教学设计。系统科学方法指导教师全面分析教学过程，确保教学目标、教学内容、教学方法和教学评估之间的紧密协调，具有显著提升整体教学效果的作用。

（2）教学评估。系统科学方法为教学效果的评估提供了更加全面的视角。通过建立有效的反馈机制，全面收集学生、教师及其他利益相关者的意见，教育团队能够及时调整教学方法和内容，不断提高教学质量。

（3）多学科整合。系统科学方法为学科教学的整合提供了新的思路。整体原理和有序原理能够在多学科整合中发挥重要作用，使整合的结果更加全面且富有逻辑性，从而帮助学生构建起更加综合的知识框架。

任务实践——运用系统科学方法解决教学问题

下面以解决"某中学初一年级的数学课程教学效果不理想"这一问题为例，具体学习运用系统科学方法解决教学问题的一般步骤。

步骤 1 从需求分析中确定问题。通过问卷调查和访谈，了解数学课程教学效果不理想的原因。例如，"老师讲得太快，有些知识学生没有完全理解""单元测试时间安排不合理，学生来不及复习"。

步骤 2 确定解决问题的方案和可替代方案。例如，引入形成性评价，包括课堂讨论、随堂测验和小组作业；采取多元化评价，结合项目作业、展示和自我评价。

步骤 3 从多种可能的解决方案中选择问题解决的策略。例如，通过召开教师会议、班会等方式，确定同时采用上述两种策略进行教学，同时也允许教师实时反馈和调整教学策略。

步骤 4 实施问题解决的策略。

步骤 5 确定实施的效率。在实施几个月后，通过再次进行问卷调查和课堂观察，收集学生的反馈和教师的观察记录。分析学生在课堂活动、项目作业和期末考试中的表现变化，以判断新策略的有效性。

步骤 6 进行系统修正。根据评估结果，找出学生频繁出现困难的评估方式，并对相关内容进行更深入的讲解。根据收集到的反馈，调整评估内容和标准。例如，为某些类型的项目作业提供更多指导和示例。

项目实训 制作教育技术理论发展脉络图

1. 实训背景

教育技术的快速发展与多种理论的融合息息相关。从行为主义到建构主义，再到信息技术与系统科学理论的应用，各种教育理论在教育技术进步中扮演着不可或缺的角色。深入了解教育技术理论，梳理其发展脉络，有助于更全面地理解和有效运用教育技术。

2. 实训目的

通过梳理、整合和比较分析不同理论，深化对教育技术发展中主要理论及其相互关系的理解，增强对教育技术应用的批判性思维能力。同时，利用绘图软件制作教育技术理论发展脉络图，提升对这类软件的应用能力。

3. 实训步骤

（1）学生自由组成小组，搜集相关资料。各小组在选定负责人并合理分工后，基于本项目已学习到的知识，广泛地搜集教育技术理论相关资料。

（2）选择合适的工具绘制教育技术理论发展脉络图。在整理好所需资料后，各小组应选择合适的工具（如 Microsoft Visio、Lucidchart 和博思白板等）绘制教育技术理论发展脉络图。绘制过程中应注意逻辑性、全面性和观赏性。

（3）各小组派代表在课堂上进行展示汇报。内容包括展示制作的发展脉络图，阐述制作思路与过程。在展示汇报结束后，进行课堂自由讨论，学生发表个人见解。

（4）教师评价总结。

项目总结

为了帮助读者更好地掌握本项目所学内容，下面通过一张思维导图直观地呈现所有知识要点，如图 2-11 所示。

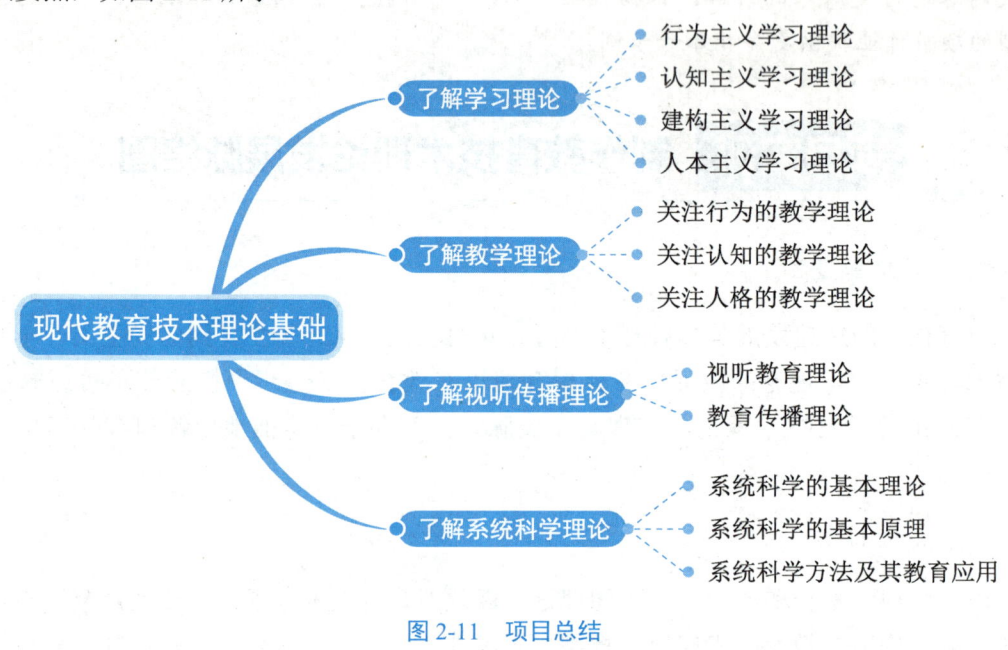

图 2-11　项目总结

项目考核

1. 选择题

（1）对于华生的行为主义学习理论，以下描述正确的是（　　）。

　　A. 该理论是华生进行了"狗进食的摇铃实验"后得出的
　　B. 该理论认为学习就是反应—刺激（R-S）联结
　　C. 该理论认为学习的决定条件是外部刺激
　　D. 华生基于该理论提出了程序教学

（2）妈妈允许小明每次完成作业后，可以看一会自己喜欢的科教片《动物世界》，所以小明每天都会按时完成作业。小明的这一行为可以用桑代克的（　　）解释。

　　A. 准备律　　　　　　　　　　　　B. 效果律
　　C. 练习律　　　　　　　　　　　　D. 正强化

（3）"学习并不是在外部环境的支配下被动地形成刺激—反应（S-R）联结，而是主动地在头脑内部构建认知结构的过程。"这一观点属于（　　）。

  A．行为主义学习理论   B．认知主义学习理论

  C．建构主义学习理论   D．人本主义学习理论

（4）建构主义学习理论质疑知识的（　　）。

  A．客观性   B．情境性

  C．结构性   D．系统性

（5）罗杰斯的学习理论认为，（　　）只涉及心智，没有情感参与，是一种"颈部以上发生的学习"。

  A．无意义学习   B．有意义学习

  C．经典性条件反射式学习   D．操作性条件反射式学习

（6）（　　）不属于斯金纳的程序教学理论的基本教学原则。

  A．积极反应原则   B．及时反馈原则

  C．一致性原则   D．自定步调原则

（7）布鲁姆的掌握学习教学理论包括（　　）两个阶段。

  A．实施和反馈   B．练习和强化

  C．准备和实施   D．准备和掌握

（8）以下关于教学理论的说法正确的是（　　）。

  A．布鲁姆提出了结构—发现教学理论

  B．赞可夫提出了发展教学理论

  C．加涅提出了掌握学习教学理论

  D．马斯洛提出了"学生中心"理论

（9）在"经验之塔"理论中，通过演戏、表演等再现某种情境，使学习者在这一情境中获得的经验属于（　　）。

  A．做的经验   B．观察的经验

  C．抽象的经验   D．以上三项都不是

（10）系统科学的基本理论不包括（　　）。

  A．控制论   B．信息论

  C．系统论   D．突变理论

2．填空题

（1）布鲁纳的认知—发现学习理论将学习过程细分为_____、_____和_____三个阶段。

（2）建构主义学习理论认为，学习过程既包括对旧知识的_____，又包括对新知识的_____。

（3）马斯洛的需求层次理论将人的需求分为_____、_____、_____、_____、_____五个层次。

（4）香农—韦弗传播模型认为，构成传播的要素包括_____、_____、_____、_____、_____、_____和_____。

（5）系统科学的基本原理包括_____、_____和_____。

3. 简答题

（1）斯金纳提出的条件反射式学习与前人提到的条件反射式学习有什么不同？

（2）认知主义学习理论和建构主义学习理论强调的"知识建构"有什么区别？

（3）奥苏贝尔和罗杰斯的有意义学习有什么区别？

（4）简述程序教学方案的实施过程。

（5）简述布鲁纳的发现教学法。

（6）发展教学理论的教学原则有哪些？

4. 实践题

（1）查阅相关资料并结合个人的实际体验，探讨如何将本项目所学理论有效地融入实际教学。

（2）结合自身所学专业，观摩一节与信息技术整合的课程，探讨教师在课堂中运用的教学理论与教育传播理论。

项目二　现代教育技术理论基础

完成所有学习任务之后，请按照以下要求进行项目评价。

全班同学每 3~5 人一组，各组成员结合课前、课中和课后的学习情况，以及项目实训和项目考核的完成情况，按照表 2-3 中的评价标准对本项目的学习效果进行自评和互评（组内成员互相打分），并请教师进行总体评价，学生根据评价结果进行总结。

表 2-3　学习效果评价表

评价项目	评价内容	评价分数			
		分值	自评	互评	师评
知识（50%）	学习理论的主要观点	10 分			
	教学理论的主要观点	10 分			
	视听传播理论的主要观点	10 分			
	系统科学理论的主要观点	10 分			
	学习理论、教学理论、视听传播理论和系统科学理论对教育技术的支撑作用	10 分			
技能（30%）	阐述戴尔"经验之塔"理论的基本概念和基本观点	10 分			
	解释系统科学方法的一般步骤	10 分			
	运用相关理论分析教学过程	10 分			
素养（20%）	遵守课堂秩序，展现良好学习态度	5 分			
	具有自主学习意识，做好课前准备	5 分			
	积极参与教学活动，善于思考、提问和探索创新	5 分			
	具有团队合作精神，高效解决问题，出色完成实践任务	5 分			
总评	综合得分：_____	100 分			
	综合等级：_____	教师签字：_____			
总结	最突出的表现（创新或进步）： 还需改进的地方（不足或缺点）：				

注：综合得分=自评（25%）+互评（25%）+师评（50%）；综合等级可以"优"（综合得分≥90 分）、"良"（80 分≤综合得分＜90 分）、"中"（60 分≤综合得分＜80 分）、"差"（综合得分＜60 分）为标准进行评价。

项目三 信息化教学媒体与环境

项目导读

随着信息技术的迅猛发展，教育领域也迎来了信息化革命。信息化教学媒体的兴起和信息化教学环境的建设，不仅为教育教学的变革提供了强有力支持，也显著提升了教育教学的效果和质量。在此背景下，新时代教师必须具备灵活运用信息化教学媒体的能力，并对信息化教学环境有全面而深入的理解和认识。本项目主要介绍信息化教学媒体与环境的基础知识，包括信息化教学媒体、信息化教学环境和信息化教学环境实例等内容。

学习目标

知识目标

- 掌握信息化教学媒体的概念、类型、功能与特性。
- 掌握信息化教学环境的概念、类型、功能与特点。
- 了解典型的信息化教学环境实例。

能力目标

- 能够识别信息化教学媒体的类型。
- 能够探究信息化教学环境及其实际应用。

素质目标

- 增强利用信息化教学媒体开展教学的意识。
- 培养在信息化教学环境中主动学习和适应新变化的能力。

项目三 信息化教学媒体与环境

> **引导案例** 　　科技感十足的智慧校园

当前，国家教育数字化战略行动扎实推进，校园信息化建设正迈向应用融合创新的智慧校园新阶段。各级各类学校积极探索智慧校园建设，开辟教育新形态，提升师生数字素养，让数字技术为全面育人服务。

在北京市东城区一所小学五年级的博悟研学课上，教室中的智能交互屏幕清晰地呈现了大型青铜器后母戊鼎。学生用手指在交互屏幕上轻轻滑动，后母戊鼎便随之转动。"360度展示！"一名学生说道，"即便到博物馆参观，受展柜和灯光影响，也不易看清它的全貌。现在我们可以在屏幕上对它进行高清放大等操作，深入探究它的每一个细节。"

在天津市第十九中学，教学楼中部的"共享空间"是学生们最喜爱的区域。卢校长介绍道："我们每个学生都有一张校园卡，可以用它在学校的漂流书柜借书。漂流书柜兼具借阅和轨迹采集功能，每当学生携带校园卡经过时，就会自动采集数据，数据能帮助我们识别出学生的行为习惯和社交需求。根据轨迹数据，我们在学生经过次数最多、停留时间最长的教学楼中部某区域搭建了共享空间。"

着眼于教育大数据推动教育教学改革，国家教育数字化大数据中心已起步建设。教育部科学技术与信息化司相关负责人表示："我们一方面将延展国家智慧教育公共服务平台的运行监测范围，拓展监测深度；另一方面将建设数据治理平台，通过各类政务数据共享，创新新生注册、精准资助、智慧思政、校园安全等应用场景，赋能各类管理服务。"

（资料来源：丁雅诵，《智慧校园，科技感满满》，人民网，2024年6月12日）

> **请思考：**
>
> 在上述案例中，各级各类学校在建设智慧校园过程中采用了哪些技术和方法？这些技术和方法的应用对教师教学和学生学习有什么积极影响？

任务一　认识信息化教学媒体

信息化教学媒体的应用改变了传统的教学方式，使得教学内容的呈现更加生动、直观，有助于学生理解和记忆知识，提高学习兴趣和积极性。同时，信息化教学媒体也为教师提供了丰富的教学资源与工具，使其能够在备课和授课过程中灵活运用多种教学手

段，提高课堂教学效率。在本任务中，我们将学习信息化教学媒体的概念、类型、功能与特性等内容，为今后熟练运用信息化教学媒体奠定基础。

任务准备

烽火是古代用以报警的军事信号。为防备外敌入侵，西周初期，统治者在都城镐京附近的骊山修筑了20多座烽火台，彼此间隔几里（1里等于500米）。当哨兵观察到有外敌入侵时，便立即点燃烽火，邻近烽火台的哨兵看到烽火后，也会随之点燃自己身旁的烽火。各诸侯一旦见到烽火，便会认为都城受到攻击，并立即带兵前去救援。

西周末期的周幽王，是一位昏庸的君主。为了博得王后褒姒一笑，他采纳了佞臣虢石父的建议，在没有外敌入侵的情况下故意点燃烽火，结果各诸侯果然闻讯而至。看到各诸侯被戏弄的场景，不爱笑的褒姒终于露出了笑容。然而，后来当真的有外敌入侵镐京时，周幽王试图点燃烽火以请求救援，但由于之前的戏弄，烽火虽然被点燃，各诸侯却没有响应。最终，周幽王和太子姬伯服被杀，褒姒沦为俘虏，西周灭亡。

请同学们扫码观看"烽火戏诸侯"视频并思考以下问题。

（1）"烽火"在外敌入侵时起到了什么作用？

（2）随着信息技术的日益发展，"烽火"在现代社会中相当于哪些科技产物？

（3）在教育教学过程中，可以进行教育信息传递的载体或工具有哪些？

烽火戏诸侯

一、信息化教学媒体的概念

信息化教学媒体的本质是教学媒体。为了更好地理解信息化教学媒体，下面对媒体、教学媒体和信息化教学媒体三个概念进行简要介绍。

1. 媒体

媒体（media）一词来源于拉丁语"medius"，音译为媒介，意思为两者之间，是指承载、传递和表现信息的介质或工具。

媒体有两层含义：一是指承载信息的介质，如文字、符号、声音、图像；二是指存储和传递信息的工具，如书籍、挂图、报纸、图片、幻灯片，以及相关的处理、呈现和存储信息的设备，如照相机、幻灯机、投影仪、录音机、录像机、电视机、计算机。

2. 教学媒体

当某种媒体被用于教学目的时，便称其为教学媒体。教学媒体主要用于教学信息从信息源到学生之间的传递，以传递教学信息为最终目的。作为教学资源的重要组成部分，教学媒体是为实现特定的教学目标服务的，即创设学习情境和辅助教学。

从本质上看，教育传播过程是一种获取、加工、处理和利用事物信息的过程。因此，用于存储与传递事物信息的任何媒体，都可以称为教学媒体。但事实上，绝大多数新开发出来的媒体，一开始并没有应用在教学领域。例如，电影和电视在诞生之初都是为娱乐业服务的。可见，一般媒体要发展成为教学媒体，需要具备两个基本要素：一是用于存储与传递以教学为目的的信息；二是能用于教学活动过程。

3．信息化教学媒体

信息化教学媒体是教学媒体的一个分支，其有两层含义：一是信息时代开发的、具有标志性的教学媒体；二是信息化教学过程中主要使用的教学媒体。

二、信息化教学媒体的类型

如今，教学媒体种类繁多，分类标准也各具特色。以下是两种常见的教学媒体分类方式。

1．按感知器官分类

按照教学信息作用于学生感知器官的不同，教学媒体可以分为视觉教学媒体、听觉教学媒体、视听教学媒体和交互教学媒体，如表 3-1 所示。

表 3-1　按感知器官分类的教学媒体

类型	定义	举例
视觉教学媒体	传递的教学信息主要作用于人的视觉器官的媒体	教科书、板书、挂图、模型、标本、幻灯片
听觉教学媒体	传递的教学信息主要作用于人的听觉器官的媒体	口头语言、广播录音
视听教学媒体	传递的教学信息同时作用于人的视觉器官和听觉器官的媒体	配录音的幻灯片、有声电影、电视节目
交互教学媒体	在媒体与人之间建立教学信息传播的双向通道，使双方能够相互作用、相互影响的媒体	程序教学机、虚拟仿真实验系统、微格教学训练系统

2．按物理性质分类

按照物理性质的不同，教学媒体可以分为光学投影教学媒体、电声教学媒体、电视教学媒体和计算机教学媒体，如表 3-2 所示。

表 3-2　按物理性质分类的教学媒体

类型	定义	举例
光学投影教学媒体	通过光学投影呈现教学信息的媒体	幻灯机、幻灯片、电影机、电影胶卷、投影仪
电声教学媒体	以声音形式存储和传递教学信息的媒体	录音机、收音机、扩音机、唱片、录音带
电视教学媒体	以音像形式存储和传递教学信息的媒体	电视机、影碟机、录像带、学校闭路电视系统
计算机教学媒体	促进教学目标达成的计算机或计算机网络及其教学软件资源等媒体	计算机、计算机教学课件、计算机辅助教学软件

信息化教学媒体虽然呈现出多样性，但其本质仍是教学媒体，因此可参照教学媒体的分类标准进行划分。例如，按感知器官分类，信息化教学媒体可分为视觉信息化教学媒体（如电子课本、思维导图）、听觉信息化教学媒体（如英语听力录音、网络电台）、视听信息化教学媒体（如多媒体课件、教学视频、在线讲座）、交互信息化教学媒体（如虚拟课堂、在线讨论平台、移动学习应用）等类型。

三、信息化教学媒体的功能与特性

信息化教学媒体在现代教育中发挥着重要作用，具有多种功能与特性。

1. 信息化教学媒体的功能

信息化教学媒体具有传递、存储和控制学习等一般功能。

（1）传递功能。媒体因传播需要而产生，呈现刺激、提供信息是信息化教学媒体的基本功能。教师通过信息化教学媒体将信息传递给学生，学生通过信息化教学媒体获取、接受和反馈教学信息。

（2）存储功能。为了能够更有效地传递和表现信息，信息化教学媒体需要具有存储功能。不同的信息化教学媒体存储信息的形式可能有所不同。例如，照相机是以图像的形式，录音机是以声音的形式，计算机则声音、图像、文字的形式都有。

（3）控制学习功能。信息化教学媒体具有要求学生做出反应的功能。例如，通过要求学生使用信息化教学媒体及时操作或应答，让学生保持注意力集中。

2. 信息化教学媒体的特性

不同类型的信息化教学媒体既有相似之处，也存在显著的个别差异。据此，可将信息化教学媒体的特性分为共同特性和个别特性。

1) 信息化教学媒体的共同特性

共同特性描述了信息化教学媒体在教学过程中所具有的普遍功能和性质。

（1）存储性。信息化教学媒体可以记录和存储信息，以便需要时再现。

（2）扩散性。信息化教学媒体能够将信息传播到一定的距离，使信息在扩大的范围内再现。

（3）重复性。信息化教学媒体可以根据需要重复使用，其呈现的信息质量和数量保持稳定。

（4）组合性。若干种信息化教学媒体能够组合使用，可以是适当编排、轮流使用或同时呈现各自的信息。

（5）工具性。信息化教学媒体是由人所创造和操作的，它只能扩展或代替人的部分作用。适用的信息化教学媒体通常需要教师和设计人员去精心编制或置备。

（6）能动性。信息化教学媒体在特定的条件下可以独立起作用，但通常会受到一定的限制，以确保信息的准确传递和教学效果的最大化。

2）信息化教学媒体的个别特性

个别特性描述了不同信息化教学媒体在教学过程中的具体表现和作用。

（1）表现力。信息化教学媒体能够表现事物的空间、时间和运动特征，如形状、大小、距离、方位等。

（2）重现力。信息化教学媒体能够不受时间、空间限制地准确重现真实场景或实验，提供接近实际的学习体验。

（3）覆盖面。信息化教学媒体能够快速有效地传播信息，扩大教学资源的覆盖范围。

（4）参与性。信息化教学媒体提供了学生与学习内容之间的互动机会，增加了学习的参与度和趣味性。

（5）受控性。通过信息化手段，可以对信息化教学媒体的使用进行精确控制，以确保教学过程的顺利进行。

> **提示**
>
> 如今，教育教学活动是复杂多变的，在选择信息化教学媒体时，应综合考虑教学内容（如学科性质、章节内容）、教学目标（如普及知识、训练技能）、教学对象（如年龄特征、兴趣爱好、学习能力、群体规模）、教学条件（如环境状况、经济能力、管理水平）等多个方面的因素。

任务实践——识别信息化教学媒体类型

在信息化时代，准确识别信息化教学媒体的类型，有助于教师更有效地选择和应用适当的教学工具，提升课堂教学效果和质量。信息化教学媒体分类表（见表3-3）中列出了几种常见的信息化教学媒体。下面，请结合所学知识，按照以下步骤深化对表3-3中信息化教学媒体的认识，并填写表3-3，完成识别信息化教学媒体类型的任务。

步骤 1　建立初步认识。通过查阅相关书籍、百度百科、学术论文等资料，并结合课堂实践体验，建立对表 3-3 中所列信息化教学媒体的初步认识。重点关注其定义、功能、优势和在不同学科中的应用实例。以交互式电子白板为例，在百度搜索引擎中搜索"交互式电子白板"，可以得到百度百科提供的相关解释，如图 3-1 所示。

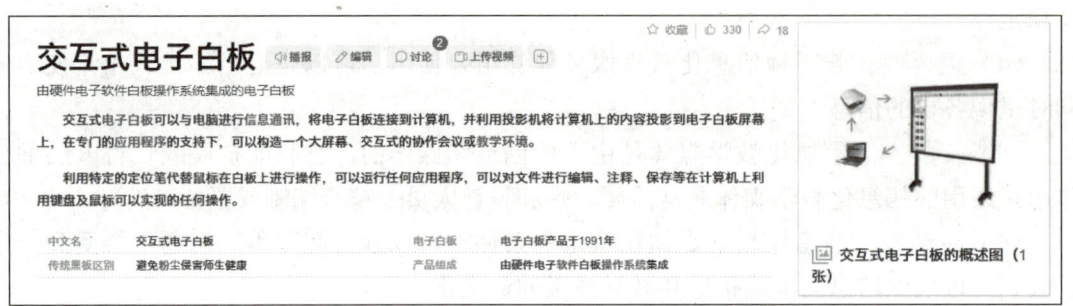

图 3-1　百度百科对"交互式电子白板"的解释

步骤 2　分析感知器官。通过分析信息化教学媒体传递的教学信息主要作用于人的视觉器官、听觉器官还是二者都有，或者信息化教学媒体是否能够在媒体与人之间建立教学信息传播的双向通道，判断信息化教学媒体的类型。例如，结合在课堂教学中使用交互式电子白板的体验，不难得知，交互式电子白板在教学过程中不仅能在媒体与人之间建立教学信息传播的双向通道，还能实现双方之间的相互作用和影响。因此，从感知器官的角度来看，交互式电子白板属于交互教学媒体。在表 3-3 中的相应位置填写"交互教学媒体"。

步骤 3　分析物理性质。通过分析信息化教学媒体呈现、存储和传递教学信息的方式，判断信息化教学媒体的类型。例如，交互式电子白板通常需要连接计算机，借助计算机运行所需软件、处理输入与输出数据，有些具备在线功能（依赖计算机网络）。因此，从物理性质的角度来看，交互式电子白板属于计算机教学媒体。在表 3-3 中的相应位置填写"计算机教学媒体"。

步骤 4　继续完善信息化教学媒体分类表。参照步骤 1 至步骤 3 的方法，将表 3-3 补充完整。

步骤 5　讨论与分享。表 3-3 填写完成后，同学之间进行讨论与分享，提高填写内容的准确性。

表 3-3　信息化教学媒体分类表

名称	按感知器官分类	按物理性质分类
交互式电子白板		
VR 教学视频		
微格教学系统		
电子课本		

项目三 信息化教学媒体与环境

任务二 熟悉信息化教学环境

任务描述

在信息化教学中,合理利用信息化教学环境不仅可以提升教学效果,还可以为学生创造更为丰富的学习体验。在本任务中,我们将学习信息化教学环境的概念、类型、功能与特点,以便日后能够顺利地在信息化教学环境中开展教学。

任务准备

墨子是春秋末期著名的思想家、教育家、科学家和军事家,同时也是墨家学派的创始人和主要代表人物。墨子提出了著名的"素丝说"(人性如素丝),他说:"染于苍则苍,染于黄则黄。所入者变,其色亦变。五入必而已则为五色矣。故染不可不慎也!"意思是说:"(丝)染了青色染料就变成青色,染了黄色染料就变成黄色。染料变了,丝的颜色也跟着改变。染了五次之后,就变成了五种颜色。所以染丝这件事必须谨慎!"墨子以"素丝染色"比喻人会受到环境影响而改变。

此外,战国晚期著名的思想家、教育家荀子,在《荀子·劝学》中也提道:"蓬生麻中,不扶而直;白沙在涅,与之俱黑。"意思是说:"蓬草生长在麻地里,不用扶持也能挺立住;白沙混进了黑土里,就会变得和黑土一样黑。"

墨子和荀子的教育思想表明,早在两千多年前,我们的祖先就已经认识到教学环境对人的身心发展的重要性。

请同学们扫码观看"教学环境的重要性"视频并思考以下问题。

教学环境的重要性

(1)教育教学中的环境因素是否会对学生的学习产生影响?(请结合具体实例回答)

(2)与传统教学环境相比,信息化教学环境对学习的影响有哪些显著不同?

一、信息化教学环境的概念

1. 教学环境

教学环境是指影响教学活动的各种外部条件的总和。从广义的角度看,教学环境包括社会、家庭、学校中对教学活动产生影响的环境因素,如教育政策、科学技术、家庭条件、亲朋邻里、物理场所等,因为这些因素在一定程度上影响着教学活动的成效。从狭义的角度看,教学环境是指学校内部影响课堂教学的诸多客观条件,如教学活动的场

所、各种教学设施、校风、学风、校园文化、师生关系等。

2. 信息化教学环境

从广义的角度看，信息化教学环境包括信息社会中与教育教学有关的各种要素，涉及信息技术的发展及由此产生的信息化制品、信息化社会，以及信息化社会中的政策制度、法律法规和人们的各种行为方式。从狭义的角度看，信息化教学环境可以理解为校园信息化环境，包括学校或者班级的信息化硬件建设水平与信息化软件建设水平，以及由此形成的校园文化氛围等。本书所讲的信息化教学环境是狭义的信息化教学环境。

二、信息化教学环境的类型

根据定义，信息化教学环境由信息化硬件建设水平与信息化软件建设水平，以及由此形成的校园文化氛围等要素构成。其中，信息化硬件是搭建信息化教学环境的前提与基础。

下面介绍两种典型的信息化教学环境分类方式，以加深对信息化教学环境的理解。

1. 按资源和媒体分类

按照信息化硬件是提供大量资源还是资源传递的通道，信息化教学环境可以分为教育资源型信息化教学环境、教育授递型信息化教学环境和集成型信息化教学环境，如表3-4所示。

表 3-4 按资源和媒体分类的信息化教学环境

类型	定义	举例
教育资源型信息化教学环境	以提供教育资源服务的硬件为主的系统环境	电子阅览室、数字图书馆、数字电影院
教育授递型信息化教学环境	由各种信息传播媒体组成的媒体化教学硬件环境	多媒体教室、微格教室、卫星电视、有线电视
集成型信息化教学环境	在一定程度上综合了以上两类硬件特点的教学环境	交互学习系统、校园网系统、在线教育平台

2. 按地理范围分类

按照应用的地理范围，信息化教学环境可以分为教室层次的信息化教学环境、校园网层次的信息化教学环境、教育城域网层次的信息化教学环境和互联网层次的信息化教学环境，如表3-5所示。

表 3-5 按地理范围分类的信息化教学环境

类型	定义	举例
教室层次的信息化教学环境	以教室中使用的各种硬件设备为主的教学环境	未联网的计算机、投影仪
校园网层次的信息化教学环境	校园范围内的计算机网络系统，几乎包含了学校所有的现代教育技术设备和设施	联网的计算机、投影仪、摄像头、校园管理系统
教育城域网层次的信息化教学环境	使同一地区或同一城市内所有学校、研究机构的教育资源实现整合、开放、共享的教学环境	各级教育资源平台
互联网层次的信息化教学环境	使世界范围内的教育资源实现共享和互通的教学环境	中国大学 MOOC（慕课）、国家智慧教育公共服务平台

三、信息化教学环境的功能与特点

信息化教学环境的功能与特点十分丰富，为学生的全面和个性化发展提供了广阔空间，促进了教育质量的提升。

1. 信息化教学环境的功能

良好的信息化教学环境可以实现教育导向、凝聚激励、教育资源共享、娱乐释放和美育等功能。

（1）教育导向。教育导向是信息化教学环境的基本功能。教学环境不仅仅是教学活动赖以进行的物质依托和舞台，构成教学环境的各种因素本身就具有教育意义。

（2）凝聚激励。教学环境研究理论表明，良好的教学环境具备强大的凝聚力，能够促使人们产生归属感和认同感。在教学环境中合理运用信息技术，有助于增强这种凝聚力。

（3）教育资源共享。信息化教学环境助力学生在各种网络环境中主动学习、借助网络跨越界限获取知识；助推学校在各类平台上开展教学，达成教学在媒体、内容等方面的整合化；辅助教师综合运用教学媒体转化教学内容，促使教学实现"耳闻目睹"。

（4）娱乐释放。环境心理学和现代教学论相关研究指出：教学环境不只是教学的地方，还应是乐园。信息化教学环境为教学提供了广阔的空间和崭新的手段，学生不仅可以从中学习知识，还可以在参与中获得乐趣，减轻学习压力。

（5）美育。良好的信息化教学环境是一部立体的、多彩的、富有魅力的、无声的教科书，它能潜移默化地对学生进行美的熏陶和塑造，发挥强大的美育功能。这种环境不仅有利于激发学生的美感，帮助他们树立正确的审美观和培养高尚的审美情趣，还能丰富他们的审美想象，提升他们感受美、鉴赏美和创造美的能力。

2. 信息化教学环境的特点

信息化教学环境具有多媒体化、网络化、合作化、智能化和个性化等特点。

（1）多媒体化。在信息化教学环境中，教学信息不再局限于依附传统的教学媒体，而是可以通过丰富的信息化教学媒体以动态化、结构化的方式进行传播。

（2）网络化。在信息化教学环境中，师生能够借助网络等方式轻松获取所需信息并用于学习。互联网技术的不断发展打破了教学环境的时间和空间限制，使得便捷地获取全球教育资源变为现实。

（3）合作化。在信息化教学环境中，在线讨论区、小组协作学习平台等环境的合理运用，使得师生之间、学生之间可以方便地进行互动交流和合作，促进知识共建和共享。

（4）智能化。信息化教学环境能够根据学生的学习情况和特点，提供量身定制的学习方案和建议，并根据学生的反馈调整后续的学习内容。

（5）个性化。在信息化教学环境中，教师可以按照自身的教学风格与特色并结合学生的个性与需求，灵活地选择教学方式，学生也可以根据个人情况自主选择学习的节奏。

任务实践——调研学校信息化教学环境组成

在当今的教育领域，构建信息化教学环境已成为提升教学质量和效率的关键举措。为深入了解信息化教学环境的现状及其对教学活动的影响，下面对学校的信息化教学环境进行调研。请按照以下步骤填写表 3-6 所示的信息化教学环境调研记录表，完成调研学校信息化教学环境组成的任务。

步骤 1 明确调研目标与重点。本次调研的目标是调查和评估信息技术在学校中的应用效果，了解学校信息化教学环境的建设与应用现状；重点是关注信息化硬件建设水平、信息化软件建设水平和校园文化氛围对教学效果的影响。

步骤 2 设计调研工具。根据信息化教学环境的定义，明确信息化教学环境的构成（包括信息化硬件建设水平、信息化软件建设水平和校园文化氛围），制作表 3-6 所示的信息化教学环境调研记录表，以系统地收集数据和信息。

步骤 3 开展调研。以小组形式在校园、教室、社团活动室等信息化教学活动现场观察，记录信息化硬件建设情况、师生互动情况和技术工具使用情况等，并将调研结果整理后填写到表 3-6 中，填写举例如下。

信息化硬件建设水平：全校共××个教室，其中××个教室配备了多媒体投影仪；学生人均××台笔记本电脑/平板……

信息化软件建设水平：学校使用××××进行教学管理；××××平台的使用情况为百分之××的教师参与，百分之××的学生活跃……

校园文化氛围：学校每学期提供××次教师信息化教学培训；学生社团活动中的信

息化媒体使用率达到百分之××……

步骤 4 讨论与分享。信息化教学环境调研记录表制作完成后，同学之间进行讨论与分享，总结不足，以进一步完善自己的调研结果。

表 3-6 信息化教学环境调研记录表

信息化教学环境	调研结果
信息化硬件建设水平	
信息化软件建设水平	
校园文化氛围	

任务三 信息化教学环境实例

任务描述

信息化教学环境的发展经历了多个阶段，从最初的多媒体教室到后来的交互式电子白板教室，再到网络教室和智慧教室等。在这一演变过程中，涌现出许多成功的应用案例，深刻地改变了传统教学模式，显著提升了教学的互动性和效率。目前，典型的信息化教学环境实例主要有多媒体教室、网络教室、微格教室、智慧教室、数字校园和智慧校园等。在本任务中，我们将学习这些信息化教学环境实例的概念、组成及功能等内容，以全面、深入地了解信息化教学环境。

任务准备

如今，随着科技的不断发展，越来越多的新技术被应用到教学环境中，以提升教学效果和质量。信息技术的融入应用，不仅为教学方法提供了全新的视角，也使得学习过程变得更加高效和生动。对于教师而言，在信息化教学环境中开展教学已变得愈加重要。

请同学们扫码观看"智慧课堂"视频并思考以下问题。

（1）智慧课堂有哪些实施途径？

（2）智慧课堂与传统课堂有什么不同？

智慧课堂

一、多媒体教室

多媒体教室是当前学校开展多媒体组合教学的主要场所，让教师可以通过多种媒介展示教学内容，进行实时互动等，在现代教育中发挥着越来越重要的作用。

1. 多媒体教室的概念

多媒体教室是指由多种教学媒体（包括传统教学媒体和信息化教学媒体）经过一定设计和编排，构建成的一种有效的、系统的教学场所。多媒体教室通过灵活、方便地运用多种教学媒体开展教学，使教学过程更加科学有效，更加符合人们对事物的认知规律。

2. 多媒体教室的类型与组成

按照所采用的教学媒体种类和数量的多少、质量的高低、教学功能的差异，多媒体教室可分为简易型多媒体教室和标准型多媒体教室。

1）简易型多媒体教室

简易型多媒体教室组成较为简单，以"基本能够满足开展多媒体组合教学"为原则，主要由幻灯机、投影仪、录音机、扩音机、计算机等设备组成，其目的是以尽可能少的设备、尽可能简单的操作呈现最好的教学效果。

2）标准型多媒体教室

标准型多媒体教室是目前应用最为广泛的一类多媒体教室。标准型多媒体教室主要由中央控制器、多媒体计算机、多媒体视频图像系统和多媒体声音系统等部分组成，如图 3-2 所示。

（1）中央控制器：一种先进的系统集成解决方案，用于将所有多媒体设备整合到一个统一的平台。其中，多媒体集成控制面板相当于用户界面，教师能够通过该面板高效地对多媒体教室的所有设备实施操作、控制与管理，实现对多媒体资源的全面掌控和优化。

（2）多媒体计算机：多媒体演示系统的核心，教学软件和课件都要经由它运行或播放。多媒体计算机一般在教室建设之初便已安装在教室的固定位置，在实际教学中可按需求通过外接笔记本电脑代替其作用。

（3）多媒体视频图像系统：能够实现文本、图形图像等教学信息的高效输入与输出，其包含的设备有多媒体显示器、幕布、投影仪、摄像头、视频展示台、卡座、影碟机、录像机和视频输出采集卡等。

（4）多媒体声音系统：对教学过程中的声音信息进行输入、输出与控制的综合性系统。该系统由话筒、话筒接收器、功率放大器及音箱等各类设备构成。

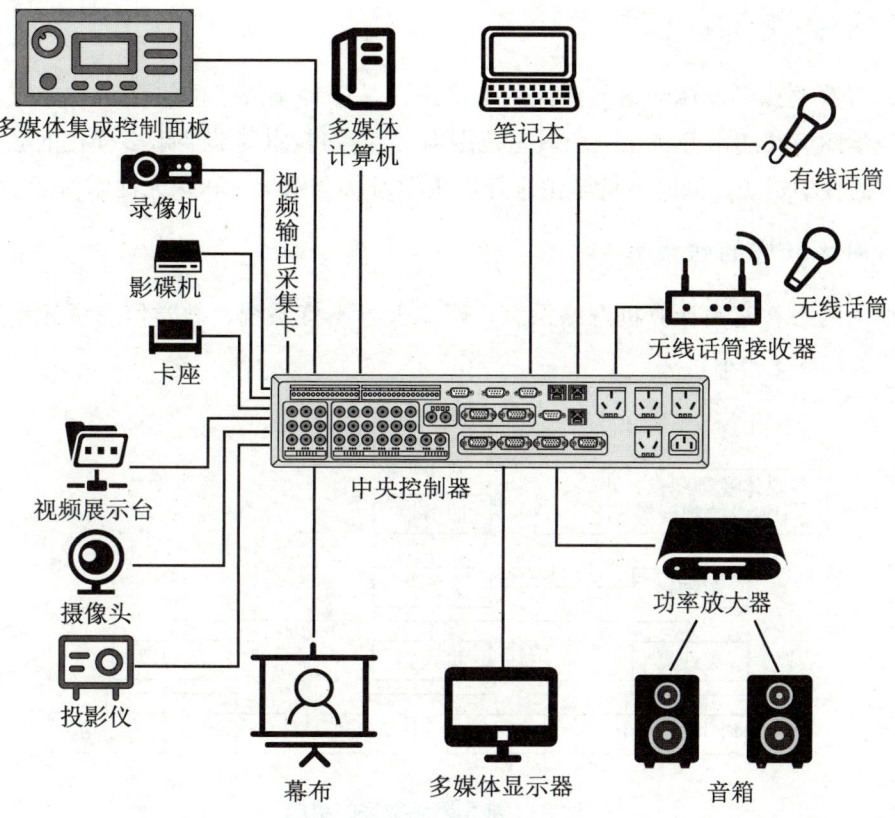

图 3-2 标准型多媒体教室的组成

3．多媒体教室的功能

多媒体教室作为典型的教学环境，具有促进教学、辅助学习和满足个性化学习等一般功能。

（1）促进教学。通过合理利用多媒体教室的各类设备，教师不仅能够扩展教学内容，还能够使呈现方式更加多样化。此外，多媒体的应用有助于突破教学中的重难点。

（2）辅助学习。多媒体教室能够显著促进学生学习，帮助他们更直观地理解复杂知识点，从而增强学习兴趣和参与感。

（3）满足个性化学习。多媒体教室中的设备或工具可以满足不同学生的个性化学习需求，帮助他们更有效地掌握知识。

二、网络教室

网络教室基于计算机网络和多媒体技术等，极大地丰富了教学资源和学习方式，在国内被广泛应用，是现代教育的重要组成部分。

1. 网络教室的概念

网络教室也称多媒体网络教室或网络机房，是一种集成了网络技术与多媒体技术的信息化教学环境（通常分布在一个教室范围内）。网络教室能够展示多样化的教学内容，提供丰富的教学资源，同时支持学生进行自主学习、合作学习和探究性学习活动。

2. 网络教室的组成

典型的网络教室由计算机网络系统、网络教学支持系统、教学信息资源系统三大部分组成，如图3-3所示。

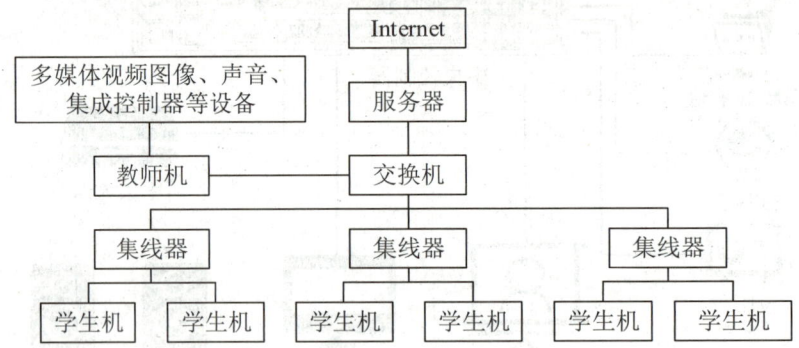

图3-3 典型网络教室的组成

（1）**计算机网络系统**：通常为教室内的局域网络，并具备互联网接入功能，以便获取在线信息资源，为教师备课及查找资料提供便利，并支持学生的深入与广泛学习。计算机网络系统的硬件配置包括教师机、学生机、集线器、交换机和服务器等。

（2）**网络教学支持系统**：由核心控制系统与教学管理系统两大部分构成。核心控制系统以计算机网络系统为基础，在教师机和学生机上增加相应的硬件控制和软件控制，它提供基本的教学活动控制支持（主要涉及音视频信号与控制信号的传输），而不直接参与具体的教学内容；教学管理系统则是直接支持教师开展各种教学活动的系统，支持教师开展如集体授课、协作学习、个别化学习等教学活动。

（3）**教学信息资源系统**：主要由辅助备课资料库、学习资源库和资源搜索工具三部分构成，通常安装在服务器上，旨在为教师和学生提供全面的教学与学习支持、资源获取途径。

3. 网络教室的功能

一般而言，网络教室具备广播、监看、控制和分组四个核心功能，这些功能为教师在网络教室高效开展教学奠定了基础。

（1）广播。网络教室可以将教师机的计算机屏幕画面和语音等多媒体信息（如教学课件等）实时广播给全体、群组或单个学生。

（2）监看。在网络教室中，教师可以在教师机上实时监督察看每个学生的计算机屏幕，了解学生的学习情况。

（3）控制。在网络教室中，教师可以远程锁定学生机，或通过远程控制的方式指导学生完成操作，进行"手把手"的交互式教学辅导。

（4）分组。在网络教室中，教师可以将全体学生分成多个小组，每个小组的学生可以通过文字、语音、视频等方式进行交流，教师可以随时加入任何一组参与讨论。

三、微格教室

微格教室是一种主要用于教学技能训练的小规模教学环境，在教师培养和人员培训中发挥着重要作用。

1. 微格教室的概念

微格教学是一种利用信息技术和信息化教学手段，系统性地训练师范生和在职教师的教学技能，提高他们教学水平的有效方法。微格教室是用于开展模拟教学、进行教学技能训练和教学研究的特殊教学环境，一般是为实施微格教学而特别设计的，为微格教学实践提供了合适的环境。在教学过程中，微格教室借助先进、专业的录制系统，全面完整地记录教室内的教学活动，如培训人员（该课程的教师）的示范过程、受训人员（师范生和在职教师）的试讲过程。教学训练结束后，培训人员和受训人员再一同对录制的视频等进行学习与分析，纠正受训人员的错误和不良习惯，从而提高其授课水平和心理素质。

2. 微格教室的组成

目前的微格教室主要由模拟教室、录像控制室和观研室三部分组成，如图 3-4 所示。

（1）模拟教室。模拟教室是受训人员活动的场所，安装有以电动云台控制的彩色摄像机为基础，由高清晰可调式摄像头、高灵敏度录音设备等组成的摄录系统。

（2）录像控制室。与模拟教室相隔的录像控制室，是用来记录、编辑模拟教室中受训人员的活动信息的场所。

（3）观研室。观研室是观看、评价受训人员活动情况的场所。教学训练结束后，培训人员和受训人员可以通过回放教学录像进行对比、分析，找出优点与不足，以便保持、改进和提升。

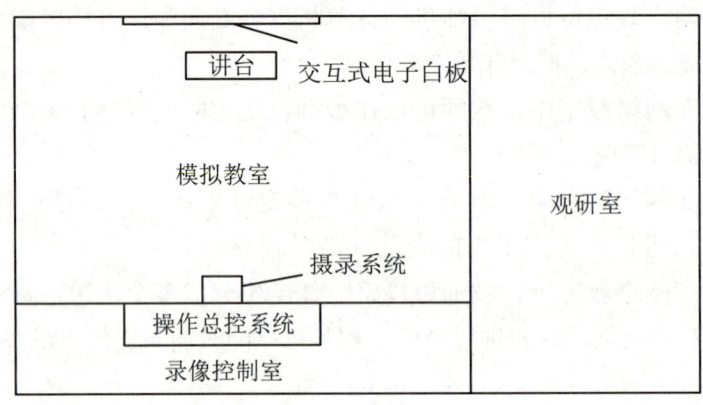

图 3-4 微格教室的组成

3. 微格教室的功能

典型的微格教室具有及时反馈、便捷指导和双向交流等基本功能。

（1）及时反馈：受训人员可以通过观看录制视频及时了解自身表现，学会"自我诊断和治疗"，实现自我完善。

（2）便捷指导：培训人员可以通过现场观察受训人员的表现，快速发现问题并进行有效指导。

（3）双向交流：培训人员可以在上课过程中随时提问，受训人员也可以随时向培训人员提问，形成双向交流。此外，受训人员之间也可以进行讨论，促进彼此之间的交流。这些双向交流有助于受训人员扬长避短，快速提高教学水平。

四、智慧教室

智慧教室是一种以建构主义为设计理念，由新型教育技术支持的智能化教学环境。在智慧教室中，教师和学生之间的互动更加灵活，学生不再是被动接受知识，而是主动学习和参与知识的构建。

1. 智慧教室的概念

智慧教室又称智能教室，是一种典型的多媒体智慧学习环境，也是多媒体教室和网络教室的高级形态。智慧教室是借助云计算、大数据、物联网、人工智能和移动互联网等新兴技术构建的一种技术增强的面对面教学环境。它将学生的主动学习过程与先进的教育技术形式相结合，以提供个性化的学习体验。

2. 智慧教室的组成

一般认为，智慧教室系统可以由低到高分为三个层级：基础设施层、服务层和教育应用层。

（1）基础设施层：主要为智慧教室提供必要和完善的技术平台，包括计算机网络基础设施、教室物联网设备传感器、服务器、无线网络连接等。基础设施层可以确保智慧教室实现无障碍、安全、可靠的信息传输，为各类教学应用提供基础条件。

（2）服务层：主要借助云计算和大数据等技术构建出智慧教室的信息化公共支撑环境，实现智慧教学中的信息计算与存储、数据采集与管理、数据挖掘与分析、设备智能化控制和安全管理等功能。

（3）教育应用层：主要包括各类教学系统、资源平台、统一认证的教学管理平台，以及各类学习终端设备等。教育应用层支持智慧教室中的教师和学生在任何时间和任何地点，采用任何通信方式访问学习资源、处理教学任务、开展学习活动。

3．智慧教室的功能

有学者认为，智慧教室的"智慧性"涉及教学内容的优化呈现、学习资源的便利获取、课堂教学的深度互动、情境感知与检测、教室布局与电气管理等多个方面的内容。这些内容可概括为内容呈现（showing）、环境管理（manageable）、资源获取（accessible）、及时互动（real-time interactive）、情境感知（testing）五个维度，简写为"S.M.A.R.T"。这五个维度正好体现了智慧教室的功能，被称为"SMART"概念模型，如图3-5所示。

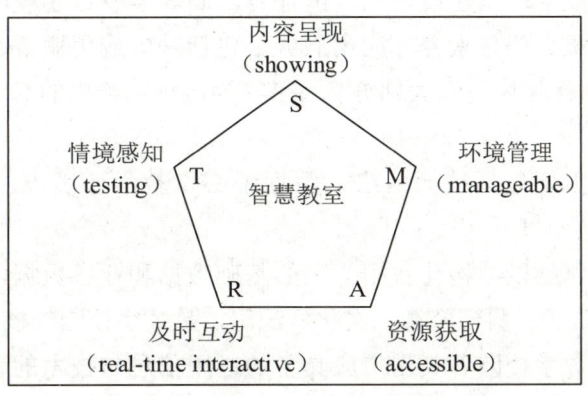

图3-5　智慧教室的"SMART"概念模型

（1）内容呈现：教室是学习知识的重要场所，因此内容展示和传递是智慧教室的核心功能。

（2）环境管理：主要表现为智慧教室的布局多样性和管理便利性。智慧教室的所有设备、系统、资源都应具备较强的可管理性，包括教室布局管理、设备管理、物理环境管理、电气安全管理和网络管理五个方面。

（3）资源获取：主要表现为智慧教室中资源获取的能力和设备接入的便利程度，涉及资源选择、内容分发和访问速度三个方面。

（4）**及时互动**：主要表现为智慧教室支持教学互动和人机互动，涉及便利操作、流畅互动和互动跟踪三个方面。

（5）**情境感知**：主要表现为智慧教室对物理环境和学习行为具有感知能力。

五、数字校园

数字校园是一种典型的信息化教学环境，它在传统校园的基础上，通过信息技术的应用将物理校园的各项资源、活动与环境数字化，形成一个数字空间，从而使现实的校园环境在时间和空间上得到延伸。

1．数字校园的概念

2021 年 3 月，教育部印发《高等学校数字校园建设规范（试行）》，该规范明确了高等学校数字校园建设的总体要求和主要内容，对高等学校数字校园建设各方面的内容提出了通用要求。数字校园是物理校园的数字化转型和扩展，应基于校园的具体业务进行流程梳理和实体校园数字化，以提升校园整体的运行效率，实现教学、科研、管理、服务等活动顺利开展。

2．数字校园的架构

根据《高等学校数字校园建设规范（试行）》，高等学校数字校园的建设内容主要包括基础设施、信息资源、信息素养、应用服务（包括基础应用服务、业务应用和人机交互界面）、网络安全和保障体系六大部分。图 3-6 为该规范给出的高等学校数字校园的总体架构。

（1）**基础设施**：主要包括校园网络、数据中心、教学环境等，是数字校园的物理基础。

（2）**信息资源**：包括以结构化数据为主的基础数据和业务数据，以及以非结构化数据为主的数字化教学资源、科研资源、文化资源等，是数字校园的核心资源。

（3）**信息素养**：数字校园各类用户应具备的运用信息与技术的素养和能力，是充分发挥数字校园功能、获取数字校园服务的基本要求。

（4）**应用服务**：包括学校统一提供的基础应用服务，各类教学科研、管理服务、校园运行等业务系统与应用，数字校园各类人机交互界面等，为学校各种业务活动提供信息化支持。

（5）**网络安全**：包括网络基础设施安全、信息系统安全、信息终端安全、数据安全、内容安全及安全管理等，为数字校园提供安全保障。

（6）**保障体系**：包括组织机构、人员队伍、规章制度、标准规范、经费保障、运维服务和评价体系等，是保障数字校园建设和运行的基本条件。

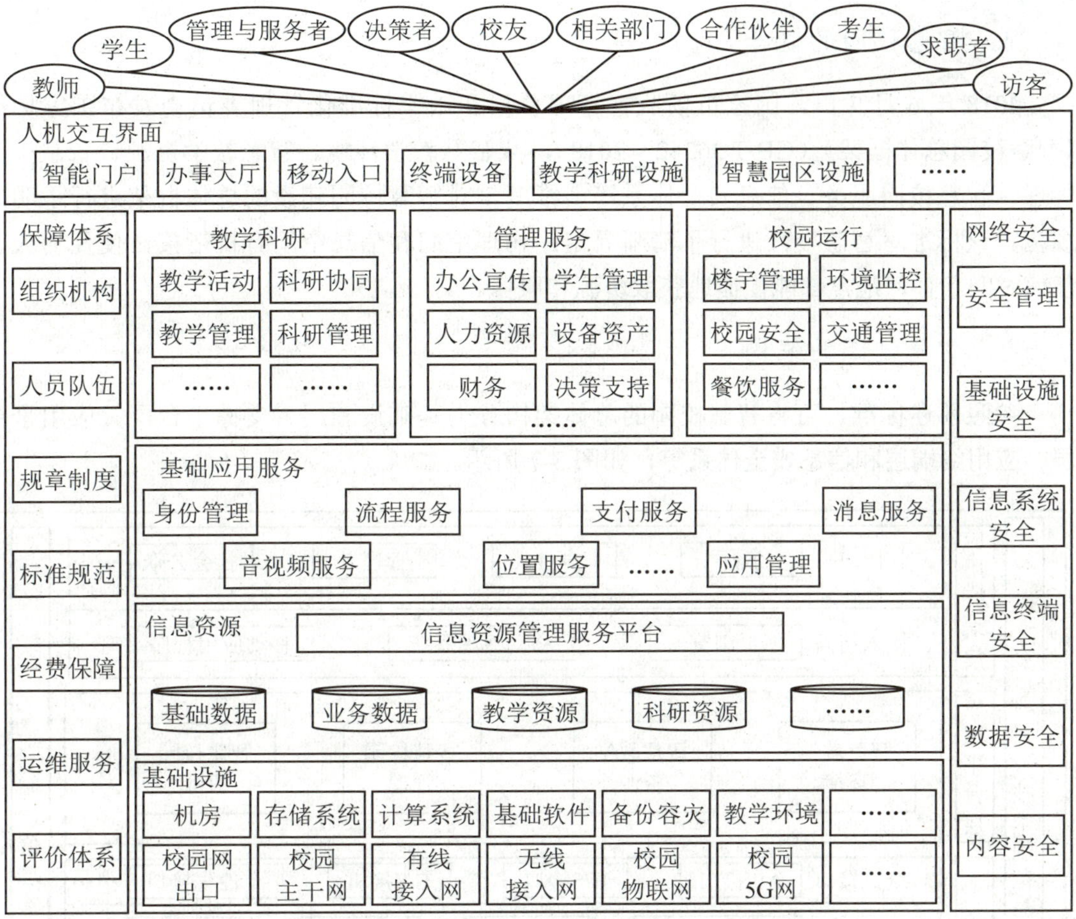

图 3-6 高等学校数字校园的总体架构

总的来说，数字校园是为了有效支持学生学习，创新和转变教学方式，以面向服务为基本理念而构建的数字化资源丰富、多种应用系统集成、相关业务高度整合的校园信息化环境。数字校园的宗旨是拓展学校的校园时空维度，丰富校园文化，优化教学、教研、管理和服务等过程。它是教育信息化发展到一定阶段的必然产物，在教育现代化进程中发挥着不可替代的作用。

六、智慧校园

智慧校园是数字校园在建设过程中随着技术的发展而持续深化的过程和不断发展的状态，以智能技术的广泛应用和智能服务的广泛提供为主要特征。可以理解为，智慧校园是数字校园的进一步发展和提升，是教育信息化的更高级形态。

1. 智慧校园的概念

2018年6月7日，国家市场监督管理总局和国家标准化管理委员会发布国家标准《智慧校园总体框架》（GB/T 36342—2018），从智慧教学环境、智慧教学资源、智慧校园管理、智慧校园服务、信息安全体系等多维度，对智慧校园建设的总体框架进行了明确规范。该标准对智慧校园进行了清晰界定：物理空间和信息空间有机衔接，使任何人、任何时间、任何地点都能便捷地获取资源和服务。

2. 智慧校园的架构

参照前述标准，可将智慧校园的总体架构分为基础设施层、支撑平台层、应用平台层、应用终端层和信息安全体系等，如图3-7所示。

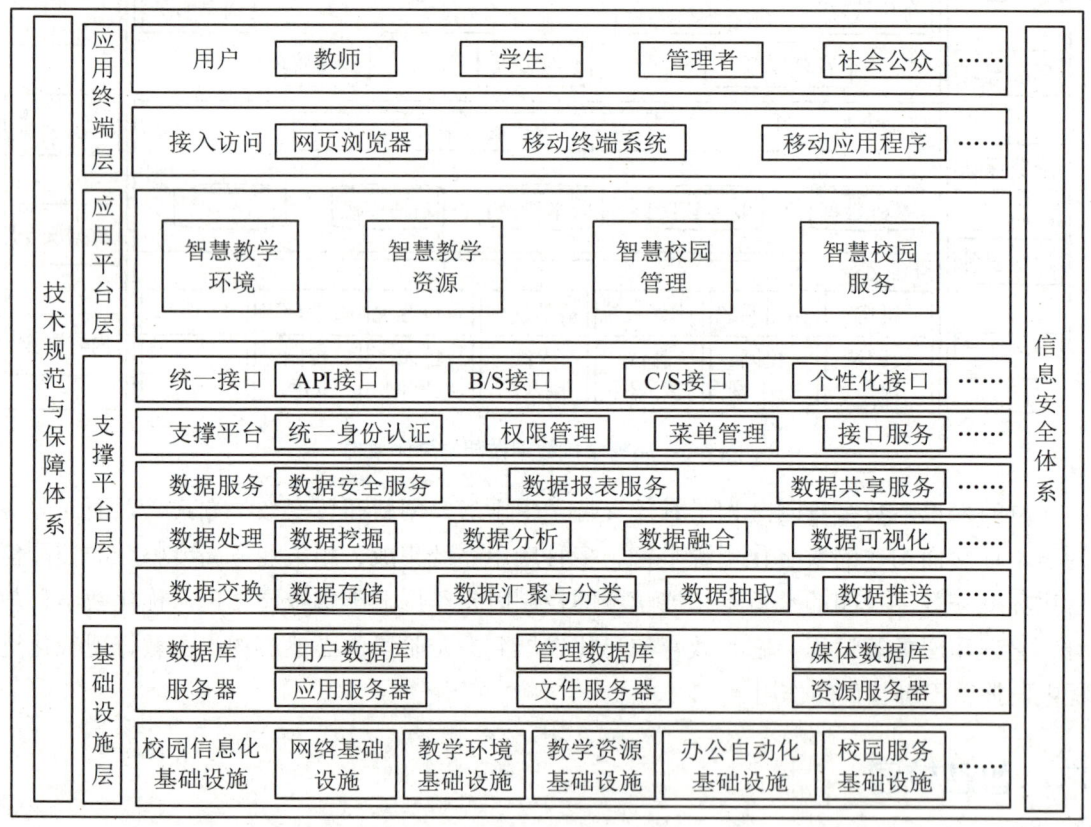

图3-7 智慧校园的总体架构

（1）**基础设施层**：智慧校园平台的基础设施保障，提供异构通信网络、广泛的物联感知和海量数据汇集存储，为智慧校园的各种应用提供基础支持，为大数据挖掘、分析提供数据支撑。该层包括校园信息化基础设施、数据库与服务器等。

（2）支撑平台层：体现智慧校园云计算及其服务能力的核心层，为智慧校园的各类应用与服务提供驱动和支撑，包括数据交换、数据处理、数据服务、支撑平台和统一接口等功能单元。

（3）应用平台层：智慧校园应用与服务的内容体现，在支撑平台层的基础上构建智慧校园的环境、资源、管理和服务等应用，为师生、管理者及社会公众提供泛在的服务。该层包括智慧教学环境、智慧教学资源、智慧校园管理和智慧校园服务四大部分。

（4）应用终端层：接入访问的信息门户，访问者通过统一认证的平台门户，以各种浏览器及移动终端安全访问，随时随地共享平台服务和资源。该层包括用户和接入访问两个方面。

（5）信息安全体系：贯穿智慧校园总体架构多个层面的安全保障系统。

3. 智慧校园的特征

一般来说，智慧校园具有环境全面感知、网络无缝互通、海量数据支撑、开放学习环境和师生个性服务等特征。

（1）环境全面感知。智慧校园的传感器可以实现随时随地感知、捕获和传递有关人、设备、资源的信息，并实现对学生个体特征和学习情景的感知、捕获和传递。

（2）网络无缝互通。基于网络和通信技术，智慧校园可以实现要求范围内的所有软件系统和硬件设备之间的无缝连接，确保感知的信息可以快速传递和共享。

（3）海量数据支撑。借助数据挖掘和建模技术，智慧校园可以在"海量"校园数据的基础上构建模型，设计预测方法，对新获取的信息进行趋势分析、展望和预测。

（4）开放学习环境。智慧校园支持拓展资源环境，让学生摆脱教科书的束缚；支持拓展时间环境，让学习从课上拓展到课下；支持拓展空间环境，让有效学习在真实情境和虚拟情境均能得以实现。

（5）师生个性服务。智慧校园环境及其功能均以提供个性服务为导向，各种关键技术的应用均以有效满足师生在校园生活、学习、工作中的诸多实际需求为目的，能够很好地支持师生的成长与发展。

可见，智慧校园是一种致力于为师生提供个性化服务，能全面感知物理环境，识别学生个体特征和学习情景，提供无缝互通的网络通信，有效支持教学过程分析、评价和智能决策的开放教育教学环境和便利舒适的生活环境。需要注意的是，智慧校园和数字校园都是现实校园的补充，不是为了取代现实校园。

任务实践——探究微格教学实践过程

微格教学是一种系统化的教学模式，旨在利用现代化教学技术手段和通过特定流程培训师范生和在职教师的教学技能。在微格教室中，师范生和在职教师可以试验不同的教学策略，获得反馈，并逐步提高自己的教学能力。下面基于对微格教室这一信息化教学环境的理解，探究微格教学实践的具体过程。

步骤 1 理论学习。微格教学是在现代教育理论指导下，对师范生和在职教师的教学技能进行模拟训练的实践活动。因此，受训人员应学习微格教学、教学目标、教学技能、教学设计、教学评价等相关理论知识，通过理论学习形成一定的认知结构，并提高学习信息的可感受性及传输效率，从而促进学习的迁移。

步骤 2 确定训练目标。在受训人员掌握相关理论知识后，培训人员应先向受训人员讲解本次教学技能训练的具体目标和要求，该教学技能的类型、作用、功能，以及典型事例运用的一般原则、使用方法及注意事项，使受训人员对正在进行训练的技能要达到什么样的目标做到心中有数。

步骤 3 观摩示范。为增强受训人员对所培训技能的感性认识，培训人员需要提供生动、形象和规范的微格教学示范片或进行现场示范。在观摩过程中，培训人员要根据实际情况给予必要的提示和指导。观摩后要组织讨论，分析示范教学的成功之处及存在的问题，通过相互交流、沟通集思广益，酝酿在这一课题教学中应用教学技能的最佳方案，为进一步编写教案等做准备。

步骤 4 编写教案。明确要训练的教学技能和教学目标后，受训人员需要根据教学目标、教学内容、教学对象、教学条件进行教学设计，选择合适的教学媒体，编写详细的教案。教案中要说明该教学技能应用的构想，注明教学行为、时间分配和学习行为及对策。

步骤 5 角色扮演（微格教学实践）。角色扮演是微格教学中的中心环节，是训练教学技能的具体教学实践过程，即受训人员自己走上讲台，扮演教师，其他受训人员扮演学生，进行模拟教学活动。

受训人员在开始之前，要对本堂课做一简短说明，以明确教学技能目标，阐明自己的教学内容和教学设计的思想。根据教学技能的要求，讲课时间有所不同，一般为5～10分钟。

整个教学过程将由摄录系统全部记录下来，以便能及时、准确地反馈。同时整个教学活动的实况将被传送到观研室，以便其他受训人员观看，并由培训人员做实时同步的评述分析，以提高受训人员对教学技能的认识。

步骤 6 评价反馈。评价反馈是微格教学中最重要的一步。模拟教学结束后，受训人员、培训人员和其他受训人员应共同观看录像。看过录像后，先由受训人员进行自我分析，检查教学过程中是否达到了自己设定的目标，是否掌握了所训练的教学技能，找出自己的不足之处，然后由培训人员和其他受训人员对教学过程进行集体评议，讨论存在的问题，指出努力的方向。培训人员还可以对需要改进的问题进行示范，或再次观摩录像，反复分析讨论，以利于受训人员进一步改进、提高。

步骤 7 修改教案。评价反馈结束后，受训人员需要修改和完善教案，并再次进行实践。在单项教学技能训练告一段落后，要有计划地开展综合教学技能训练，以实现各种教学技能的融会贯通。

项目实训　探究信息化教学环境应用现状

1. 实训背景

随着信息技术在教育领域的广泛应用，教育主管部门对信息化教学的重视程度不断提升。各类学校和教育机构积极探索并采用先进的信息化教学工具和资源，以打造更加灵活、互动性更强的学习环境，提升教学效果与学习体验。本项目实训将带领大家探究信息化教学环境应用现状，以便更加全面、深入地认识信息化教学环境。

2. 实训目的

在了解信息化教学媒体与环境的基础上，探究信息化教学环境应用现状，使学生关注信息化教学环境中新技术的发展，培养学生在教学实践中运用信息化教学环境的意识，使学生认识到信息化教学环境对于促进教育教学的重要作用。

3. 实训步骤

（1）学生自由组成小组，搜索"信息化教学环境案例"。每个小组确定一个案例，组内合理分工进行深入研究并收集相关资料，收集过程中应注意资料内容的严谨性和形式的多样性。

（2）整理收集的资料并形成展示成果。学生将资料筛选优化后制作成演示文稿、动画、视频等形式，以备下一步进行课堂展示。制作的成果要体现出创新性，争取做到独树一帜。

（3）各小组派代表在课堂上进行展示汇报。展示汇报完毕后，在课堂上自由讨论，让学生发表自己的见解，加深学生对汇报内容的理解和认识。

（4）教师评价总结。

项目总结

为了帮助读者更好地掌握本项目所学内容，下面通过一张思维导图直观地呈现所有知识要点，如图 3-8 所示。

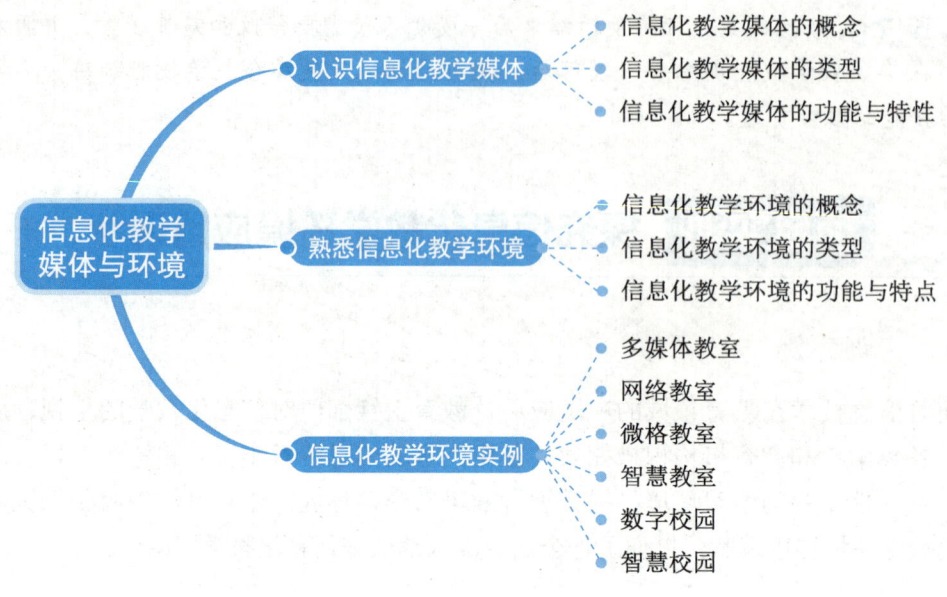

图 3-8　项目总结

1. 选择题

（1）按照教学信息作用于学生感知器官的不同，教学媒体可以分为（　　）。

　　A．传统教学媒体和现代教学媒体

　　B．数字教学媒体和非数字教学媒体

　　C．视觉教学媒体、听觉教学媒体、视听教学媒体和交互教学媒体

　　D．光学投影教学媒体、电声教学媒体、电视教学媒体和计算机教学媒体

（2）教师通过信息化教学媒体将信息传递给学生，学生通过信息化教学媒体获取、接受和反馈教学信息。这句话体现了信息化教学媒体的（　　）功能。

　　A．传递　　　　　　　　　　　　B．存储

　　C．控制学习　　　　　　　　　　D．以上都是

（3）（　　）不是信息化教学媒体的共同特性。

　　A．存储性　　　　　　　　　　　B．参与性

　　C．工具性　　　　　　　　　　　D．扩散性

（4）按照信息化硬件是提供大量资源还是资源传递的通道，信息化教学环境可以分为（　　）。

　　A．教育资源型、教育授递型和集成型信息化教学环境

B．教室层次、校园网层次、教育城域网层次和互联网层次的信息化教学环境

C．同地同步、同地异步、异地同步和异地异步信息化教学环境

D．传统信息化教学环境和现代信息化教学环境

（5）良好的信息化教学环境是一部立体的、多彩的、富有魅力的、无声的教科书，它能潜移默化地对学生进行美的熏陶和塑造。这句话体现了信息化教学环境的（　　）功能。

　　A．教育导向　　　　B．凝聚激励　　　　C．娱乐释放　　　　D．美育

（6）在网络教室中，教师可以远程锁定学生机，或通过远程控制的方式指导学生完成操作，进行"手把手"的交互式教学辅导。这句话体现了网络教室的（　　）功能。

　　A．广播　　　　　　B．监看　　　　　　C．控制　　　　　　D．分组

2．填空题

（1）从本质上看，教育传播过程是一种_____、_____、_____和_____事物信息的过程。因此，用于存储与传递事物信息的任何媒体，都可以称为教学媒体。

（2）从狭义的角度看，信息化教学环境可以理解为校园信息化环境，包括学校或者班级的_____与_____，以及由此形成的_____等。

（3）标准型多媒体教室主要由_____、_____、_____、_____等部分组成。

（4）在网络教室中，计算机网络系统的硬件配置包括_____、_____、_____、_____、_____等。

（5）智慧教室具有_____、_____、_____、_____、_____等功能。

3．简答题

（1）简述媒体、教学媒体和信息化教学媒体的概念及它们之间的关系。

（2）简述信息化教学环境的概念。

（3）列举信息化教学环境的实例。

（4）简述微格教学与微格教室的概念及他们之间的关系。

4．实践题

（1）探寻并尝试使用学校中的信息化教学媒体，记录使用心得。

（2）结合自身所学专业，观摩一节在信息化教学环境中进行的课程，探讨信息化教学环境在其中所起的关键作用。

项目评价

完成所有学习任务之后，请按照以下要求进行项目评价。

全班同学每 3～5 人一组，各组成员结合课前、课中和课后的学习情况，以及项目实训和项目考核的完成情况，按照表 3-7 中的评价标准对本项目的学习效果进行自评和互评（组内成员互相打分），并请教师进行总体评价，学生根据评价结果进行总结。

表 3-7　学习效果评价表

评价项目	评价内容	评价分数			
		分值	自评	互评	师评
知识（50%）	信息化教学媒体的概念、类型、功能与特性	20 分			
	信息化教学环境的概念、类型、功能与特点	20 分			
	典型的信息化教学环境实例	10 分			
技能（30%）	识别信息化教学媒体的类型	15 分			
	探究信息化教学环境及其实际应用	15 分			
素养（20%）	遵守课堂秩序，展现良好学习态度	5 分			
	具有自主学习意识，做好课前准备	5 分			
	积极参与教学活动，善于思考、提问和探索创新	5 分			
	具有团队合作精神，高效解决问题，出色完成实践任务	5 分			
总评	综合得分：＿＿＿＿＿	100 分			
	综合等级：＿＿＿＿＿	教师签字：＿＿＿＿＿			
总结	最突出的表现（创新或进步）： 还需改进的地方（不足或缺点）：				

注：综合得分=自评（25%）+互评（25%）+师评（50%）；综合等级可以"优"（综合得分≥90 分）、"良"（80 分≤综合得分<90 分）、"中"（60 分≤综合得分<80 分）、"差"（综合得分<60 分）为标准进行评价。

项目四　多媒体教学素材

项目导读

如今，在教学过程中使用多媒体素材呈现教学内容已成为一种常规且重要的教学方式。多媒体教学素材凭借其生动形象的展示形式，极大地方便了教师开展信息化教学，并有效地提升了教学的整体效果。本项目主要介绍多媒体教学素材的相关知识，包括多媒体技术与素材、文本与图形图像素材、音频与视频素材、动画素材等内容。

学习目标

知识目标

- 了解多媒体技术的概念、教育应用、发展趋势，以及常用多媒体技术。
- 了解多媒体素材的概念与类型。
- 熟悉文本、图形图像、音频、视频和动画素材的类型与格式。
- 熟悉各种多媒体素材的获取途径、处理或制作工具。

能力目标

- 能够使用相关工具处理文本与图形图像素材。
- 能够使用相关工具处理音频与视频素材。
- 能够使用相关工具制作动画素材。

素质目标

- 加强实践练习，提升表达能力，保持严谨认真的工作态度。
- 培养项目规划与资源利用能力，提升数字素养和专业技能。

现代教育技术

引导案例　多媒体教学助力乡村教育

自1999年起，厦门大学积极响应"闽宁协作"号召，每年向宁夏回族自治区西海固地区派出一批支教团。自开展以来，这一活动从未间断，书写了一个个动人的支教故事。

2023年8月，第二十五届支教团抵达宁夏回族自治区海原县关桥乡某中学。其中，担任初一年级两个班英语教学工作的支教团成员唐老师，结合自身所学，利用学校的多媒体设备设计了多种有趣的教学场景，引导学生通过模拟对话练习英语口语。同时，他还鼓励学生在家时用家长的手机录制自己读单词时的声音并发给他听，以便及时进行指导和纠正。一名学生这样评价唐老师："他像个大哥哥，对我们特别好。"

为了改善学校的信息化教学条件，该中学配备了多媒体教学设备，将黑板向两边平推后，便能露出嵌在墙体里的视频设备。唐老师说："利用多媒体，我们尝试了许多教学创新。"厦门大学为学生们录制了多期视频：有的使用厦门大学的"嘉庚"号科考船和"嘉庚一号"火箭，为学生们讲解天空和大海的知识；有的使用厦门大学实验室中的精巧仪器，为学生们讲解重力和浮力的概念……

由于学生们几乎都没见过大海，教学视频中科考船乘风破浪的情景，激发了他们的好奇心和探索欲。下课后，学生们还兴奋地围着唐老师问这问那，显得意犹未尽。

（资料来源：张文，《支教二十五载　见证山海情深》，人民网，2024年8月8日）

请思考：

多媒体教学在支教过程中发挥了哪些优势？如何进一步发挥这些优势，以便更好地满足当地学生的需求？（举例说明）

任务一　认识多媒体技术与素材

 **任务描述**

多媒体技术在当今的教育教学中发挥着越来越重要的作用。它不仅为教学内容提供了丰富多样的表现形式，还营造了良好的环境以促进知识的有效传递。借助多媒体素材，教师能够生动形象地呈现教学内容，使抽象概念变得立体鲜活、通俗易懂。此外，丰富的多媒体素材还能够激发学生的学习兴趣，增强他们的参与感和互动积极性，从而

显著提升学习效果。在本任务中,我们将学习多媒体技术的概念、教育应用及发展趋势,常用多媒体技术,多媒体素材的概念与类型等内容,以初步认识多媒体技术与素材。

任务准备

赵老师是一名历史老师。在准备"民族大团结"这一课时,为了更有效地讲解知识,他制作了一个多媒体课件来辅助讲解。这个多媒体课件通过文字、图片和视频等多样化的形式,生动地展示了不同民族的服饰、节日和风俗,让学生直观而深刻地感受到了中华民族的文化多元性和团结进步。此外,赵老师还在多媒体课件的不同部分巧妙地插入了民族音乐,以营造良好的学习氛围。借助这一多媒体课件,赵老师不仅增强了课堂的趣味性和互动性,还显著增强了学生的参与感,取得了不错的教学效果。

请同学们结合上述材料思考以下问题。

(1)在赵老师制作的多媒体课件中,教学信息都是以哪些形式呈现的?

(2)这种融合了多种媒体信息的技术是什么技术?

一、多媒体技术的概念与教育应用

1. 多媒体与多媒体技术的概念

多媒体是指组合两种或两种以上媒体的一种信息交流和传播媒体,如电影、电视节目和多媒体课件等。它可以同时包含文本、图形图像、音频、视频和动画等多种媒体。

多媒体技术是指利用计算机对文本、图形图像、音频、视频和动画等多种媒体信息进行数字化采集、编码、处理及存储,以建立逻辑关系和人机交互作用的技术。

> **提示**
>
> 单媒体是与多媒体对应的概念,是指只使用一种媒体进行传播和表达的形式,如纯文字的报纸、杂志和书籍等。

2. 多媒体技术的教育应用

1)课堂教学

多媒体技术的应用为课堂教学带来了全新的方式。教师通过使用演示文稿等工具创建生动的多媒体课件,同时结合图像和视频,可以使知识点变得更加直观易懂。学生也可以通过制作视频或演示文稿的方式完成作业,促进自身创造能力和表达能力的发展。

2)远程教育

当教育教学因受到时间或距离的影响而无法面对面进行时,多媒体技术的应用就显得尤为重要。它不仅为远程教育提供了有效的支持,还在一定程度上促进了教育的创新

现代教育技术

与发展。教师可以利用视频、音频、动画和交互式课件等形式，在在线课堂中生动地呈现知识，帮助学生理解和掌握相关内容，达到与线下教学几乎相同的教学效果。此外，这种多样化的呈现方式还能够激发学生的学习兴趣，增强他们的参与感，使学习过程更加生动有趣。

3）教学资源

借助多媒体技术，传统教学资源实现了质的飞跃。教学材料不再受限于单一的传播方式，而是通过多样化的呈现形式并行传递给学生，从而使教学内容摆脱了静态和乏味的桎梏，焕发出新的活力。

二、多媒体技术的发展趋势

目前，多媒体技术正朝着集成化、智能化、嵌入化和网络化的方向发展。

（1）集成化。如今，媒体信息的表现形式相互交织、相互依存，涵盖了视觉、听觉、触觉、嗅觉、味觉等丰富维度。在如此多元化的媒体信息综合与合成场景下，传统的"显示"方式难以全面而精准地展现媒体信息的多样特性与丰富内涵。因此，多媒体技术正致力于将不同来源、不同格式、不同特性的媒体信息进行深度整合，以满足日益复杂的应用需求，并提升信息的传递效率和表现力。

（2）智能化。如今，多媒体终端设备日益智能化，支持语音识别、机器翻译、自然语言处理、图形识别和计算机视觉等功能。人工智能与多媒体技术的深度融合已成为重要的发展趋势。例如，将音视频特征识别与自然语言处理技术应用于多媒体系统，可以构建支持内容检索和个性化推荐的智能多媒体数据库，从而提升教学效率和学习体验。

（3）嵌入化。随着科技的不断进步，多媒体技术越来越多地融入智能手机、可穿戴设备、智能家居等各种应用设备与场景。这种嵌入化趋势不仅提升了设备的性能，还极大地方便了人们的日常生活，成为推动各行各业创新与发展的重要力量。

（4）网络化。多媒体技术的网络化发展显著提升了信息共享与传递的效率。未来，随着互联网的进一步发展，媒体信息将更容易通过网络传输和分发，实现更广泛的跨地域、跨时间学习与交流。借助云技术和大数据分析，教育者与学习者之间的网络互动将更加及时和有效，从而大幅提升在线学习的体验和效果。

三、常用多媒体技术

常用多媒体技术包括数字技术、多媒体素材获取与处理技术、压缩技术、流媒体技术等。

1. 数字技术

数字技术是借助一定的设备将各种多媒体信息转化为计算机能够识别的二进制数字"0"和"1",再进行运算、加工、存储、传播和还原的技术。作为将各种媒体信息数字化的技术,数字技术是多媒体的根本技术,当下的多媒体素材无不以数字的形式呈现。

2. 多媒体素材获取与处理技术

(1)多媒体素材获取技术:通过不同设备和途径,快速准确地获取文本、图形图像、音频、视频等多媒体素材的技术。例如,通过相机、录音设备、扫描仪等采集多媒体素材,通过网络搜索与下载多媒体素材。

(2)多媒体素材处理技术:利用计算机对文本、图形图像、音频、视频和动画等多媒体素材进行处理的技术。例如,数字图像的压缩、增强、复原、匹配、描述和识别技术,数模转换技术,音频信号压缩技术,以及增强视频观赏性的技术等。

3. 压缩技术

随着多媒体软硬件技术的迅速发展,图形图像、音频、视频和动画等多媒体素材正不断朝着更高分辨率和更高传输速率的方向演变,以至于素材的数据量也随之成倍增长。如何高效存储和处理这些数据成为一个重要课题。目前,通常采用无损压缩和有损压缩两种技术对获取的多媒体素材进行压缩,以节省存储空间并提高数据传输效率。

(1)无损压缩技术:在压缩和解压缩过程中,数据不会丢失,能够完全恢复到原有状态的数据压缩技术。无损压缩技术通常用于对数据完整性要求极高的情况,如文本文件、某些图像格式(如PNG)和无损音频格式(如FLAC)。无损压缩采用高效的压缩算法(如哈夫曼编码、算术编码等),可以在减少数据冗余的同时确保信息的精确性和可靠性,这对法律文书、医疗影像等需要保留原始信息的数据来说尤为重要。

(2)有损压缩技术:通过删除一些相对不重要的细节数据,显著降低文件大小的数据压缩技术。有损压缩技术通常用于无须绝对保证原始数据的完整性的情况,如某些图像格式(如JPEG)、音频格式(如MP3)和视频格式(如MP4)。在有损压缩技术中,数据丢失是不可逆的。然而,有损压缩所采用的压缩算法(如变换编码)可以通过心理物理法确定人耳或人眼对信息丢失的容忍度,从而使得压缩后的文件在感官上与原始文件没有太大差异。有损压缩技术可以帮助文件在网络上高效传输,因此在视频点播和在线音频服务等领域得到了广泛应用。

4. 流媒体技术

流媒体技术是指通过互联网实时传输音频和视频数据的流式传输技术。该技术的核心优势在于,它支持用户在接收数据的同时进行播放,而无须等待整个文件下载完成,

现代教育技术

从而实现了即时访问和交互式体验。

随着网络带宽的提升和用户对多媒体内容需求的日益增长，流媒体技术迅速发展，已成为现代数字内容消费的重要手段，并广泛应用于实时直播、在线教育和交互娱乐等多种场景。

四、多媒体素材的概念与类型

1. 多媒体素材的概念

多媒体素材是指多媒体课件和多媒体相关的工程设计中所用到的各种听觉、视觉材料。多媒体素材是多媒体课件的基本组成元素，是承载教学信息的基本单位。

2. 多媒体素材的类型

常见的多媒体素材有文本、图形、图像、音频、视频和动画。

（1）文本：由中文、英文、符号等各种字符构成，是承载和传递信息的主要方式。

（2）图形：由点、线、面、体构成的黑白或彩色几何图。

（3）图像：本质是一组像素点阵的记录信息，记载着构成图案的各个像素的颜色和亮度等信息。

（4）音频：也可泛称声音，包括语音、音乐和各种自然界的声音。人类能够听到的所有声音都可称为音频。

（5）视频：由一组按时间表示的、有序连续的自然场景图像构成，若干幅内容相互联系的图像连续播放就形成了视频。视频可以是实拍的，也可以是合成的，但通常都基于现实世界。

（6）动画：与视频类似，也是由多幅连续的、前后关联的画面序列构成。不同之处在于，动画采用的是人工绘制或计算机产生的图形图像，而不是像视频那样主要采用直接采集的真实图像。

我国音视频编码标准 AVS3 支撑巴黎奥运会赛事直播

近年来，超高清产业在全球范围内受到广泛关注，我国的 AVS3 超高清音视频标准正式在 2024 年巴黎奥运会上实现了重要应用。这一成果是 AVS 产业联盟与多家行业先锋企业、研究机构合作的结晶，标志着我国具有自主知识产权的技术标准正在积极融入全球市场。

AVS3 的成功实施，不仅完成了音视频技术与下一代互联网电视直播技术 DVB-I 的深度融合，更进一步推动了传统电视广播向快速发展的 IP 化和互联网化互动直播的转型。这一转型为观众提供了更加丰富的观看体验，也为超高清直播技术的发展奠定了新的基础。值得注意的是，自 2012 年以来，AVS 系列技术快速发展，从早期的高清应用逐步覆盖到 4K 和 8K 等超高清领域。中国移动咪咕公司在重大体育赛事直播中的创新尝试，使 AVS3 成为全球首个真正应用于 8K 及 5G 产业的音视频编码标准。这一次次的技术应用实践，体现了我国在数字视频技术领域的自主创新实力。

此次奥运会的成功验证，不仅展示了 AVS3 技术的可行性与优越性，也为我国具有自主知识产权标准的国际化进程增添了新动力。通过对 AVS3 技术的推广与应用，我国在全球视听产业中的话语权和影响力将不断提升，为未来的国际合作打下了坚实基础。这一尝试无疑是推动我国科技软实力提升的重要一步，预示着国产技术标准的进一步全球布局与应用前景。

（资料来源：汪淼，《我国 AVS 音视频编码历史性验证试点，首次用于 2024 巴黎奥运会央视下一代互联网电视直播》，IT 之家，2024 年 8 月 12 日）

任务实践——选择和使用多媒体素材

对于教师而言，根据教学目标、教学内容等选择合适的多媒体素材，并有效地运用这些素材辅助教学，已成为一种不可或缺的专业素养。下面通过赏析《春望》多媒体课件的制作过程，学习在制作多媒体课件时选择和使用多媒体素材的方法及技巧。

步骤 1 确定多媒体课件的主题。《春望》一课的教学目标主要包括学生能理解诗歌的背景和形式，分析诗歌中的情感，以及掌握相关的修辞手法等。根据教学目标明确多媒体课件的主题是《春望》古诗赏析。

步骤 2 规划多媒体课件的结构。根据教学目标和多媒体课件的主题，将课件内容划分为诗歌的背景介绍、内容解析、词语及修辞手法分析、艺术表现手法、情感体验、探究与互动、练习与思考、总结与提升八个部分，如图 4-1 所示。

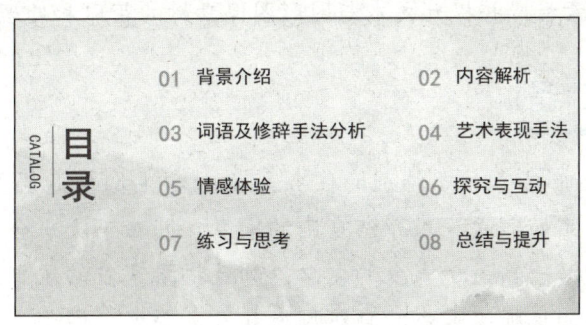

图 4-1　《春望》多媒体课件目录

步骤 3 收集与获取多媒体素材。例如，对于诗歌的背景介绍部分，可以寻找关于诗歌创作者——诗人杜甫的传记视频或纪录片，也可以通过查找相关书籍、网络文献等，了解诗人的生平和诗歌创作背景（包括历史背景、文化背景等）。

步骤 4 选择合适的多媒体素材并进行处理。在收集到足够的素材后，筛选出适合本次教学的多媒体素材，并根据实际需求处理多媒体素材。例如，进行视频剪辑、文本润色等。

步骤 5 根据多媒体课件的结构组织素材。按照教学要求和此前规划的课件结构，将处理好的多媒体素材分别组织到多媒体课件的相应部分，如图4-2所示。

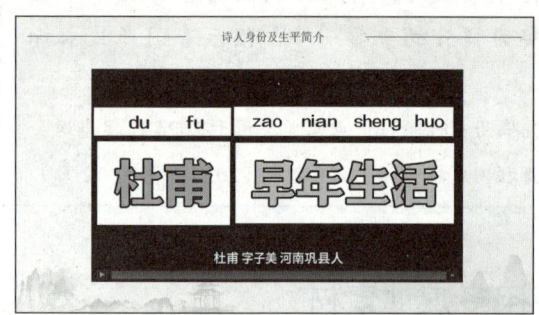

图4-2 《春望》多媒体课件效果示例

任务二 文本与图形图像素材

任务描述

在多媒体教学过程中，文本与图形图像素材的运用至关重要。合理运用这些素材可以为多媒体教学增添丰富的色彩和强大的表现力，从而提升整体教学效果和质量。在本任务中，我们将学习文本与图形图像素材的类型、格式、获取、处理等内容，以进一步了解文本与图形图像素材，并提升文本与图形图像素材的获取和处理技能。

任务准备

李老师在班会上布置了一项特别的任务，要求学生们发散思维，以"我的家乡很美"为主题，通过作品的形式深入介绍自己的家乡，并在下次班会上进行成果展示。小明热爱写作，决定撰写一篇关于家乡的文章，细致描绘家乡的风土人情。小华则是一名摄影爱好者，决定用相机捕捉家乡的自然风光和人文景观。由于二人是老乡，当小明得知小华的摄影技术非常出色时，他果断提出了合作的建议：自己为小华的照片撰写文字说明，而小华则为自己的文章挑选几张精彩的插图，以增强作品的表现力。

在成果展示那天，文本与图像的完美结合让李老师和其他同学深深感受到了小明和小华家乡的独特魅力。李老师对他们的合作给予了高度评价，认为这种合作不仅提升了作品的质量，也为其他同学提供了很好的思路。

请同学们结合上述材料思考以下问题。

（1）如果小明和小华没有相互合作，而是各自用文本、图像的方式完成他们的作品，结果会如何？从作品的角度来看，文本与图像的结合有哪些优势？

（2）如果让你完成这一任务，你会采取什么样的方式？

一、文本素材的类型与格式

1. 文本素材的类型

根据文本结构和表现方式的不同，文本可分为无格式文本、格式文本和超文本三种类型。

1）无格式文本

无格式文本是指无任何格式修饰的、只存储文字信息本身的文本类型。在无格式文本中，文字以固定的大小和风格输入与输出。

2）格式文本

格式文本是指不仅包含文字信息本身，还包含文字的字号、颜色、字体等排版格式信息的文本类型。

3）超文本

超文本是指用超链接的方法，将各种不同空间的文字信息组织在一起的网状文本类型。超文本的文字包含可以跳转到其他位置或者文档的链接，允许从当前阅读位置直接跳转到超文本链接所指向的其他位置。

2. 文本素材的格式

不同软件生成的文本在计算机中的存储格式和文件大小各不相同。文本素材的常用文件格式及其说明，如表4-1所示。

表4-1　文本素材的常用文件格式及其说明

文件格式	说明
TXT格式（*.txt）	Windows操作系统中"记事本"程序的标准文件格式，用于存储无格式文本。由于其具有极好的兼容性，几乎所有文本编辑器和操作系统都支持该格式
DOC和DOCX格式（*.doc和*.docx）	Microsoft Word文档的存储格式，DOC和DOCX格式分别对应于Microsoft Word早期版本和较新版本，此格式不仅支持存储格式文本，还能够嵌入图像、图表等多媒体素材

续表

文件格式	说明
RTF 格式（*.rtf）	Windows 操作系统中"写字板"程序的标准文件格式，支持跨软件和平台存储文本信息，即可以在不同软件和平台之间交换文本文件时保持字体、颜色等格式信息不变
WPS 格式（*.wps）	金山办公软件 WPS 文字存储文件的格式，与 Microsoft Word 文档的存储格式具有相似的功能，适用于存储格式文本
HTML 格式（*.htm 或*.html）	用于构建网页内容的标准文本文件格式，不仅可以包含文本，还能嵌入图像、链接、表格和脚本，主要用于网页的结构和样式设计
ASP 格式（*.asp）	用于动态网页开发，ASP 格式文件包含服务器端脚本代码，能够与数据库交互并生成动态内容。ASP 格式文件通常在服务器上执行，生成 HTML 内容并返回给客户端浏览器，用于创建交互性和个性化网页

二、文本素材的获取与处理

1. 文本素材的获取

文本素材的获取途径主要包括键盘输入、手写板输入、扫描输入、语音输入、从网页复制或下载。

1）键盘输入

键盘输入是获取文本素材最直接和常用的方法。用户使用键盘和输入法可以将文字信息直接输入计算机，随后使用文本素材处理软件对输入的文本进行编辑。

2）手写板输入

手写板输入为不习惯使用键盘的用户提供了极大的便利。用户通过使用专用的手写笔，在连接至计算机的手写板上进行信息录入。手写板通过传感技术精确捕捉手写笔笔尖的轨迹，将其转化为电信号，并实时传输至计算机。计算机中的相应软件程序对接收到的信号进行处理，将其转换为可使用文本素材处理软件编辑的文本信息。相比其他方式，手写板输入的速度通常较为缓慢。

3）扫描输入

扫描输入是指利用扫描仪（或手机相机等）和光学字符识别（OCR）技术，对印刷文本进行扫描和识别，将其转换为可编辑的文本信息。当需要将印刷品上的大量文字资料输入计算机时，扫描输入是一种快捷而高效的解决方案。尽管这一方法大幅提高了素材获取的效率，但光学字符识别技术在转换过程中可能存在识别误差，因此后续的人工核验和校对是确保文本准确性的必要步骤。

4）语音输入

对于不习惯使用键盘或缺乏手写设备的人群而言，语音输入提供了一种迅速而便捷的文字输入方式。该方式依赖于音频处理系统，通过高级算法将语音信号捕捉并转换为数字信号,进而转换为可编辑的文本信息。然而,语音输入技术对环境噪声和讲话者的发音清晰度较为敏感,常会受到干扰因素的影响,导致录入信息出现偏差。

5)从网页复制或下载

除了上述输入方式,用户还可以利用搜索引擎有效检索所需文本素材的关键词,获取相关信息。在所有相关信息中筛选出符合需求的结果后,单击进入结果对应的网页,通过复制或下载的方式对所需文本进行保存。值得注意的是,下载和使用这些资源时需遵循相关的版权法规和使用条款,以确保合规性与合法性。

2. 文本素材的处理

多媒体素材的处理主要依赖于计算机中的专门工具软件。常用的文本素材处理软件有记事本、写字板、Microsoft Word、WPS 文字等。

1)记事本

记事本是一款基础的文本处理工具,是 Windows 操作系统自带的应用程序。它可以对无格式文本进行简单的编辑操作,文件存储为 TXT 格式。

> **提示**
>
> 从网页中获取文本素材时,可以先将内容复制到 Windows 操作系统自带的"记事本"程序窗口中,再将内容从"记事本"程序窗口复制粘贴到其他文档中使用。这样可以去除网页文本自带的格式(如超链接)。

2)写字板

写字板也是 Windows 操作系统自带的应用程序,其支持对格式文本进行编辑和处理,能实现跨平台存储功能,文件存储为 RTF 格式。

3)Microsoft Word

Microsoft Word 是微软公司研发的一款可以对文本进行编辑和处理的强大软件。使用该软件,用户可以实现对文本素材的快速处理,如字符与段落格式设置等。同时,Microsoft Word 支持在文档中插入图片、表格、特殊符号等。

4)WPS 文字

WPS 文字是金山软件公司研发的一款文本编辑和处理软件,属于 WPS Office 办公软件套件的组成部分,其功能类似于 Microsoft Word。

三、图形图像素材的类型与格式

1. 图形图像素材的类型

图形与图像素材尽管有时候看起来差别不大,但实际上是两种截然不同的素材类型。

1）图形

图形一般指矢量图，其核心构成元素包括点、直线和弧线等几何形状。图形通常是人们根据客观事物制作生成的，它不是客观存在的。图形的优点是可以任意放大、缩小而不失真，占用存储空间小，便于存储和传输；缺点是在表现色彩层次丰富和逼真的视觉效果时存在一定的局限性。

根据维度的不同，图形可分为二维图形和三维图形两种类型。

（1）二维图形：存在于平面内，只有长度和宽度两个维度的图形，如三角形、矩形、圆形等。

（2）三维图形：具有长度、宽度和高度三个维度的图形，如正方体、球体等。

2）图像

图像一般指位图，其基本组成单位是像素，每个像素代表了一定位置及其相应的颜色信息。图像既可以通过照相、扫描、摄像得到，也可以通过绘制得到。

图像的优点是表现细致，色彩层次丰富，可以包含大量细节。然而，图像的细致是以分辨率为代价的，越精细的图像分辨率越高，对应的像素的点阵密度也会增加，图像文件占用的存储空间随之增大。由于图像的分辨率是固定的（由固定数量的像素组成），图像放大到一定程度后会失真。

根据色彩数量和颜色信息等的不同，图像可分为黑白图像、灰度图像和彩色图像三种类型。

（1）黑白图像：仅包含黑色和白色两种颜色的图像（通常用 0 表示黑色，1 表示白色）。它是色彩最简单的一种图像，没有中间色的过渡，主要通过黑与白的对比来表现物体的形状、轮廓和纹理等基本信息。

（2）灰度图像：包含多种不同程度的灰色的图像。它是一种单通道图像，每个像素用一个字节（8 位）表示灰度值（取值范围是 0～255，0 表示黑色，255 表示白色，中间的数值表示不同程度的灰色）。相比于黑白图像，灰度图像能够表现更加丰富的亮度层次。

（3）彩色图像：包含多种色彩的图像。它通过不同的色彩模型表示颜色信息，最常见的是 RGB 色彩模型（红-red、绿-green、蓝-blue）。在 RGB 色彩模型中，每个像素由三个通道组成，分别代表红、绿、蓝三种颜色的强度，每个通道的取值范围是 0～255，通过不同强度的红、绿、蓝组合，可以产生各种各样的颜色。例如，当 R = 255，G = 0，B = 0 时，表示纯红色；当 R = 0，G = 0，B = 0 时，表示纯黑色；当 R = 255，G = 255，B = 255 时，表示纯白色。此外，彩色图像还常采用 CMYK 色彩模型（青-cyan、品红-magenta、黄-yellow、黑-black），主要用于印刷行业，通过控制青、品红、黄、黑四种油墨的量来产生丰富的彩色效果。

2. 图形图像素材的格式

为了满足不同的应用需求，图形图像可以多种格式进行存储。图形图像素材的常用文件格式及其说明，如表 4-2 所示。

表 4-2　图形图像素材的常用文件格式及其说明

文件格式	说明
BMP 格式（*.bmp）	Windows 操作系统中"画图"程序的标准文件格式，能与大多数 Windows 平台的应用程序兼容。该格式采用无损压缩方式存储图像，能保证图像不失真，但文件占用的存储空间较大
JPEG 格式（*.jpg 或*.jpeg）	该格式能以很高的压缩比例存储图像（可选择压缩比例）。虽然它采用的是具有破坏性的压缩算法，但图像质量损失不多，通常用于存储自然风景照、人和动物的各种彩照、大型图像等
TIFF 格式（*.tif 或*.tiff）	一种应用非常广泛的图像文件格式，几乎所有的扫描仪和图像处理软件都支持。该格式采用无损压缩方式存储图像，支持多种颜色模式，可保存图层和通道信息，并且支持透明背景
GIF 格式（*.gif）	该格式最多可包含 256 种颜色，颜色模式为索引颜色模式，文件占用的存储空间较小，支持透明背景和多帧，适合存储网页图像或动画文件
PNG 格式（*.png）	可移植网络图形，是许多 Web 浏览器都支持的一种图像文件格式，采用无损压缩方式来缩小文件的体积，提高图像的显示速度，并支持透明背景
PSD 格式（*.psd）	Adobe Photoshop 软件专用的文件格式，可保存图层、通道等信息。它的优点是保存的信息量多，可再次修改；缺点是文件占用的存储空间较大。该格式主要用来存储图像文件，但也支持存储矢量图形文件
CDR 格式（*.cdr）	CorelDRAW 软件专用的文件格式，可同时存储图形和图像对象，是一种混合文件格式
AI 格式（*.ai）	Adobe Illustrator 软件专用的文件格式，存储对象主要为矢量图形

四、图形图像素材的获取与处理

1. 图形图像素材的获取

图形图像素材的获取途径主要包括摄影设备拍摄、数位板或绘图软件绘制、截图软件截取、扫描仪扫描、从网页保存或下载。

1）摄影设备拍摄

摄影设备拍摄是获取图像素材的最直接且常见的途径。用户可以通过手机或数码相机等设备进行拍摄，并将所拍摄的照片传输至计算机进行保存和后续处理。根据使用的拍摄设备的不同，获得的照片在像素和分辨率等方面会存在显著差异。这些差异不仅会影响最终图像的清晰度和细节表现，也可能会对后续的图像处理和应用产生重要影响。因此，在选择拍摄设备时，需要根据具体需求充分考虑其成像能力和技术规格。

2）数位板或绘图软件绘制

对于图形素材，用户可以选择使用数位板或绘图软件进行绘制。数位板是一种与计算机或平板设备相连接的输入设备，用户通过专用触控笔在电子屏幕上进行高精度的绘画、设计和编辑。绘制完成的作品可以传输至计算机进行保存和后续处理。绘图软件则是运行在计算机或平板设备中的应用程序，用户可以直接通过鼠标或其他输入设备进行图形绘制。绘图软件通常提供多种工具和功能，支持层管理、滤镜应用、颜色调整等，使用户能够实现复杂的图形设计效果。

3）截图软件截取

用户可利用截图软件截取计算机屏幕中的窗口、区域等图像，将其保存在计算机中。常用的截图软件有 Windows 操作系统自带的截图工具、Snagit 和 HyperSnap 等。截取的图像可以采用多种格式存储，图 4-3 为 Snagit 软件提供的截图存储格式。

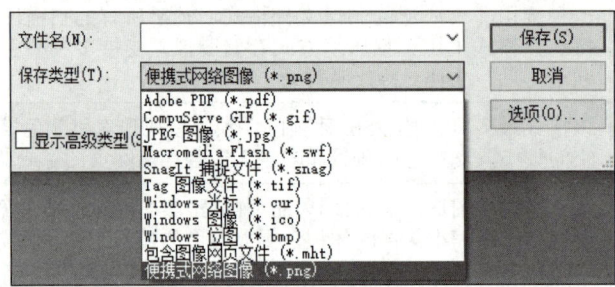

图 4-3　Snagit 软件提供的截图存储格式

4）扫描仪扫描

用户可以通过扫描仪扫描的方式获取纸质媒体上的图形图像素材。然而，受设备设置、图片分辨率、色彩捕捉程度及光线等因素的影响，通过该方式获取的图形图像素材的清晰度和细节可能无法与原始素材相媲美。

5）从网页保存或下载

用户既可通过搜索引擎和右键快捷菜单搜索并保存网页中的图形图像素材，也可从专业的素材网站下载需要的图形图像素材。下载和使用图形图像素材时，同样需遵循相关的版权法规和使用条款。

2．图形图像素材的处理

常用的图形绘制和处理软件有 CorelDRAW 和 Adobe Illustrator 等，图像编辑和处理软件有光影魔术手、美图秀秀、Adobe Photoshop 和创客贴等。

1）CorelDRAW

Corel 公司出品的 CorelDRAW 软件是一款功能强大的矢量图形制作软件，具有矢量图形绘制、页面布局设计、位图编辑和网页动画制作等多种功能。它以直观的用户界面和丰富的功能组合，成为平面广告设计、插图制作、排版、网页设计和其他创意项目的理想工具。CorelDRAW 支持多种文件格式，包括 CDR（CorelDRAW 原生格式）、AI、SVG、BMP、JPEG、GIF、PSD、PDF 等。

2）Adobe Illustrator

Adobe Illustrator 简称"AI"，是 Adobe 公司推出的一款广泛应用于平面广告设计、插画设计、UI（user interface，用户界面）/UE（user experience，用户体验）设计、出版印刷等领域的矢量图形制作软件。该软件可用于创建各类标志、海报、插画、包装设计等。Adobe Illustrator 支持多种字体和排版效果，并能与其他 Adobe 软件无缝集成。同时，它是基于向量的图形制作软件，可以确保图形在放大时仍然保持清晰而不失真。

3）光影魔术手

光影魔术手是迅雷公司旗下的一款简单、易用的图像处理软件。用户无须任何专业的图像处理知识，便可用它轻松制作出各种专业级的照片效果，非常适合新手快速上手进行图像处理。光影魔术手的批量处理功能非常强大，是摄影作品后期处理、图片快速美容、数码照片冲印整理等常用的图像处理软件。

4）美图秀秀

美图秀秀是一款功能强大的图像处理软件，操作界面友好，适用于手机和电脑等多种设备。它具有添加图片特效、边框、场景，人像美容，拼图等功能，其丰富的滤镜和特效库，使用户能够在短时间内制作出接近专业影楼级别的高质量照片。

5）Adobe Photoshop

Adobe Photoshop 简称"PS"，是 Adobe 公司开发的一款功能强大的专业图像处理软件。该软件广泛应用于平面设计、数字艺术创作和图像后期处理等领域，主要功能包括产品包装设计、海报与广告创作、数码照片编辑与增强等。

6）创客贴

创客贴是一款典型的在线图形编辑与平面设计工具，致力于简化图片处理过程。传统的专业图片处理软件往往因其复杂的操作界面和较高的学习门槛而不易上手。相比之下，创客贴通过提供直观的用户界面和实用的功能，有效降低了普通用户的使用门槛。

任务实践——制作校园义卖宣传海报

制作校园义卖宣传海报

张老师在学校发起了一场校园义卖活动。为了有效宣传此次活动，张老师在活动筹备阶段使用创客贴工具设计了一张引人注目的宣传海报，如图 4-4 所示。下面以制作校园义卖宣传海报为例，学习使用创客贴制作海报的一般方法。

步骤 1 进入创客贴首页。打开浏览器并在地址栏中输入"https://www.chuangkit.com"，按回车键，打开创客贴首页（见图 4-5），登录个人账号（可以使用社交媒体账号直接登录，也可以注册新账号后登录）。

图 4-4　校园义卖宣传海报

图 4-5　创客贴首页

步骤 2　进入海报工作台。在创客贴首页单击左侧窗格中的"创建设计"按钮，此时页面中显示出可供用户选择的设计场景，包括收藏场景、海报、公众号、抖音/小红书、电商、PPT/办公等。单击"海报"场景分类下的"手机海报"按钮（当然也可根据需要灵活选择其他规格海报），进入创客贴海报工作台，如图4-6所示。

图 4-6　创客贴海报工作台

步骤 3　为海报添加背景和文本素材。单击左侧功能栏中的"背景"按钮，此时模板区显示所有可用的背景模板，根据校园义卖活动主题为海报选择一个背景模板。单击左侧功能栏中的"文字"按钮，在模板区选择一个文字样式，再在操作区找到并双击该样式的文本框，将默认文字修改为"校园义卖"，如图4-7所示。重复上述步骤，将事先准备好的文本素材依次添加到海报中，包括校园义卖活动的宣传语、时间、地点及义卖物品等信息。不同部分的内容可以采用不同的样式，以便区分，但要考虑整体的美观性与协调性。

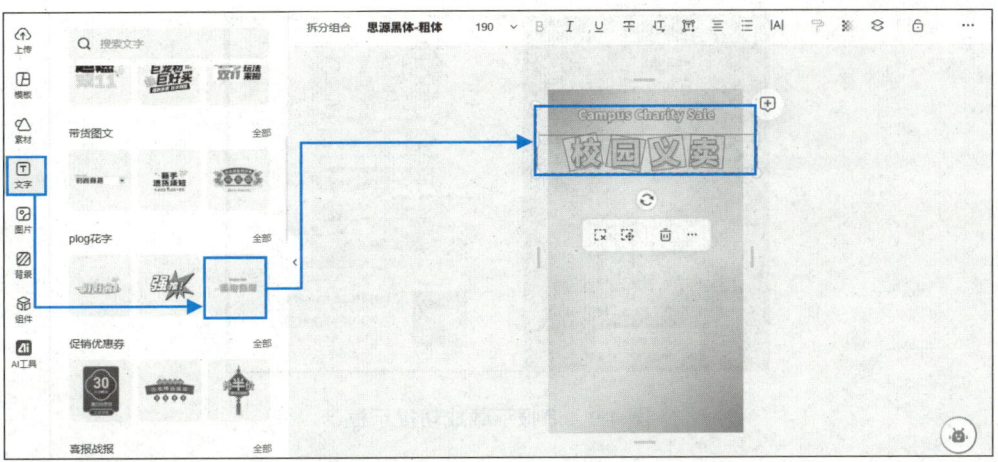

图 4-7 设计海报文字内容

步骤 4 为海报添加图形素材。单击左侧功能栏中的"素材"按钮，在窗格上方的搜索框中输入"校园义卖"并按回车键进行搜索。此时，模板区将显示所有与"校园义卖"相关的图形图像素材。单击需要的图形，即可将其应用到操作区。由于添加的图形遮挡了文本信息，单击快捷工具栏中的"图层"按钮，在展开的下拉列表中选择"置底图层"选项，如图 4-8 所示。

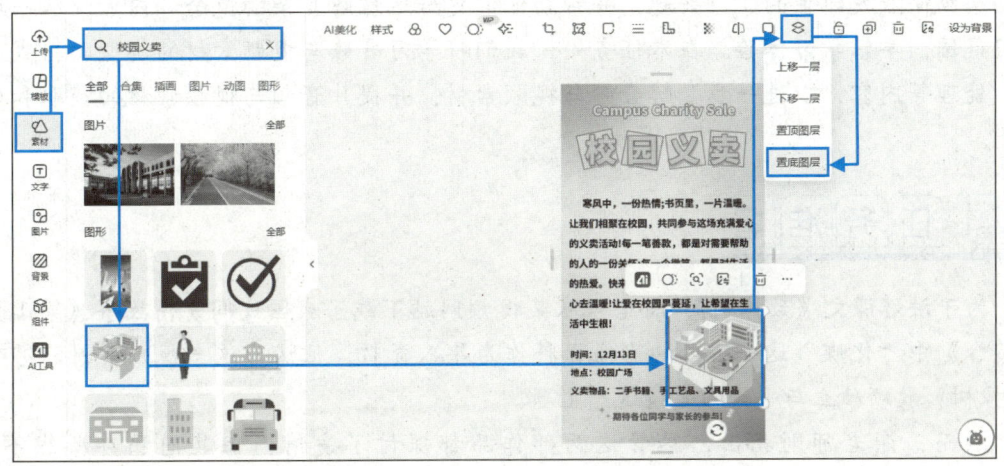

图 4-8 选择装饰图形并将其添加至合适位置

步骤 5 下载海报。海报制作完成后，单击页面右上角的"下载"按钮，在弹出的对话框中选择图片类型和质量等，然后单击"下载"按钮，等待片刻即可将其保存到计算机中，如图 4-9 所示。注意，当前海报仅可用于个人学习或交流使用，如果想商用，则需要开通会员服务。

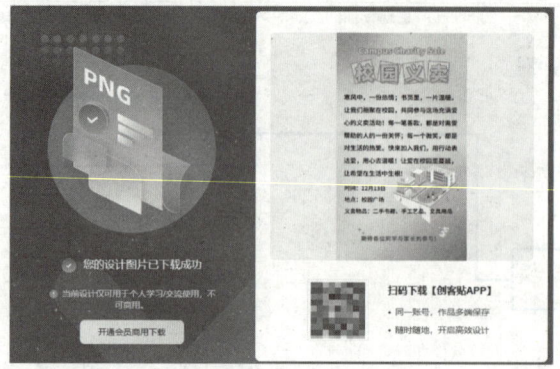

图 4-9 海报下载成功提示框

任务三 音频与视频素材

任务描述

在多媒体教学过程中，音频与视频素材扮演着重要的角色。这些素材能够通过声音和动态画面激发学生的学习兴趣，并帮助他们更好地理解复杂的概念和内容，从而增强学习氛围，丰富学习体验。在本任务中，我们将学习音频与视频素材的类型、格式、获取、处理等内容，以进一步了解音频与视频素材，并提升音频与视频素材的获取和处理技能。

任务准备

为了讲好课文《致橡树》，孙老师从某视频网站下载了我国民间爱情故事《梁山伯与祝英台》中"化蝶"这一桥段的影像资料作为导入资料，他认为这一视频素材能够呼应《致橡树》歌颂独立与平等的爱情这一主题。

然而，谢老师则指出，尽管这两部作品都探讨了爱情，但其内涵却截然不同。《致橡树》传达了现代爱情观，象征女性的"木棉"展现了在象征男性的"橡树"面前的独立与自尊；而"化蝶"这一桥段则表达了古人追求自由恋爱时的无奈与伤感。两者在格调和意象上存在明显差异，这种导入方式可能会给人一种"为赋新词强说愁"的尴尬感觉，难免引发质疑。

请同学们结合上述材料思考以下问题。

（1）如果你是孙老师，你会选择什么素材作为课文《致橡树》的导入材料？

（2）在选取多媒体教学素材时应考虑哪些维度，以有效支持教学目标实现并帮助学生加深理解和增强参与感？

一、音频素材的类型与格式

1. 音频素材的类型

音频是指能够被人耳感知到的频率范围为 20 Hz~20 kHz 的声波。根据信号类型、存储与传输方式等,音频素材可大致分为模拟音频、数字音频和流媒体音频三种类型。

1)模拟音频

模拟音频是指以连续电信号存储声音的音频类型。在模拟音频中,声音波形被直接记录为电信号。常见的模拟音频存储介质有磁带和黑胶唱片等。模拟音频的优点是可以最大程度地表现声音的细腻度和丰富性,缺点是会受到噪声和失真的影响。

2)数字音频

数字音频是指通过采样、量化和编码等处理过程将模拟音频信号转换为计算机可识别的二进制数字信号,从而可以在计算机中保存和处理的音频类型。播放数字音频时,会先将数字信号转换为模拟信号,然后才能通过扬声器输出。根据处理过程中是否存在信息丢失,数字音频又分为无损数字音频和有损数字音频。

3)流媒体音频

流媒体音频是指可以直接在网页中播放,而无须将文件下载到本地的音频类型。流媒体技术大大提升了音频获取的便利性。从本质上讲,流媒体音频属于数字音频,它通过数字信号进行实时传输和播放。

2. 音频素材的格式

在计算机中,采用不同编码方式的音频在压缩程度、体积大小和音质等方面存在差异,相应地,音频素材的文件格式也各不相同。音频素材的常用文件格式及其说明,如表 4-3 所示。

表 4-3 音频素材的常用文件格式及其说明

文件格式	说明
WAV 格式(*.wav)	Windows 操作系统下的标准音频格式。WAV 文件按照声波的实际振动波形进行存储,不压缩音频,音质一流,因此适合存储音乐素材,但缺点是文件所占存储空间大,不利于交流与传播
MP3 格式(*.mp3)	国际通用的有损压缩音频格式,具有压缩程度高、音质好等特点,还支持流媒体技术,是目前最流行的音频文件格式
MIDI 格式(*.mid)	MIDI 音频与数字化波形音频完全不同,它记录的并不是音频信息本身,而是电子乐器键盘的弹奏信息(如键名、力度和时值长短等)。该格式是乐谱的一种数字式描述,是数字音乐或电子合成乐器的统一国际标准,特点是体积小,播放效果因软硬件不同而异

续表

文件格式	说明
WMA 格式（*.wma）	微软公司为便于网络传输而推出的一种音频文件格式，具有体积小、音质好（相对于 MP3 格式而言）等特点，且大部分播放器都支持该格式。WMA 格式还具有防复制功能，可以通过限制播放时间和播放次数等防止盗版；支持流技术，可以在线播放
RA 格式（*.ra）	RealNetworks 公司推出的一种音频文件格式。该格式支持多种音频编码，支持在网络上实时传输和播放音频，尤其是在网速较慢的情况下仍然可以较为流畅地传送数据，提供足够好的音质供用户在线试听或收听
AIF 和 AIFF 格式（*.aif 和*.aiff）	苹果公司开发的标准音频格式，音质和特点与 WMA 格式类似，几乎所有的音频编辑软件和播放软件都支持该格式

二、音频素材的获取与处理

1. 音频素材的获取

音频素材的获取途径主要包括录音设备录制、软件提取、网络下载。

1）录音设备录制

获取音频素材的最基本方式是使用录音设备录制。录音设备能够将声音信号转换为数字信号并传输到计算机中，用户可通过计算机中的音频录制软件对其进行后期处理与保存，以便进一步编辑和使用。常见的录音设备包括麦克风、手机、录音机、录音笔等。

2）软件提取

很多音频编辑软件（如 GoldWave、Adobe Audition）具备强大的音频提取和编辑功能，能从数据光盘中提取声音。此外，许多功能强大的视频编辑软件（如 Adobe Premiere Pro）也具备将视频中的音频单独提取并存储为独立文件的能力。这些软件通过专业的时间线编辑和音频轨道管理功能，使用户能够对视频中的音频信号进行精确分离和编辑。

3）网络下载

用户可以通过搜索引擎或专业的音频素材网站查找所需的音频素材，并进行下载。这一过程同样需遵循相关的版权法规和使用条款。

2. 音频素材的处理

常用的音频处理软件有 GoldWave 和 Adobe Audition 等。

1）GoldWave

GoldWave 是一款界面友好且功能强大的音频处理软件，具有编辑、播放、录制和转换音频素材的功能。该软件支持多种音频格式，并提供丰富的音频处理特效，如多普勒效果、回声、混响和降噪等。GoldWave 通过复杂的数学公式和算法，在理论能够上生成用户所需的任何声音。此外，GoldWave 还支持批处理功能，极大地提高了工作效率。

2）Adobe Audition

Adobe Audition 的前身是 Cool Edit Pro，Adobe 公司于 2003 年收购了 Syntrillium 公司并重新开发了该软件，使其更具专业性和功能性。作为一款全面的数字音频工作站，Adobe Audition 具有录音、混音、音效处理和后期制作等众多强大功能。它的多轨编辑功能使得用户可以在同一界面下处理多个音频轨道，为音乐创作和广告制作提供了极大的便利。此外，Adobe Audition 还集成了先进的音频恢复工具，可以有效修复录音中的噪声和缺陷，为专业音频制作提供了全面支持。

三、视频素材的类型与格式

1. 视频素材的类型

根据信号类型、存储与传输方式等，视频素材可大致分为模拟视频、数字视频和流媒体视频三种类型。

1）模拟视频

模拟视频是指以连续信号存储和传输影像数据的视频类型。这种类型的视频常用于电视广播和传统录像设备。模拟视频的优点是能够提供丰富的色彩和细腻的图像细节，缺点是易因受到外界干扰而出现画面失真和信号衰减。

2）数字视频

数字视频是指采用二进制数据形式存储影像数据的视频类型。计算机系统处理的视频均为数字视频。数字视频具有高度的灵活性和可操作性。

3）流媒体视频

流媒体视频是指可以直接在网页中播放，而无须将文件下载到本地的视频类型。如今，大多数视频网站都采用这种方式呈现视频内容。在远程教育和在线教学中，流媒体视频的广泛应用，大大提升了学生的学习效率和效果。从本质上讲，流媒体视频属于数字视频，它通过数字信号进行实时传输和播放。

2. 视频素材的格式

视频格式是指对编码后的视频流进行封装的方式。不同的视频编码标准（如 H.264、HEVC）会产生不同类型的视频数据，而这些数据需要通过特定的文件格式进行存储和传输。视频素材的常用文件格式及其说明，如表 4-4 所示。

表 4-4　视频素材的常用文件格式及其说明

文件格式	说明
AVI 格式（*.avi）	微软公司开发的视频文件格式，其优点是画面质量好，缺点是文件体积大，且由于压缩标准不统一，文件的兼容性差。不同压缩标准生成的 AVI 视频，需使用相应的解码器才能播放
MP4 格式（*.mp4）	国际通用的有损压缩视频格式，又称 MPEG-4 格式，主要应用于网络播放、光盘存储和电视广播等领域，具有广泛的兼容性与高效性
3GP 格式（*.3gp）	可视作 MP4 格式的简化版，优点是文件体积小，常用于手机视频播放。此外，该格式支持多种视频编码，包括 H.263、H.264 等
WMV 格式（*.wmv）	微软公司推出的 Windows 媒体视频格式。该格式的优点是可以直接在网上实时观看，且支持部分下载；缺点是画面质量与文件大小成正比，质量越高，文件所占存储空间越大
MOV 格式（*.mov）	苹果公司开发的一种专用视频格式，具有出色的压缩比和视频清晰度，可在多平台间使用，缺点是支持该格式的播放器相对较少
RM 和 RMVB 格式（*.rm 和*.rmvb）	RealNetworks 公司推出的视频压缩格式。这两种格式与 WMV 类似，主要用于网络传输和实时播放。该格式因视频质量更高且空间占用更小，一度成为网络上广泛应用的格式，缺点是需要专用的解码器才能播放
FLV 格式（*.flv）	Adobe 公司推出的视频格式，以小巧的文件体积和适合网络播放而闻名，曾被众多在线视频网站广泛采用

四、视频素材的获取与处理

1. 视频素材的获取

视频素材的获取途径主要包括摄像设备录制、录屏软件录制、视频处理软件截取、网络下载。

1）摄像设备录制

利用摄像设备直接录制画面是获取视频素材最常用的方式。常见的摄像设备包括智能手机、数码相机和专业录像机等。这些设备能够将捕捉到的视频信号进行数字化转换，进而存储、传输，最终保留在计算机中以便后续使用。

2）录屏软件录制

录屏软件使用户能够将计算机或手机屏幕上的特定内容录制为视频文件，并保存到本地设备中。目前，常见的录屏软件有屏幕录像专家、Camtasia 和 FlashBack Pro 等，这些软件不仅易于操作，还支持将视频以多种格式导出。

3）视频处理软件截取

利用视频处理软件不仅可以对视频素材进行处理，还可以从完整的视频中提取需要的素材片段。这些软件提供的直观界面和丰富功能，也能满足用户获取视频素材的需求。

4）网络下载

用户可以通过搜索引擎或专业的视频素材网站查找所需的视频素材，并进行下载。这一过程同样需遵循相关的版权法规和使用条款。

2．视频素材的处理

常用的视频处理软件有 Adobe Premiere Pro、格式工厂、爱剪辑、剪映专业版、会声会影和 Adobe After Effects 等。

1）Adobe Premiere Pro

Adobe Premiere Pro 是 Adobe 公司开发的一款专业视频编辑软件，该软件广泛应用于节目制作、广告创作和电影剪辑等领域。用户可以使用此软件对视频进行剪辑，添加各种特效和转场效果，同时还可以对图形图像和音频等文件进行详细的编辑处理。该软件强大的多轨道编辑功能和灵活的时间线布局，使用户能够高效地完成复杂的视频编辑任务。

2）格式工厂

格式工厂支持视频、音频和图像等多种格式之间的相互转换。用户可以利用格式工厂轻松地将 AVI 格式的视频文件转换为 MP4 格式，或将 WMA 格式的音频文件转换为 MP3 格式等。这种格式转换能力使得用户可以根据不同设备和平台的需求，灵活地处理和优化素材。

3）爱剪辑

爱剪辑是一款功能强大且简单易用的国产视频剪辑软件，能够满足用户从基础剪辑到复杂特效制作的各种需求。该软件直观的操作界面和丰富的功能设置，使得视频剪辑变得简单且高效，非常适合初学者和高阶用户使用。

4）剪映专业版

剪映专业版是一款知名度很高的国产视频剪辑软件，它功能强大、简单直观、易于上手，内置了大量视频特效、转场和音效，可帮助用户快速制作出音画并茂、富有视觉冲击力的视频作品。

5）会声会影

会声会影是 Corel VideoStudio 软件的中文名，这款视频编辑软件提供上百种视频编辑与特效功能，使用户能够轻松地进行视频剪辑和特效制作。该软件功能介于专业与入门视频编辑软件之间，可以作为视频剪辑爱好者的入门软件。此外，会声会影不仅支持多种导出格式，同时还附带了丰富的模板和素材库。

6）Adobe After Effects

Adobe After Effects 是 Adobe 公司开发的一款专业视频后期处理软件，广泛应用于视频特效的制作。用户可以利用此软件创建复杂的动态图形和视觉特效，精细调整视频中的文本素材，使其与视频内容相辅相成，增强整体表现力。

任务实践——剪辑"植树活动 vlog"

vlog 是 video blog 的缩写，意为视频博客，是一种通过视频记录和分享日常生活的方式。陈老师在学校组织的植树活动中拍摄了许多视频素材，并在闲暇时间将拍摄素材剪辑成了一个"植树活动 vlog"，如图 4-10 所示。下面以剪辑"植树活动 vlog"为例，学习使用爱剪辑软件剪辑视频的一般方法。

剪辑"植树活动 vlog"

图 4-10　植树活动 vlog

步骤 1　进入爱剪辑工作界面。启动爱剪辑软件（以爱剪辑 V3.0 为例），在弹出的"新建"对话框中设置片名、制作者、视频大小（分辨率，此处采用默认设置）等，单击"确定"按钮，进入爱剪辑工作界面，如图 4-11 所示。

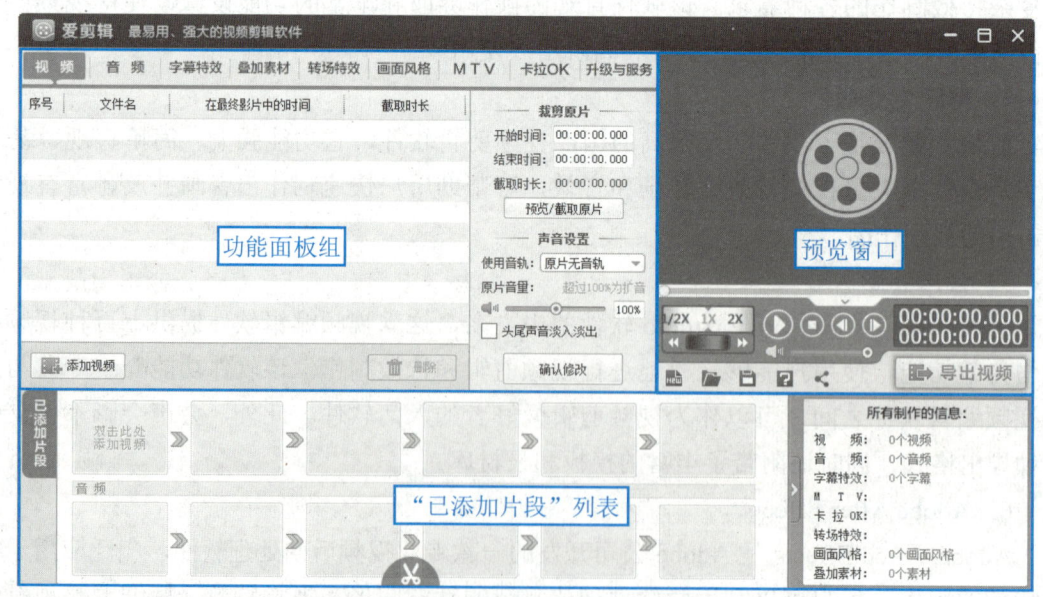

图 4-11　爱剪辑工作界面

步骤 2　导入视频素材。单击"视频"面板下方的"添加视频"按钮，在打开的"请选择视频"对话框中按住"Ctrl"键依次选中本书配套素材"素材与实例"/"项目四"/"任务三"文件夹中的"植树活动素材 1.mp4"和"植树活动素材 2.mp4"视频文件，单击"打开"按钮，将视频素材添加到"已添加片段"列表中，如图 4-12 所示。

步骤 3　删除视频原声。右击"已添加片段"列表中的"植树活动素材 1.mp4"视频文件，在弹出的快捷菜单中选择"消除原片声音"选项，删除视频的原声，如图 4-13 所示。重复这一步骤，删除"植树活动素材 2.mp4"视频的原声。

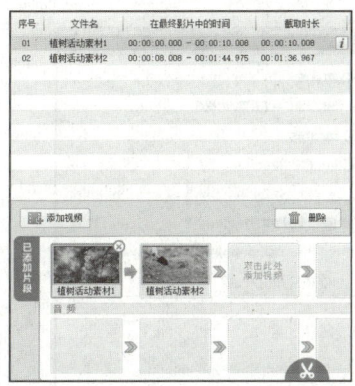

图 4-12　导入视频素材

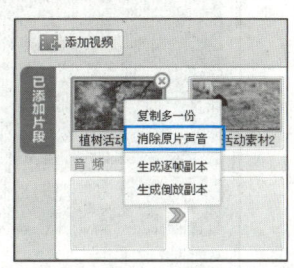

图 4-13　删除视频原声

步骤 4　添加转场特效。选中"已添加片段"列表中的"植树活动素材 2.mp4"视频文件，单击顶部的"转场特效"选项卡，在下方的效果列表中选择"变亮式淡入淡出"选项，再单击面板右下角的"应用/修改"按钮，为当前视频设置转场特效，如图 4-14 所示。

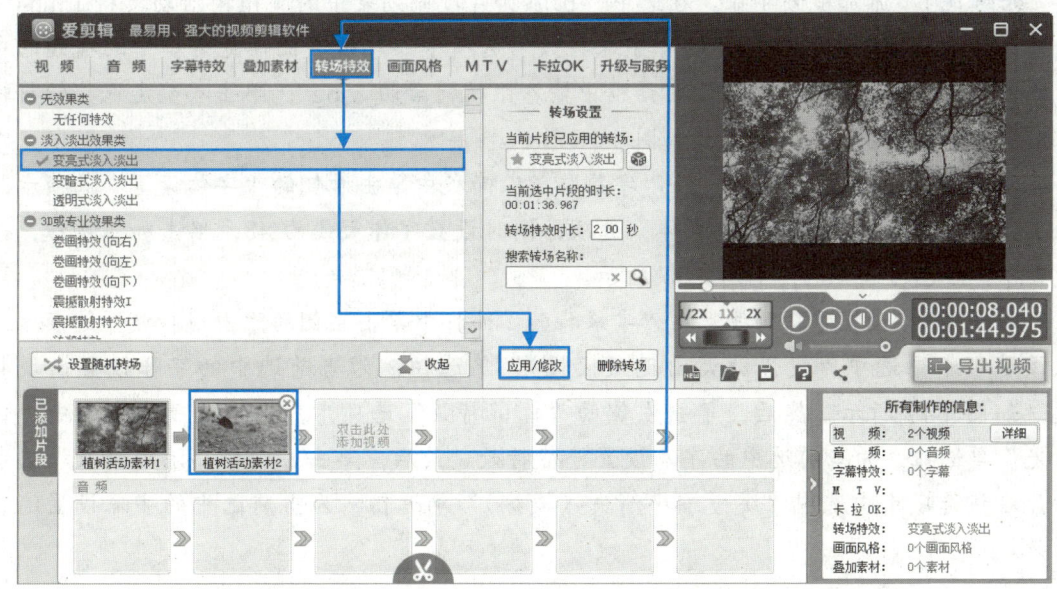

图 4-14　添加专场特效

步骤 5　添加音频素材。选中"已添加片段"列表中的"植树活动素材 1.mp4"视频文件，单击顶部的"音频"选项卡，再单击下方的"添加音频"按钮，在展开的下拉列表中选择"添加背景音乐"选项，在打开的"请选择一个背景音乐"对话框中选择本书配套素材"素材与实例"/"项目四"/"任务三"文件夹中的"视频背景音乐.mp3"音频文件，单击"打开"按钮。再在打开的"预览/截取"对话框中将音频的结束时间设置为"00:01:44.975"（视频素材总时长减去转场特效2秒），如图4-15所示。单击"确定"按钮将截取后的音频导入"已添加片段"列表。

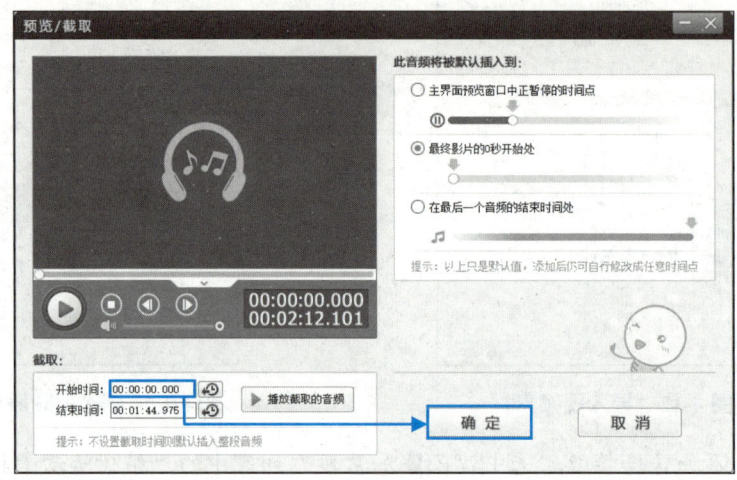

图 4-15　"预览/截取"对话框

步骤 6　添加视频字幕。在选中"已添加片段"列表中的"植树活动素材 1.mp4"视频文件的前提下，单击顶部的"字幕特效"选项卡，双击右侧预览窗口中的视频的中心位置，在打开的"输入文字"对话框中输入"植树活动 vlog"，单击"确定"按钮将输入文字添加到视频的中心位置，如图 4-16 所示。

步骤 7　设置字幕字体。在"字幕特效"面板中单击右侧的"字体设置"选项卡，在"字体"下拉列表中选择"黑体"选项，同时设置字体大小为48，单击加粗按钮，并设置字体颜色为浅黄色，如图 4-17 所示。

步骤 8　设置字幕特效。在"字幕特效"面板中单击左侧的"出现特效"选项卡，在该选项卡中选中"缓慢放大出现（模糊）"单选钮，为当前选中的字幕设置出现特效，如图4-17所示。然后，单击左侧的"停留特效"选项卡，在该选项卡中选中"白射光"单选钮，为当前选中的字幕设置停留特效。最后，单击左侧的"消失特效"选项卡，在该选项卡中选中"缓慢缩小消失（模糊）"单选钮，为当前选中的字幕设置消失特效。

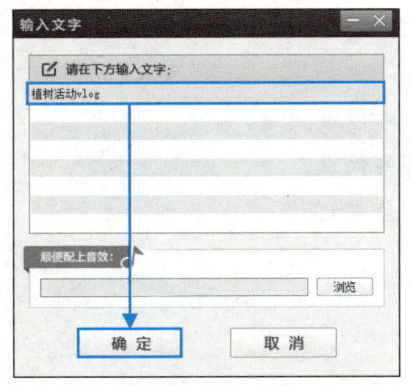

图 4-16 "输入文字"对话框

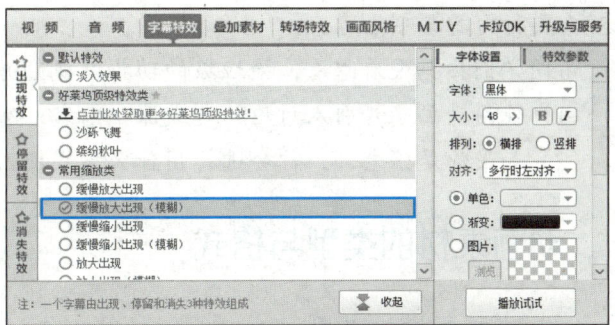

图 4-17 设置字幕特效

> **提示**
>
> 字幕特效中的"好莱坞顶级特效类"最多支持八个汉字,若输入的字幕超过八个汉字可采用多次输入文本的方式进行设置。

步骤 9 导出视频并保存工程文件。单击顶部的"视频"选项卡,再单击面板右下角的"确认修改"按钮,然后在预览窗口预览播放效果。对效果满意后单击"导出视频"按钮,在打开的"导出设置"对话框中设置导出参数,单击"导出"按钮输出视频。最后按"Ctrl+S"组合键保存工程文件。

任务四 动画素材

任务描述

在多媒体教学过程中,动画素材的运用同样至关重要。合理运用动画素材可以将抽象的概念和复杂的过程形象化,使学生更容易理解和掌握课程内容,从而有效吸引学生的注意力,激发他们的学习兴趣。在本任务中,我们将学习动画素材的类型、格式、获取、制作等内容,以进一步了解动画素材,并提升动画素材的获取和制作技能。

任务准备

在一次"环境保护"主题班会上,王老师希望以生动的方式帮助学生理解生态平衡的重要性,于是她播放了一个《看,捡垃圾的动物》动画短片。这个动画短片探寻了人类与动物间的因果联系,人类将未经处理的垃圾随意丢弃,动物们却拿它们当玩具,甚至是食物,最终动物们因为垃圾而

看,捡垃圾的动物

慢慢死去。这个动画短片，不仅能让学生直观地理解自然界中的相互关系，还能引发学生对人类行为的深刻思考。

请同学们扫码观看"看，捡垃圾的动物"视频并思考以下问题。

（1）使用动画短片引入讨论话题或课程内容，有哪些优点？

（2）如果你是王老师，你会选择用什么方式引入班会主题？

一、动画素材的类型与格式

1. 动画素材的类型

传统动画通过连续播放一系列预先绘制的静态画面来实现运动效果。随着计算机技术在动画制作中的广泛应用，用户能够利用先进的插值技术，在两个静态画面之间生成一系列平滑过渡的动态画面。根据帧的生成方式，计算机动画可大致分为逐帧动画和补间动画两种类型。

1）逐帧动画

在逐帧动画中，每一帧画面均由制作者手动创作，并且所有的帧都是重要表现元素。逐帧动画的制作原理与传统动画方法几乎一致，制作者借助各种软硬件设备逐个绘制每一帧，以实现所需的运动效果。

2）补间动画

在补间动画中，制作者仅需完成动画过程中的两个关键帧（关键画面，即角色或物体运动或变化中的关键动作所处的那一帧）的绘制，而中间的过渡帧则由计算机通过多种插值算法自动生成。这种技术不仅显著提高了动画制作的效率，还能创造出更加流畅和自然的运动效果。

2. 动画素材的格式

根据生成方式、维度的不同，动画往往会采用不同的文件格式。动画素材的常用文件格式及其说明，如表 4-5 所示。

表 4-5　动画素材的常用文件格式及其说明

文件格式	说明
GIF 格式（*.gif）	支持在单个文件中存储多幅彩色图像，图像可以逐帧读取并显示，从而实现基本的动画效果。该格式存在 256 色的限制，常被用于制作简单动画、表情包及其他适合快速传播的视觉内容，尤其在互联网环境中表现出色
APNG 格式（*.apng）	PNG 格式的扩展，能够支持更高的图像质量和更丰富的色彩表现，同时允许在图像中设置透明度并实现动画效果。在需要高保真视觉呈现的场合，APNG 格式是动画图像的更优选择

续表

文件格式	说明
SWF 格式（*.swf）	Adobe Animate 软件生成的补间动画文件的主要存储格式，支持矢量图形、音频和视频元素。该格式曾广泛用于网页动画，但由于安全风险、技术替代及用户体验的提升等问题，现已逐渐被淘汰
SVG 格式（*.svg）	基于 XML 的矢量图形表示方法，支持动画并允许创建可缩放的动态图形。该格式的灵活性和可扩展性使其在网页设计和应用程序开发中尤为适用，成为现代 Web 技术的重要组成部分

二、动画素材的获取与制作

除了可以通过素材光盘、互联网等途径获取动画素材，用户还可以通过专门的工具软件制作动画素材。

一般而言，计算机动画制作工具包括二维动画制作软件和三维动画制作软件两类。常用的二维动画制作软件有 Adobe Animate、Toon Boom Harmony 和万彩动画大师等，三维动画制作软件有 3ds Max 和 Maya 等，它们都拥有图形绘制和动画生成的基本功能。

1）Adobe Animate

Adobe Animate 原名 Adobe Flash，是 Adobe 公司推出的一款功能强大的二维动画制作软件，主要用于创建交互式矢量图和 Web 动画。该软件尤其适合制作卡通动画片和交互式动画内容，是教学的重要工具。

2）Toon Boom Harmony

Toon Boom Harmony 是加拿大著名无纸动画制作系统开发公司 Toon Boom Animation 开发的一款专业的二维动画制作软件，是目前最专业的二维动画制作软件之一，适用于电视动画和网络动画的创作。该软件功能全面，支持多种动画技术，包括传统手绘和数字动画，能够有效满足高端动画的制作需求。

3）万彩动画大师

万彩动画大师是一款专注于简便的二维动画创作的软件，界面友好，适合初学者及小型项目。该软件提供了多种现成的动画模板和丰富的动画特效，用户可以使用这一软件轻松制作企业宣传动画、动画广告、多媒体课件和微课等。

4）3ds Max

3ds Max 是美国 Autodesk 公司推出的一款集三维建模、动画和渲染于一体的高级软件，广泛应用于游戏开发、影视制作和建筑可视化等领域。凭借强大的功能与灵活性，3ds Max 已成为行业专业人士的热门选择。

5）Maya

Maya 是美国 Autodesk 公司出品的业界领先的三维动画软件，提供强大的建模、动画和渲染功能，在影视特效和角色动画方面的表现尤其出色。Maya 配备丰富的工具与插件，为专业动画师提供了广阔的创作空间，成为高端动画创作的重要工具。

现代教育技术

任务实践——制作奥运会奖牌数竞猜动画

为了庆祝中国奥运健儿在2024年巴黎奥运会上取得优异成绩,新学期的第一课,宋老师策划了一场别开生面的有奖问答活动。为了增强活动的趣味性,宋老师使用万彩动画大师制作了一段"奥运会奖牌数竞猜动画",如图4-18所示。下面以制作奥运会奖牌数竞猜动画为例,学习使用万彩动画大师制作动画的一般方法。

制作奥运会奖牌数竞猜动画

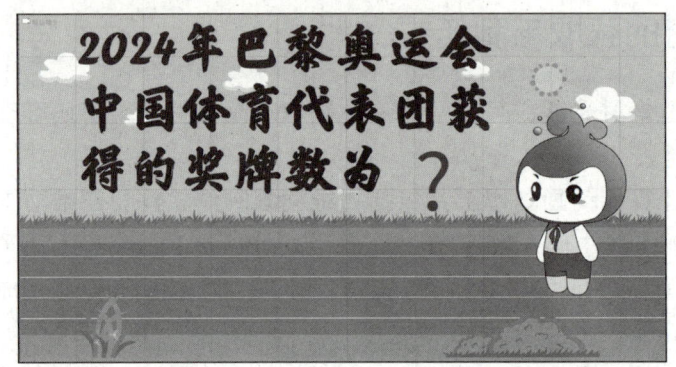

图4-18 奥运会奖牌数竞猜动画

步骤 1 进入万彩动画大师的工程界面。启动万彩动画大师软件(以万彩动画大师软件3.0.713为例),单击主界面左上角的"新建工程"按钮,在弹出的"新建工程"对话框中单击"新建工程"按钮,进入万彩动画大师的工程界面,如图4-19所示。

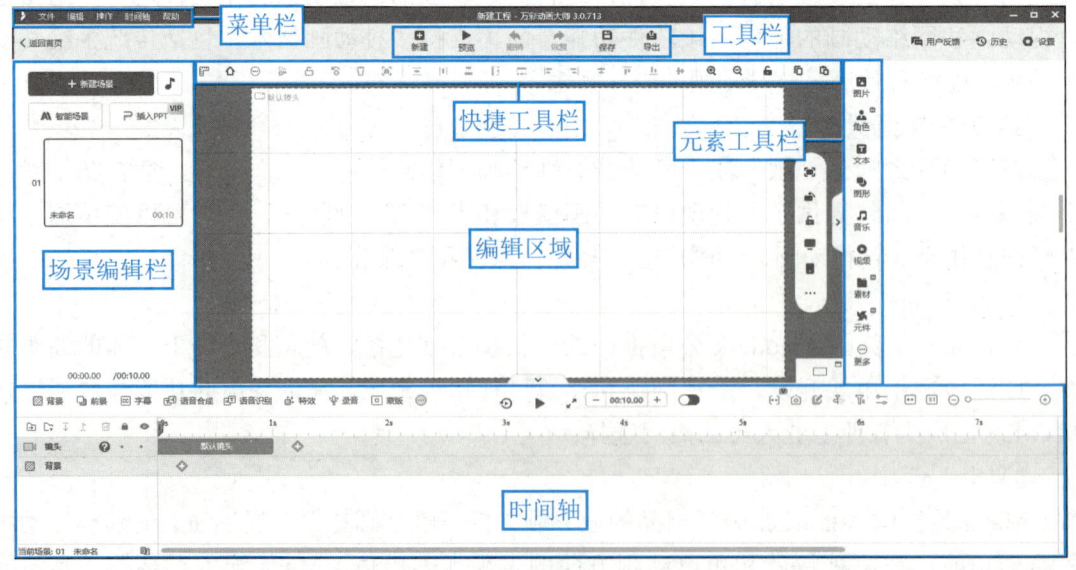

图4-19 万彩动画大师的工程界面

项目四　多媒体教学素材

步骤 **2**　添加背景素材。单击"时间轴"面板中的"背景"按钮，右击新建的"背景"轨道，在弹出的快捷菜单中选择"添加背景"选项，如图4-20所示。然后在弹出的对话框中单击"漂浮背景"选项卡，再选中左下角的跑道背景，如图4-21所示。

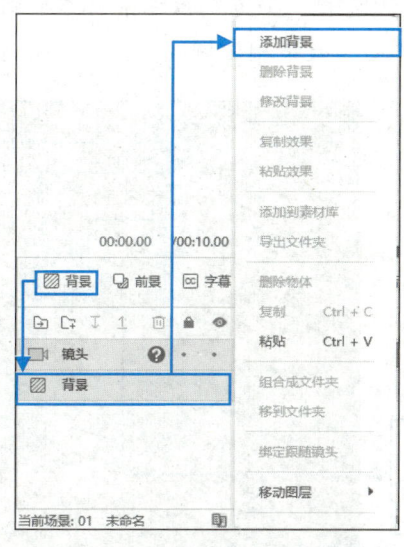

图4-20　"背景"轨道的快捷菜单

图4-21　"添加背景"对话框

步骤 **3**　添加文本素材。单击元素工具栏中的"文本"按钮，在右侧窗格中选择所需的文本样式，即可将其应用到画布上。接着，在画布上新添加的文本框内将示例文字修改为"2024年巴黎奥运会中国体育代表团获得的奖牌数为"，拖动文本框中心及四周的控制点调整其位置和大小等属性，使其与整体动画效果相协调，如图4-22所示。随后，重复上述步骤再次添加文本框，将示例文字修改为"？"，并在右侧窗格中设置其字体颜色为深红色。

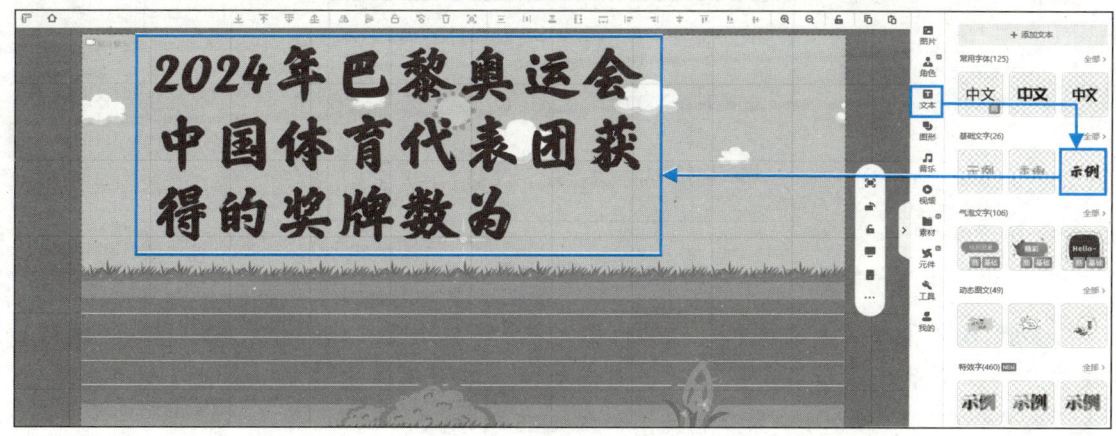

图4-22　添加并编辑文本

步骤 4 添加"小方"角色素材。单击元素工具栏中的"角色"按钮,在右侧窗格中单击"官方角色"右侧的"所有"按钮,进入所有官方角色窗格,在搜索框中输入"小方"进行搜索。单击搜索结果中的"小方"角色,在弹出的对话框中选择"站—加油"动作按钮,如图 4-23 所示。成功将"站—加油"的"小方"角色素材添加到画布上后,通过拖动调整素材的位置和大小,使其与整体动画效果相协调。

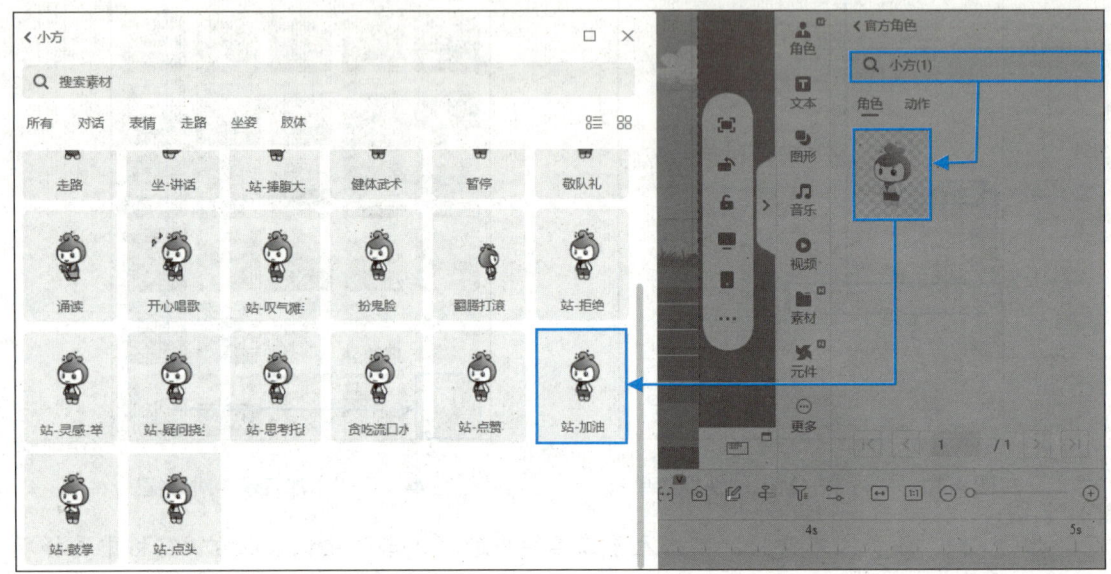

图 4-23 添加"小方"角色素材

步骤 5 设置素材时间信息。双击"时间轴"面板中的"2024 年……"轨道,在右侧的窗格中将其进场时长设置为第 0 秒到第 1 秒,退场时长设置为第 6 秒到第 7 秒,如图 4-24 所示。重复以上步骤,对"？"和"小方"轨道的时间信息进行同样的设置。

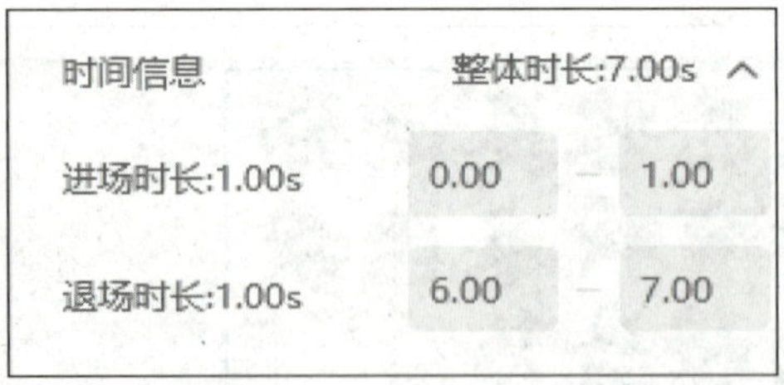

图 4-24 设置文本时间信息

步骤 6 设置素材时间轴。分别拖动"背景"轨道中"漂浮背景"的入点和出点,使其分别位于第 0 秒和第 6 秒处。分别拖动"小方"轨道中"站—加油"的入点和出点,使其分别位于第 0 秒和第 7 秒处,如图 4-25 所示。

项目四 多媒体教学素材

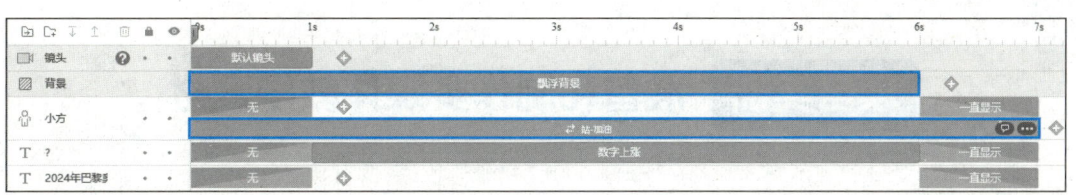

图 4-25　设置素材时间轴

步骤 7　设置素材动画效果。单击"时间轴"面板"?"轨道中的"插入效果"按钮，在弹出对话框的搜索框中输入"数字上涨"进行搜索，单击搜索结果中的"数字上涨"动画按钮，在对话框右侧的"动画设置"区域将重复次数设置为1，重复时长（秒）设置为5，开始值设置为0，结束值设置为91，单击"确定"按钮，保存动画效果，如图 4-26 所示。

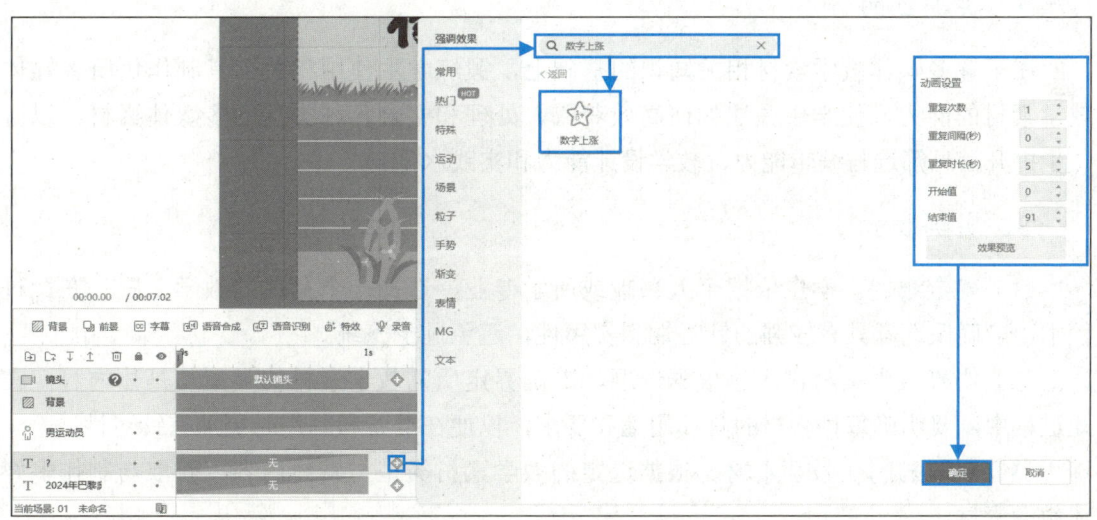

图 4-26　设置数字上涨效果

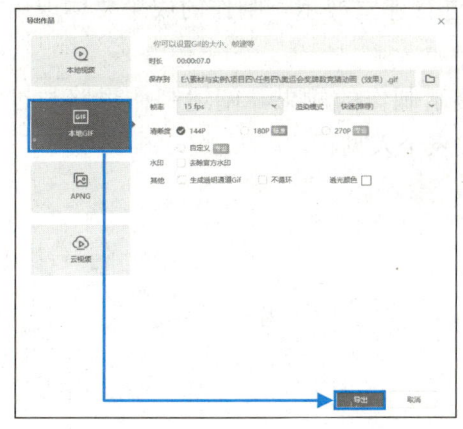

步骤 8　导出动画并保存工程文件。在编辑区域预览播放效果，对效果满意后，单击工具栏中的"导出"按钮，在打开的"导出作品"对话框中对动画的导出格式进行设置，可根据需求导出为"本地视频""本地 GIF"或"APNG"格式，这里选择将动画导出为"本地 GIF"，单击"导出"按钮导出动画，如图 4-27 所示。关闭"导出作品"对话框，按"Ctrl+S"组合键保存工程文件。

图 4-27　"导出作品"对话框

项目实训　准备和制作多媒体教学素材

1. 实训背景

在信息化教学背景下，多媒体教学素材的运用日益频繁。在教学过程中合理地使用多媒体素材表现教学内容，能够显著增强教学内容的吸引力，激发学生的学习兴趣，提高学生的参与度，进而提升教学效果和学生的学习体验。因此，学会准备和制作多媒体教学素材，对于提高教学质量至关重要。本项目实训将带领大家学习准备和制作多媒体教学素材的通用方法和步骤。

2. 实训目的

在了解多媒体教学素材相关知识的基础上，锻炼学生使用相关工具制作优质多媒体教学素材的能力，使学生关注如何高效获取、处理和整合各种类型的多媒体素材，以进一步提升信息筛选与编辑能力、教学设计能力和实践水平。

3. 实训步骤

（1）确定选题。学生依据个人兴趣或所学专业，选择一个具体的教学主题。在此过程中，应确保选题具有较强的针对性和实用性，避免过于笼统。

（2）明确教学素材需求。根据选题，准确界定所需教学素材的类型与具体内容。在此过程中，要明确每种素材的具体用途和要求，以便在准备和制作时更加有针对性。

（3）获取与制作教学素材。根据选定的教学素材类型与具体内容，获取与制作多媒体教学素材。

（4）整理教学素材并形成展示成果。学生将制作好的多媒体教学素材采取视频或课件的形式，按照一定的逻辑组织起来，以备下一步进行课堂展示。制作的成果要体现出创新性，争取做到独树一帜。

（5）学生在课堂上进行展示汇报。内容包括展示制作的成果，阐述制作思路与过程。在展示汇报结束后，进行课堂自由讨论，学生发表个人见解。

（6）教师评价总结。

项目四　多媒体教学素材

项目总结

为了帮助读者更好地掌握本项目所学内容，下面通过一张思维导图直观地呈现所有知识要点，如图 4-28 所示。

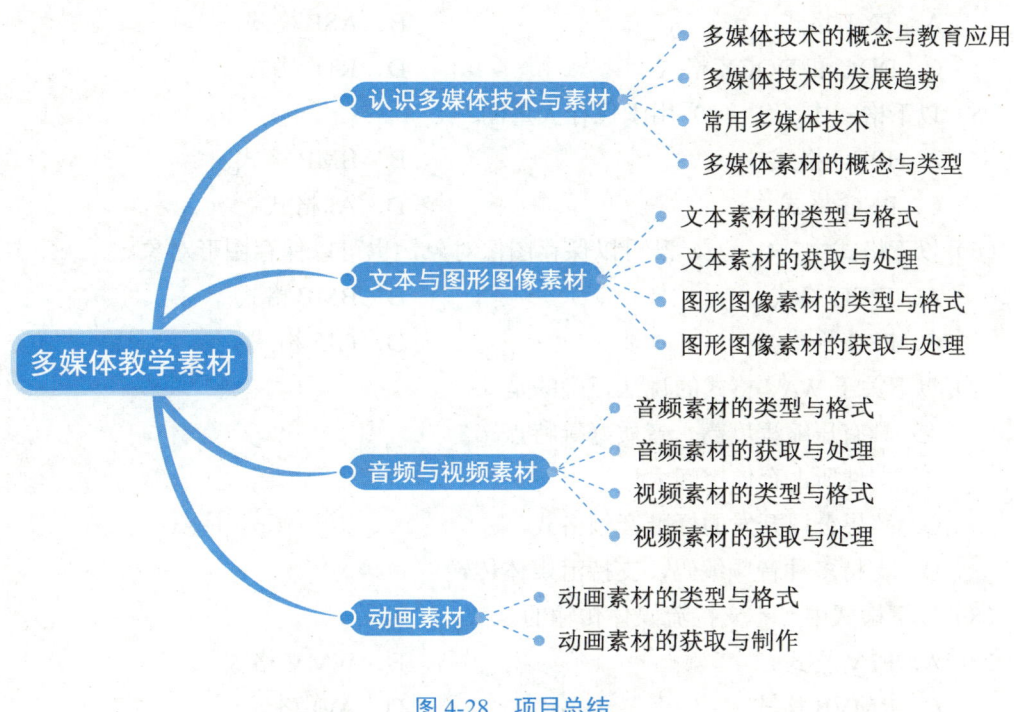

图 4-28　项目总结

项目考核

1. 选择题

（1）常用多媒体技术不包括（　　）。

　　A．数字技术　　　　　　　　　　　B．模拟技术

　　C．多媒体素材获取与处理技术　　　D．流媒体技术

（2）（　　）是由点、线、面、体构成的黑白或彩色几何图。

　　A．图形　　　　　　　　　　　　　B．位图

　　C．图像　　　　　　　　　　　　　D．点阵图

（3）当用户对原始数据的完整性要求较高时，素材处理过程中应尽量避免使用（　　）技术。

　　A．压缩　　　　　　　　　　　　B．流媒体

　　C．有损压缩　　　　　　　　　　D．编码

（4）（　　）是支持跨软件和平台存储文本信息的文件格式，即可以在不同软件和平台之间交换文本文件时保持字体、颜色等格式信息不变。

　　A．TXT 格式　　　　　　　　　　B．ASP 格式

　　C．DOC 和 DOCX 格式　　　　　　D．RTF 格式

（5）以下格式中，（　　）用于保存矢量图。

　　A．JPEG 格式　　　　　　　　　 B．BMP 格式

　　C．PNG 格式　　　　　　　　　　D．AI 格式

（6）以下格式中，（　　）既可以保存图像对象，也可以保存图形对象。

　　A．JPEG 格式　　　　　　　　　 B．BMP 格式

　　C．PSD 格式　　　　　　　　　　D．GIF 格式

（7）以下关于 WAV 格式的说法正确的是（　　）。

　　A．具有压缩程度高、音质好等特点

　　B．文件所占存储空间大

　　C．苹果公司开发的标准音频格式

　　D．支持多种音频编码，支持流媒体传输

（8）以下格式中，不支持流媒体传输的是（　　）。

　　A．FLV 格式　　　　　　　　　　B．WMV 格式

　　C．RMVB 格式　　　　　　　　　 D．AVI 格式

（9）在（　　）的制作过程中，制作者仅需完成两个关键帧的绘制，而中间的过渡帧则由计算机通过多种插值算法自动生成。

　　A．逐帧动画　　　　　　　　　　B．模拟视频

　　C．补间动画　　　　　　　　　　D．数字视频

2．填空题

（1）多媒体技术是指利用计算机对_____、_____、_____、_____和_____等多种媒体信息进行数字化采集、编码、处理及存储，以建立逻辑关系和人机交互作用的技术。

（2）压缩技术通常包括_____和_____两种。

（3）音频是指能够被人耳感知到的频率范围为_____的声波。

（4）音频素材可大致分为_____、_____和_____三种类型。

（5）无损压缩采用高效的压缩算法，如_____、_____等，可以在减少数据冗余的同时确保信息的精确性和可靠性。

（6）流媒体技术是指通过互联网实时传输_____和_____数据的流式传输技术。

3. 简答题

（1）简述图形与图像的区别。

（2）什么是 RGB 色彩模型？

（3）简述音频素材的类型。

（4）简述视频与动画的区别。

（5）简述逐帧动画的制作原理。

4. 实践题

（1）利用创客贴设计一张班级文化宣传海报，展示班级特色与文化理念。

（2）录制一段与班级文化宣传相关的音频，内容包括班级简介、所获荣誉或奖励等信息，以展现班级风采，并使用 GoldWave 软件对音频进行后期处理。

（3）使用万彩动画大师制作一段生动的班级文化宣传动画，吸引大家关注自己的班级。

项目评价

完成所有学习任务之后，请按照以下要求进行项目评价。

全班同学每 3～5 人一组，各组成员结合课前、课中和课后的学习情况，以及项目实训和项目考核的完成情况，按照表 4-6 中的评价标准对本项目的学习效果进行自评和互评（组内成员互相打分），并请教师进行总体评价，学生根据评价结果进行总结。

表 4-6　学习效果评价表

评价项目	评价内容	评价分数			
		分值	自评	互评	师评
知识 （30%）	多媒体技术的概念、教育应用、发展趋势，以及常用多媒体技术	10 分			
	多媒体素材的概念与类型	5 分			
	文本、图形图像、音频、视频和动画素材的类型与格式	10 分			
	各种多媒体素材的获取途径、处理或制作工具	5 分			
技能 （50%）	使用相关工具处理文本与图形图像素材	20 分			
	使用相关工具处理音频与视频素材	20 分			
	使用相关工具制作动画素材	10 分			
素养 （20%）	遵守课堂秩序，展现良好学习态度	5 分			
	具有自主学习意识，做好课前准备	5 分			
	积极参与教学活动，善于思考、提问和探索创新	5 分			
	具有团队合作精神，高效解决问题，出色完成实践任务	5 分			
总评	综合得分：_____	100 分			
	综合等级：_____	教师签字：_____			
总结	最突出的表现（创新或进步）： 还需改进的地方（不足或缺点）：				

注：综合得分＝自评（25%）＋互评（25%）＋师评（50%）；综合等级可以"优"（综合得分≥90 分）、"良"（80 分≤综合得分＜90 分）、"中"（60 分≤综合得分＜80 分）、"差"（综合得分＜60 分）为标准进行评价。

项目五 多媒体课件与微课

项目导读

多媒体课件与微课凭借生动的画面、丰富的音效及直观的交互设计，为学生构建了一个多彩、立体的学习环境。如何系统地制作高质量的多媒体课件与微课，一直是很多教师十分关注的问题。本项目主要介绍多媒体课件与微课的相关知识，包括认识多媒体课件、多媒体课件制作要点、认识微课、微课视频制作要点等内容。

学习目标

知识目标
- 了解多媒体课件与微课的概念、特点、类型及作用。
- 熟悉多媒体课件与微课视频的制作原则、制作软件及制作流程。

能力目标
- 能够使用相关软件制作课堂演示型多媒体课件。
- 能够使用相关软件制作微课视频。

素质目标
- 将理论与实践相结合，提高资源整合和技术应用能力。
- 激发创新思维，提升设计水平，增强职业责任感。

现代教育技术

> **引导案例** 教学应用创新设计打造育人新体验

2023 年 10 月 19 日，2023 年虚拟现实教学应用创新大赛在江西省南昌市举行。来自全国的 37 个高校团队同台竞技，呈现了一场精彩纷呈的科技教育盛宴。

虚拟现实教学应用创新大赛的前身是江西省高校 VR 课件设计与制作大赛，该比赛自 2019 年起已连续举办四届，每届都得到全省高校的积极响应，并在全国高校间掀起了运用新技术改革创新人才培养模式的新高潮。四届大赛共计培训教师人才 1 000 余名，产生优质 VR 课件 700 余件。图 5-1 为大赛官网展示的往届优秀作品。

图 5-1　电力塔无人机巡检 VR 课件

为了进一步提升虚拟现实教学应用创新大赛的影响力和实用性，2023 年的大赛进行了优化升级，分为技术创新赛道和教学应用赛道。技术创新赛道鼓励参赛者展示 VR、AR、MR、AI 等新兴技术与教育的融合创新；教学应用赛道则要求参赛者利用虚拟现实教学平台，设计并实施专业课程的教学应用方案。参赛者的提交内容包括创新设计方案、创新设计 PPT 或教学课件、演示视频等。

VR 技术作为新一代信息技术的重要组成部分，正在教育领域迅速崛起。它打破了现实与虚拟的界限，为教育提供了全新的可能性和手段。江西省教育厅高等教育处相关负责人表示："VR 技术的广泛应用有助于推动教育现代化，培养高质量的复合型人才，对于推动数字经济发展和 VR 产业的跨越式发展具有重要意义。"

此次大赛的成功举办，不仅展示了我国 VR 技术在教育领域的应用成果，也为未来的教育发展提供了新的思路和方向。

（资料来源：毛思远、帅筠，《江西南昌：2023 年虚拟现实教学应用创新大赛举行》，人民网，2023 年 10 月 19 日）

> **请思考：**
> VR 教学课件和视频等教学应用创新设计，可以对教育教学产生哪些积极影响？

项目五 多媒体课件与微课

任务描述

多媒体课件是现代教育技术的重要组成部分和具体表现形式。随着信息技术的飞速发展,特别是互联网、多媒体技术和教育理念的融合,多媒体课件已成为提升教学质量、丰富教学手段、激发学生学习兴趣的重要工具。在本任务中,我们将学习多媒体课件的概念、特点、类型、作用等内容,为后续制作多媒体课件奠定基础。

任务准备

小美是一名三年级的学生,她非常喜欢上王老师的数学课。不仅因为王老师温和细致的讲课风格,更因为王老师总是能够运用生动有趣的多媒体课件,将原本看起来很枯燥的数学知识讲解得生动形象、通俗易懂。

因此,每当数学课的上课铃声响起,小美便安静坐好,目光紧紧注视着大屏幕。王老师轻点鼠标,屏幕上随即出现各种各样的图形和动画。在讲解"加减法"一节内容时,王老师利用多媒体课件实施了"数字王国探险"活动,让学生化身为探险家,通过解决计算距离和分配资源等数学问题掌握相关知识,体会数学的实用性。此外,王老师还在课件中适时穿插了一些互动环节,如小游戏、小测验等。小美总是积极参与,和同学们比拼答题速度,享受挑战的乐趣。每当答对题目时,屏幕上出现的鼓励动画更是让她备感自豪和快乐。

请同学们结合上述材料思考以下问题。

(1)王老师是如何有效地让学生保持对数学的学习兴趣和掌握数学知识的?

(2)王老师设计的多媒体课件包含了哪些教学素材?这些教学素材发挥了什么作用?

一、多媒体课件的概念与特点

1. 多媒体课件的概念

课件是指在教学理论和学习理论的指导下,根据教学大纲的要求,经过教学目标确定、教学内容分析、教学活动设计及界面设计等步骤而制作成的课程软件。

多媒体课件是指使用计算机在特定的平台对文本、图形图像、音频、视频和动画等进行处理和有机整合的辅助教学软件,通常以电子形式存在。它通过投影仪、电脑屏幕等将整合的成品展示给学生，以帮助学生更好地理解和记忆知识内容，提高学生的学习效率。

2. 多媒体课件的特点

多媒体课件作为重要的教学工具，具有直观性、交互性、集成性、多样性、共享性、艺术性等特点。

（1）直观性。多媒体课件能够通过各种多媒体教学素材，直观地展示复杂或抽象的知识，以帮助学生更好地理解和掌握知识。

（2）交互性。多媒体课件提供了友好的用户界面，支持学生主动操作，与课件进行互动，以促进学生对知识的深入理解和应用。

（3）集成性。多媒体课件集成了不同媒体形式，结合了各种先进技术，以构建高效的教学平台。

（4）多样性。多媒体课件内容丰富、形式灵活，能够满足不同学科和不同学生的需求，并随着技术的进步不断融入新兴技术（如VR、AR等），以提升育人体验。

（5）共享性。多媒体课件可以通过网络进行传播和共享，打破了传统教学中时间和空间的限制。教师和学生可以随时随地访问和使用这些课件，促进了教育资源的均衡分配和有效利用。

（6）艺术性。优秀的多媒体课件不仅注重内容的准确性和科学性，还非常注重艺术性的表现。课件的界面设计、色彩搭配、动画效果等都需要经过精心构思，以吸引学生的注意力，激发学生的学习兴趣，提升学生的学习体验。

二、多媒体课件的类型

多媒体课件因其多样性和灵活性，存在多种分类方式。这些分类方式并非孤立存在，而是相互交织。一个多媒体课件往往同时归属于多个类别。常见的多媒体课件分类方式包括按教学功能分类、按制作结构分类和按开发技术分类。

1. 按教学功能分类

按照教学功能的不同，多媒体课件可分为助教型多媒体课件、助学型多媒体课件、训练练习型多媒体课件、模拟实验型多媒体课件和教学游戏型多媒体课件。

（1）助教型多媒体课件：教师为帮助学生理解某些教学重难点而制作的多媒体课件。助教型多媒体课件主要用于在课堂环境中生动地演示学科知识，因此也称为课堂演示型多媒体课件。

（2）助学型多媒体课件：以方便学生进行人机交互为核心理念而制作的多媒体课件。助学型多媒体课件一般设计为非线性网状结构，允许学生根据自己的需求和兴趣选择学习路径。

（3）**训练练习型多媒体课件**：旨在帮助学生练习和巩固所学知识，主要内容以与课程知识相关的练习题为主的多媒体课件。训练练习型多媒体课件能够根据学生的回答提供即时反馈（如正确答案、错误提示、解析说明等），以帮助学生及时了解自身的学习状况并调整学习策略。此外，训练练习型多媒体课件还具备根据学生的学习情况自动调整练习难度的功能，从而实现个性化教学。

（4）**模拟实验型多媒体课件**：通过模拟某些实验的过程、展示实验现象和结果，来帮助学生深入理解某些科学原理和实验方法的多媒体课件。模拟实验型多媒体课件借助仿真技术和虚拟现实技术等模拟真实的实验环境，使学生能够在安全、便捷的环境中进行实验学习和操作，是科学教育和实验教学中不可或缺的工具。

（5）**教学游戏型多媒体课件**：通过将学习内容与游戏元素相结合，以游戏化的方式激发学生的学习兴趣和动力的多媒体课件。教学游戏型多媒体课件通常具有挑战性、趣味性和互动性等特点，以让学生在轻松愉快的氛围中学习和掌握知识。

2．按制作结构分类

按照制作结构的不同，多媒体课件可分为直线型多媒体课件、分支交互型多媒体课件、模块型多媒体课件和积件型多媒体课件。

（1）**直线型多媒体课件**：严格遵循线性流程，按照预设顺序逐一展示教学内容的多媒体课件。直线型多媒体课件没有分支或跳转选项，制作相对简单，适合基础知识传授或演示性质的教学。

（2）**分支交互型多媒体课件**：通常会设置多个分支点的多媒体课件。分支交互型多媒体课件在每个分支点都会提供不同的选项或问题，学生可以根据个人兴趣、需求和能力自主选择学习路径，以增强学习的互动性和个性化体验。

（3）**模块型多媒体课件**：将教学内容划分为主控模块和若干个功能模块的多媒体课件。主控模块控制着功能模块，各功能模块之间既相互独立又相互联系，学生可以根据自己的需求选择学习某个或某些模块。

（4）**积件型多媒体课件**：由大量、可重复使用的教学素材（积件）组成的多媒体课件。积件型多媒体课件不是一个固定的整体，教师和学生可以根据教学需求和学习目标，灵活组合这些素材，构建出个性化的教学内容和学习环境。

3．按开发技术分类

按照开发技术和软件的不同，多媒体课件可分为 PPT 型多媒体课件、Authorware 型多媒体课件、Flash 动画型多媒体课件和网站网页型多媒体课件等。

（1）**PPT 型多媒体课件**：利用 Microsoft PowerPoint 等软件制作的多媒体课件。PPT 型多媒体课件以幻灯片的形式展示教学内容，通常具有直观性、易用性及广泛适用性等特点，是教育实践中最为通用的课件类型。

（2）Authorware 型多媒体课件：利用 Macromedia Authorware 软件制作的多媒体课件。Authorware 型多媒体课件通常具有高交互性和灵活性的特点，能够设计复杂的交互逻辑、动画效果和用户界面，适合制作需要定制和交互性的教学软件。

（3）Flash 动画型多媒体课件：利用 Adobe Animate 软件制作，以动画为主要表现形式的多媒体课件。Flash 动画型多媒体课件适合呈现动态效果丰富、需要强烈视觉吸引力的教学内容。

（4）网站网页型多媒体课件：利用网页设计技术和工具（如 HTML、CSS、JavaScript、数据库等）开发，并可以发布到互联网上供学生访问的多媒体课件。网站网页型多媒体课件通常由多个页面组成，每个页面承载不同的教学内容，通过超链接实现页面间的跳转和导航。网站网页型多媒体课件具有高度的灵活性和可扩展性，支持复杂的教学设计和互动功能。

三、多媒体课件的作用

多媒体课件作为一种有效的计算机辅助教学工具，在教育教学中发挥着重要作用。

（1）集成多元信息，拓宽学生知识视野。多媒体课件集成了文本、图形图像、音频、视频等多种媒体形式，相比传统教材提供了更为丰富和多元的信息资源。这种多媒体呈现方式不仅使知识更加直观易懂，还拓宽了学生的知识视野，有助于他们深入理解并记忆知识，进而拓展认知的深度和广度。

（2）设计交互界面，激发学生主动探索。多媒体课件通常设计有交互界面，允许学生根据自身的学习进度和兴趣进行自主选择。这种交互性不仅提高了学生的参与度，还激发了他们的学习动力。通过点击、拖拽等操作与课件互动，学生能即时获得反馈，从而更加积极地参与到学习过程中，这有助于培养他们的自主学习能力和解决问题的能力。

（3）融合视听元素，增强学生学习兴趣。多媒体课件巧妙地将图文、声像等多种元素融合在一起，创造了一个生动有趣的学习环境。这种多媒体的呈现方式有效地吸引了学生的注意力，增强了他们的学习兴趣和好奇心，使学习过程变得更加愉悦和高效。

（4）提供灵活控制，支持学生个性学习。多媒体课件具备灵活的控制功能，允许学生根据自己的学习风格和认知水平调整学习路径和节奏。这种灵活性为学生提供了个性化的学习体验，使他们能够根据自己的需要随时调整学习计划，实现随机通达学习，从而提高学习效率。

任务实践——获取与简单处理多媒体课件

随着技术的不断进步,多媒体课件已从单纯的图文展示,发展为集多种多媒体素材和交互功能于一体的综合教学工具。希沃白板作为一款具有代表性的工具,提供了丰富且多样的多媒体教学素材和课件资源,涵盖多个教育阶段和学科领域。用户不仅可以在希沃白板上获取各种多媒体课件,还可以根据需求自行创建或修改多媒体课件。下面学习使用希沃白板获取与简单处理多媒体课件的一般方法。

获取与简单处理多媒体课件

步骤 1 进入希沃白板。启动希沃白板软件(以希沃白板 5 为例),进入其登录界面,如图 5-2 所示。如果用户已有希沃账号,可以直接输入账号和密码,随后单击"登录"按钮进入"云空间"界面。如果没有,可单击"注册账号"按钮,进入注册界面并按照流程注册希沃账号,注册成功后将自动登录并进入"云空间"界面。

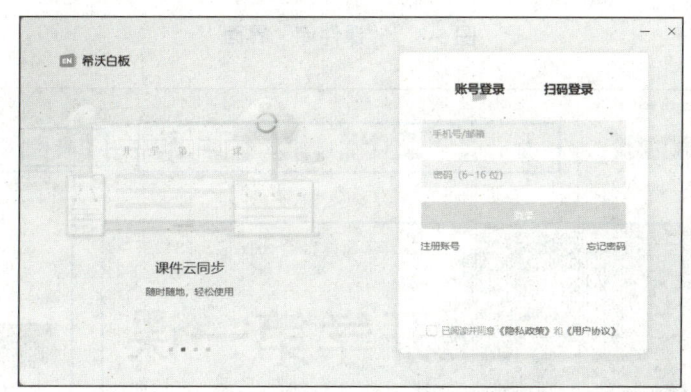

图 5-2 登录界面

步骤 2 获取多媒体课件。在左侧窗格中单击"课件库"按钮,跳转至"课件库"界面。在"课件库"界面上方的搜索框内输入想要获取的课件主题,如"开学第一课",按回车键即可显示该平台中所有以"开学第一课"为主题的多媒体课件资源,如图 5-3 所示。根据需要选择合适的课件资源,单击对应资源右下角的"获取"按钮,即可将该课件保存到自己的"云空间"中。

步骤 3 简单处理多媒体课件。在左侧窗格中单击"云空间"按钮,跳转至"云空间"界面。在右侧的课件列表中单击刚刚获取的多媒体课件,即可进入该课件的"备课"界面,如图 5-4 所示。用户可以根据需要在该界面中对获取到的多媒体课件的内容进行修改。例如,单击主讲人姓名对应的文本框,将主讲人姓名改为自己的名字,或根据实际需求对多媒体课件中相应幻灯片的图片、视频、动画效果等进行替换或调整。

图 5-3 "课件库"界面

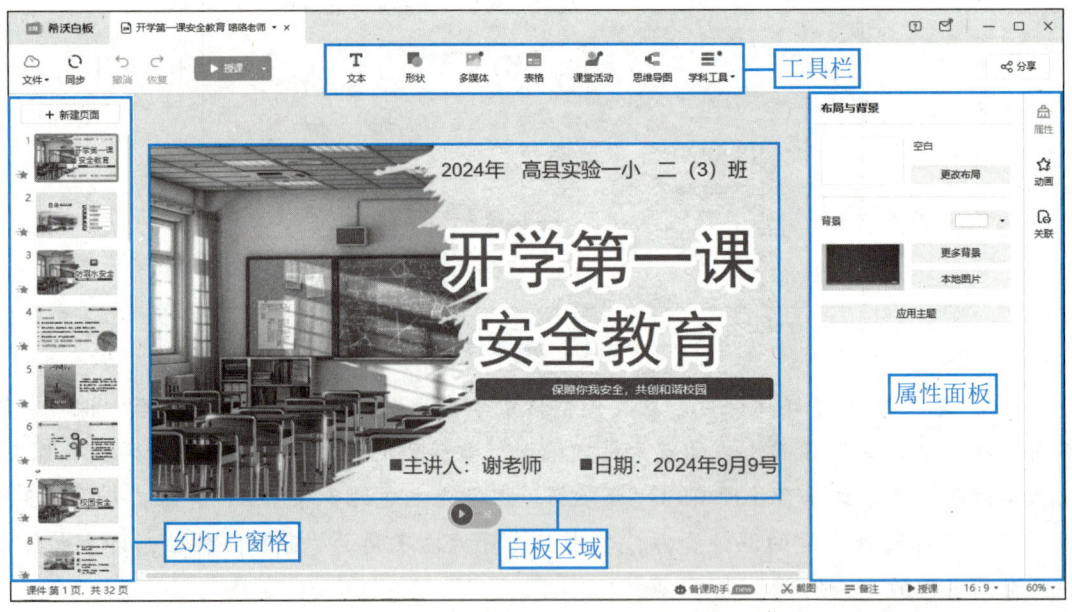

图 5-4 "备课"界面

项目五 多媒体课件与微课

任务二 多媒体课件制作要点

任务描述

多媒体课件作为教学的重要辅助工具,其制作质量直接影响着教学效果与学生的学习热情。精心设计的多媒体课件不仅能够精准传递知识要点,还能够通过视觉与听觉等多重刺激极大地激发学生的学习兴趣和主动性。在本任务中,我们将学习多媒体课件的制作原则、制作软件和制作流程,了解如何制作优质的多媒体课件。

任务准备

李老师是一位小学科学教师。为了激发学生对科学的兴趣,他决定制作一系列主题为"探索自然奥秘"的多媒体课件。他的制作过程严谨而高效,主要包括以下几个步骤。

首先,李老师明确了每节课的核心教学主题,例如,"揭示植物光合作用的秘密""追踪动物的迁徙之旅"。在选定主题后,他挑选了关键科学概念,通过循序渐进的方式引导学生逐步深入探索相关内容。接下来,为了增强课件的吸引力和直观性,李老师制作了多种教学媒体素材。例如,在以"揭示植物光合作用的秘密"为主题的多媒体课件制作过程中,他制作了细胞内部结构的3D动画,并将其放在了课件中的合适位置,生动展示了能量转换过程。同时,为了增强课件的互动性,他设置了实时反馈机制,以确保学生在学习过程中能够及时获得反馈与激励。例如,每当学生完成互动任务或回答问题时,系统会即时显示结果,并对表现优秀的学生给予正面激励。此外,李老师还在每个多媒体课件的最后设置了"知识拓展"版块,以拓宽学生的知识面,促进学生对知识的深入理解。

请同学们结合上述材料思考以下问题。

(1)李老师制作的多媒体课件具有哪些特色?

(2)李老师制作的多媒体课件还有哪些改进的空间?

一、多媒体课件制作原则

为了确保多媒体课件能够高效、准确地传递教学信息,激发学生的学习兴趣和积极性,在多媒体课件制作的过程中,应当遵循教育性、科学性、结构性、交互性、技术性和艺术性等原则。

1. 教育性原则

多媒体课件的首要目的是传递教学信息。为此，多媒体课件及其嵌入的素材必须确保内容清晰、准确，避免歧义和误导。对于教师而言，应在制作时考虑多媒体课件界面的简洁性、布局的合理性、教学重点的突出性等。

2. 科学性原则

在传递教学信息的过程中，确保信息的科学性和准确性至关重要，这需要教师在深入掌握相关学科知识的基础上，进行多媒体课件的制作。多媒体课件中引用的数据、案例均应基于可靠事实，并能够帮助学生在学习中构建坚实的知识框架。也就是说，任何信息的呈现均须经过严格筛选与验证，确保准确无误。

3. 结构性原则

结构性原则要求多媒体课件应展现出清晰的逻辑脉络与层次分明的信息架构。对于教师而言，在制作多媒体课件时应做到合理划分教学模块、明确界定模块间关系，以实现引导学生循序渐进地理解并记忆知识点的目的。

4. 交互性原则

交互性是现代多媒体课件的重要特点之一。对于教师而言，在制作多媒体课件时可以合理融入互动元素，如问答、游戏、讨论、模拟实验等，以激发学生的探索欲与合作精神，促进学生自主学习能力的提升。

5. 技术性原则

技术性原则是指多媒体课件制作应遵循一系列技术标准和实践逻辑，以确保课件能够在各种设备和环境下高效、稳定地运行，实现教学内容的有效传递和学生的良好学习体验。

6. 艺术性原则

艺术性原则不仅要求多媒体课件具备视觉美感，更要求其能够深化教学信息的传递，并营造恰当的学习氛围。教师应精心规划多媒体课件的版面布局、色彩搭配和元素排列，以确保整体风格的协调统一，同时考虑色彩在情感表达和视觉引导中的作用。此外，合理设计内容的显示顺序、呈现时长和动画效果，可以有效提升多媒体课件的吸引力和教学效果，从而更好地促进学生的参与。

二、多媒体课件制作软件

随着信息技术的快速发展，涌现出了许多功能强大且各具特色的多媒体课件制作软件。常用的多媒体课件制作软件包括 Microsoft PowerPoint、Adobe Animate、Authorware

和几何画板等。

1. Microsoft PowerPoint

Microsoft PowerPoint 是微软公司推出的一款专业演示文稿制作软件，广泛应用于教育及日常演示场景。使用该软件，用户可以轻松制作集文本、图形图像、表格、音频、视频及动画等元素于一体的演示文稿。Microsoft PowerPoint 是最为简单易用的多媒体课件制作软件之一，即便是初学者也能快速上手，制作出效果不错的多媒体课件，适合需求较为简单的教育或展示场景。

> **提示**
>
> 除了 Microsoft PowerPoint，常用的演示文稿制作软件还有 WPS 演示、101 教育 PPT、Focusky 万彩演示大师、希沃白板等。

2. Adobe Animate

Adobe Animate 虽然是一款功能强大的 2D 动画制作软件，但用户也可使用这款软件制作分支交互型多媒体课件。当用户想要制作具有丰富动画效果和良好交互体验的多媒体课件时，Adobe Animate 是一个理想选择。该软件提供强大的图形绘制和动画制作功能，使创作者能够实现动画展示和用户交互。因此，该软件被广泛应用于复杂动画和强交互性课件的制作。

3. Authorware

Authorware 是 Macromedia 公司（已被 Adobe 公司收购）推出的一款基于图标和流程线的多媒体设计软件。Authorware 不仅支持广泛的媒体素材格式，还内置了丰富的函数库和强大的控制机制，为开发者提供了极高的灵活性和控制力。因此，Authorware 能够胜任从简单到复杂的各种多媒体课件的设计与制作工作。

4. 几何画板

几何画板是一款用于数学教学和图形绘制的多媒体制作软件，主要以点、线、圆为基本元素，通过对这些基本元素进行变换和计算等操作，制作出较为复杂的图形和动态效果，尤其适用于制作数学和物理课件。

三、多媒体课件制作流程

多媒体课件制作必须考虑到教育性的要求，要以教学设计理论为指导，对课件的内容、过程、结构、界面等进行合理选择与设计，这样才能使制作的多媒体课件符合教学规律，使教学效果最优化。多媒体课件制作是一项富有创造性的工作，通常包括确定主题、内容构思与逻辑设计、搜集与制作素材、系统制作、测试与优化等步骤。

1. 确定主题

确定主题是多媒体课件制作流程的第一步。教师应根据课程大纲、教学重难点、学习目标和学生的认知水平等，系统地选择并确定多媒体课件的主题。首先，教师需要全面梳理课程大纲，识别关键的教学内容，以确保多媒体课件的主题能体现知识的概念、技能的应用和思维的拓展等方面，并且聚焦于学生需要掌握的核心知识；其次，教师需要明确课件希望达成的具体学习目标，包括学生对知识的理解、技能的提升和应用能力的增强程度，以设定明确的方向；最后，教师还需考虑学生的实际情况，确保所选主题与学生的需求高度相关，以提高学生学习的针对性和有效性。

2. 内容构思与逻辑设计

在确定主题后，教师应进行多媒体课件内容的构思与逻辑设计。首先，教师需梳理课程内容，明确各知识点之间的关系和逻辑结构，设计出清晰的知识框架，以便在课件中有条理地呈现。同时，教师需考虑如何通过多媒体素材（如视频、动画、图表等）帮助学生更好地理解这些知识，并引导学生逐步深入学习。此外，在逻辑构思的过程中，教师应设定好每个模块或章节的目标、学习的起点和终点，以确保学生在学习过程中的连贯性并减少认知负荷。

3. 搜集与制作素材

在完成多媒体课件的主题分析、内容构思和逻辑设计后，教师应根据多媒体课件的类型，创新性地选择多媒体素材的形式，设计相应的内容。同时，教师应关注教学内容的层次性和逻辑性，合理整合各种多媒体资源，以增强课程的互动性和趣味性。此外，教师还可以运用视频剪辑、音频配乐和交互式元素等方式，进一步提升学生的学习参与度和热情，以活跃课堂氛围。

4. 系统制作

在多媒体课件系统制作的环节，教师应运用专业多媒体制作软件进行课件的设计与构建，制作过程中应注重视觉效果的美观性与一致性，确保各多媒体素材之间的协调性。同时，教师可以利用动画效果、声音效果等，增强课件的视觉冲击力和吸引力。

> **提示**
>
> 幻灯片母版是存储布局样式、文本格式、背景设计和配色方案等信息的特殊幻灯片，教师可以通过制作幻灯片母版快速统一演示文稿的基础样式。例如，在每张幻灯片中加入统一标志、图形，或为每张幻灯片中的文本设置相同的格式，以使演示文稿风格统一。如果在每张幻灯片中重复设置这些内容，无疑会浪费很多时间。

5. 测试与优化

在多媒体课件系统制作完成后，教师应对课件进行全面测试，以确保所有链接、互动元素和多媒体组件正常运行。同时，教师应根据实际使用情况和学生反馈，对课件中的不足之处进行优化调整，以改善内容的可读性和操作的便捷性。此外，教师还应考虑多媒体课件的适应性，确保其能够兼容不同设备（如台式电脑、平板电脑、智能手机）。

任务实践——制作历史多媒体课件

课堂演示型多媒体课件不仅能够生动呈现教学信息，还能够激发学生的学习兴趣，提升学生的学习体验。下面以制作历史多媒体课件为例，学习使用 PowerPoint 2016 制作课堂演示型多媒体课件的一般方法。

制作历史多媒体课件

步骤 1 新建空白演示文稿。启动 PowerPoint 2016，在打开的界面中选择"空白演示文稿"选项。完成此操作后，系统将创建一个新的空白演示文稿，并自动跳转到 PowerPoint 2016 的工作界面，如图 5-5 所示。

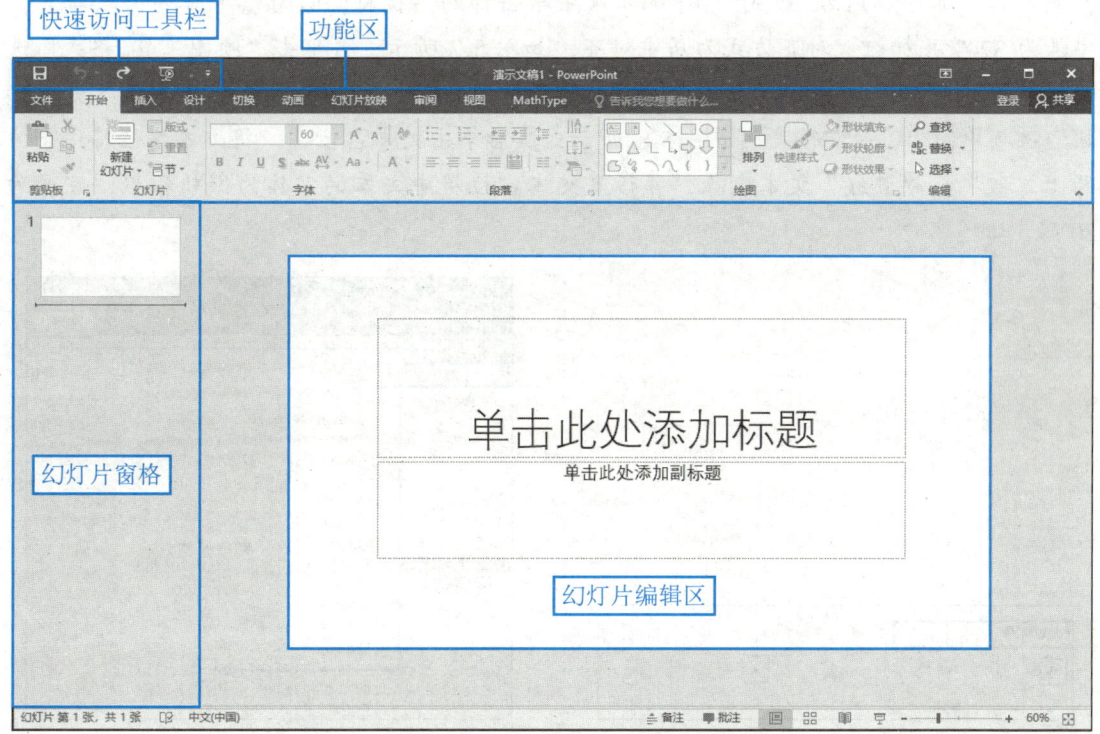

图 5-5　PowerPoint 2016 的工作界面

步骤2 进入幻灯片母版视图。单击"视图"选项卡"母版视图"组中的"幻灯片母版"按钮,进入幻灯片母版视图。在幻灯片母版视图中,可以为不同幻灯片版式设置背景、文本格式等,在后续新建幻灯片时,可以直接选择使用设置好的幻灯片版式,从而减轻工作量。图5-6展示了几种设置好的幻灯片版式。

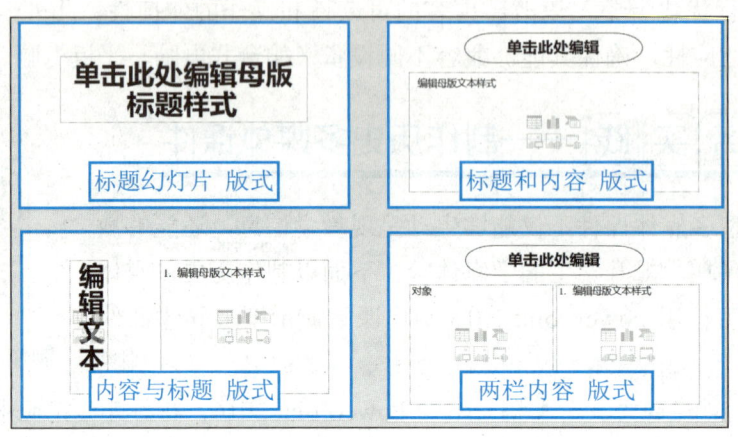

图5-6 幻灯片版式示例

步骤3 设置幻灯片版式。以设置"标题和内容 版式"为例,在幻灯片母版视图左侧选择"标题和内容 版式",在编辑区中单击标题占位符,设置其字体为微软雅黑,字号为32磅并加粗,对齐方式为居中对齐,如图5-7所示;再单击"绘图工具 格式"选项卡"插入形状"组中的"编辑形状"下拉按钮,在展开的下拉列表中选择"更改形状"选项中的"⬭"形状,如图5-8所示;然后单击文本占位符,将文本占位符中下方的"二级"至"五级"文本删除,并设置文本占位符中文本的字体为微软雅黑,字号为20磅。

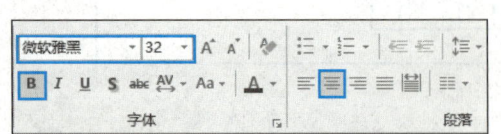

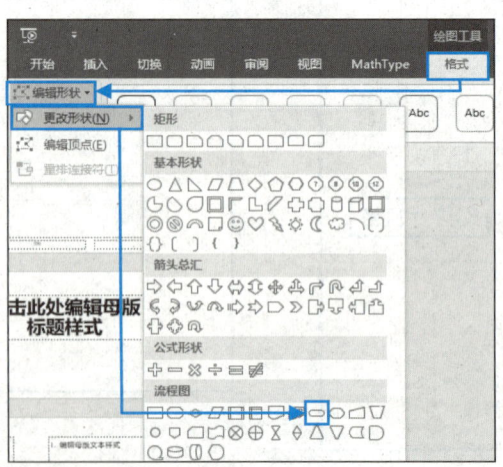

图5-7 标题占位符的文本格式设置　　　图5-8 更改标题占位符的形状

项目五　多媒体课件与微课

步骤 4　设置幻灯片版式背景。在幻灯片母版视图中可以为幻灯片版式设置统一背景，方法是单击"幻灯片母版"选项卡"背景"组中的"背景样式"下拉按钮，在展开的下拉列表中选择"设置背景格式"选项，打开"设置背景格式"任务窗格，在"填充"设置区根据需要选择一种填充方式并进行设置。例如，可以选中"图片或纹理填充"单选钮，接着单击"文件"按钮（见图 5-9）。在弹出的对话框中选择本书配套素材"素材与实例"/"项目五"/"任务二"/"历史多媒体课件图片"文件夹中的"背景.png"文件，单击"插入"按钮，并单击"设置背景格式"任务窗格下方的"全部应用"按钮，为所有幻灯片版式设置统一背景。

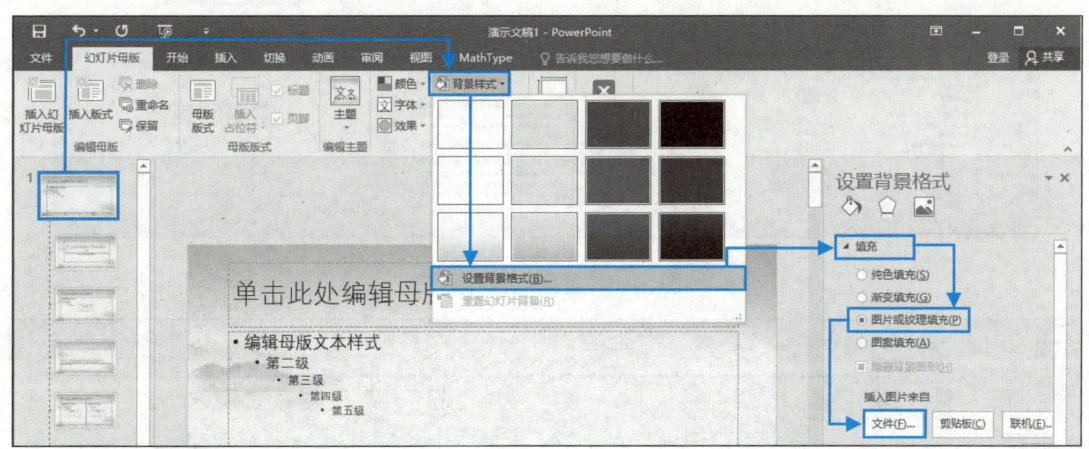

图 5-9　设置幻灯片版式背景

步骤 5　退出幻灯片母版视图。完成设置后，单击"幻灯片母版"选项卡中的"关闭母版视图"按钮，退出幻灯片母版视图。

步骤 6　插入幻灯片素材。将本书配套素材"素材与实例"/"项目五"/"任务二"/"历史多媒体课件图片"文件夹中的"封面图片.png""章节图片.png"等素材，插入多媒体课件中不同幻灯片的合适位置，并对其样式进行调整，以提升课件的美观性和协调性。图 5-10 展示了插入各种素材并设置后的多媒体课件效果。

步骤 7　添加幻灯片动画效果。动画效果可以使演示文稿变得更加生动有趣，用户可根据需要为幻灯片中的文本、图形图像、表格等对象添加动画效果，也可根据需要为每张幻灯片添加切换效果，还可控制每张幻灯片切换的速度，以及添加切换音效等。例如，选择演示文稿的第 1 张幻灯片，再单击"切换"选项卡，然后在"切换到此幻灯片"列表中选择"华丽型"/"百叶窗"选项，为所选幻灯片添加百叶窗切换效果，如图 5-11 所示。

图 5-10 多媒体课件效果

图 5-11 为整张幻灯片添加切换效果

步骤 8 测试与优化演示文稿效果。在演示文稿制作完成后,对其进行详细测试,检查各个幻灯片的内容连贯性、视觉效果及加载速度,并根据测试结果进行优化,确保在课堂教学中达到最佳效果。测试与优化完成后,单击快速访问工具栏中的"保存"按钮,打开"另存为"界面,选择"浏览"选项,打开"另存为"对话框,在其中设置演示文稿的保存位置并输入演示文稿的名称,如"历史多媒体课件",单击"保存"按钮保存成品。

项目五 多媒体课件与微课

任务三 认识微课

任务描述

微课作为一种新兴的教学形式，凭借短小精悍、内容聚焦和形式多样等独特优势，迅速崛起并成为现代教育技术的重要组成部分。互联网与多媒体技术的深度融合，使微课成为改变学习方式、提升教学质量、拓展教学手段、激发学习兴趣的关键力量。在本任务中，我们将学习微课的概念、特点、类型、作用等内容，为后续制作微课奠定基础。

任务准备

小华是初中二年级的学生，这个学期他开始学习物理课程。由于刚开始接触物理课程，在学习物理知识时，小华觉得很难理解那些物理公式和理论，因此对物理课程不太感兴趣。有一天，物理老师在讲"光的折射"这一节内容时，先播放了一段微课视频，这段视频用动画形式将光的折射过程展示得生动有趣、简单明了。小华看完之后，一下就理解了光的折射原理，并第一次有了"物理原来可以这么有趣！"的感受。

从那以后，小华就爱上了物理微课，他开始利用课余的碎片时间，主动打开微课平台，观看物理微课。微课短小精悍和针对性强的特点，让他能够迅速抓住知识重点，快速理解知识难点。几个月下来，小华的物理成绩进步了很多。他不再对物理感到畏惧，反而很喜欢学习物理。此外，他还学会了根据自己的学习进度和兴趣点，灵活地选择微课内容进行学习。

请同学们结合上述材料思考以下问题。

（1）微课的优点有哪些？

（2）微课如何影响了小华的学习？具体发挥了哪些作用？

一、微课的概念与特点

1. 微课的概念

微课一般指短小精悍、活泼生动的视频课程，是通过短视频、动画等形式完整讲解某一知识点、技能、案例的教学视频，时长一般控制在 10 分钟以内。一个完整的微课，结构上应包括片头、正片和片尾三部分，内容上应包括新课导入、讲解和总结三部分。

严格来说，微课是指按照课程标准和教学实践要求，以视频为主要载体，围绕某个

知识点或教学环节组织起来的呈现碎片化学习内容、过程及扩展素材的一种新型教学资源。微课的核心组成内容是课堂教学视频，同时还包含与该教学主题相关的教学设计、素材课件、教学反思、练习测试，以及学生反馈、教师点评等辅助性教学资源。

2. 微课的特点

作为一种创新教学载体，微课具有针对性、精简性、便捷性、多样性等特点。

（1）针对性。微课由教师根据教学目标，结合学生的学习情况及所处的教学阶段，有针对性地对特定学科的教学内容进行综合加工而形成。

（2）精简性。微课通常围绕某一知识点，或聚焦于某个教学环节或主题进行阐述，相比传统课堂教学，其内容呈现更加精练。

（3）便捷性。微课一般采用流媒体形式，通过网络进行存储和传输，学生可以随时随地访问和学习。

（4）多样性。微课在形式和内容上具有多样性，并一直在不断地创新，可通过不同的媒介和教学方法满足不同学生的需求。

二、微课的类型

微课的类型多种多样，常见的分类方式包括按教学内容分类和按制作方式分类。

1. 按教学内容分类

根据教学内容的不同，微课可分为讲授型微课、解题型微课、答疑型微课、技能训练型微课和实验操作型微课。

（1）讲授型微课：以基础概念、规律及原理的讲授为主，旨在为学生奠定坚实的理论基础的微课。

（2）解题型微课：以定律解析与典型例题的讲授为主，强调解题过程的逻辑推演，帮助学生深化对知识的理解和应用能力的微课。

（3）答疑型微课：针对学生在学习过程中遇到的疑难问题，通过习题讲解与解答技巧的展示，实现专项突破的微课。答疑型微课尤其适用于理科问题的解析过程。

（4）技能训练型微课：讲授如何进行动作技能、操作技能及语言运用技能的训练与提升的微课。技能训练型微课适用于体育、音乐、美术等实践性强的学科。

（5）实验操作型微课：针对物理、化学、生物等学科教学中涉及的实验环节，通过录制实验过程，展示概念与规律生成的实践探索的微课。实验操作型微课可以增强学生的实验操作能力和科学探究精神。

2. 按制作方式分类

根据制作方式的不同，微课可分为录屏式微课、拍摄式微课和动画式微课。需要注意的是，这三种微课类型并不是相互独立的，在实际制作中，常常会为了达到更好的教学效果，出现三种方式混合应用的情况。

（1）录屏式微课：利用屏幕录制技术捕捉并展示电脑屏幕上的教学内容的微课，如录制软件操作、演示文稿讲解等。

（2）拍摄式微课：通过摄像机或手机等设备，实地拍摄教师授课、例题讲解、实验操作或学生活动等场景的微课。拍摄式微课的特点是强调真实场景下的教学互动。

（3）动画式微课：运用动画技术创建生动形象的视觉内容，以更加直观和有趣的方式阐述复杂概念或过程的微课。

三、微课的作用

微课在教育教学中发挥着重要作用，主要体现在以下几个方面。

（1）助力教师教育技术能力提升。在制作微课的过程中，教师能够深入钻研教学内容，精准把握教学重难点，学习并掌握先进的教学设计理念和多媒体技术应用，以不断提升自身的教学能力和教育技术水平。

（2）扩充优质教育资源获取途径。微课使得学生可以通过网络平台轻松获取来自不同地区和学校、覆盖各学科和年级的学习资源。此外，微课为教师优化教学设计、丰富教学内容、开展线上线下混合教学等提供了丰富素材。

（3）促进学生知识理解和按需学习。微课以其灵活的学习方式和针对性强的教学内容，增强了学生的学习主动性，提高了学生的知识理解能力。微课中的讲解、演示和实例分析等内容，有助于学生深入理解知识点，掌握解题方法和技巧。此外，微课还提供了多种学习路径和互动方式，能够满足学生的自主学习和个性化学习需求，为学生预习、复习及开展探究式学习和项目式学习等提供服务。

任务实践——赏析基础教育精品课

教育部依托国家中小学智慧教育平台面向全体中小学教师开展的"基础教育精品课"遴选活动，自 2021 年启动以来，在引导广大中小学教师提高课堂教学水平方面发挥了重要作用，成为优质课程教学资源的重要来源，有效推动了教育数字化转型，促进了教育教学改革。

赏析基础教育精品课

根据活动要求，基础教育精品课包括学科课程、特殊教育、实验教学三类。其中，学科课程类和特殊教育类均以微课形式呈现，内容包括微课视频、教学设计、学习任务单、课件、作业练习（特殊教育类可不提交）；实验教学类以课堂实录的形式呈现，内容包括实验教学视频、实验教学设计、导学案、课件等。

如今，广大教师主动学习借鉴国家中小学智慧教育平台的课程教学资源，反复观摩、讨论和推敲，学习其他教师的教学理念和方法，投身课堂教学的积极性和创造性不断提高。同时，也提高了教师熟练运用信息技术开展线上教学的能力，进一步提升了信息素养。

在学习完微课的基本内容后，下面学习在国家中小学智慧教育平台的"基础教育精品课"专题网站在线选择和赏析一门自己喜欢的基础教育精品课的方法。

步骤1 找到并进入"微课展示"版块。打开浏览器，在地址栏中输入"https://jpk.basic.smartedu.cn"，按回车键，打开"基础教育精品课"专题网站。单击主页导航栏中的"微课展示"按钮，进入"微课展示"版块。"微课展示"版块展示了自2021年开展首届活动以来遴选出的学科课程类和特殊教育类精品课，如图5-12所示。

图5-12 "微课展示"版块

步骤2 选择精品课。在明确自己的教学需求或学习需求后，用户可以在"微课展示"版块中精心挑选想要赏析的精品课。具体操作流程如下：依次选择层级路径"学段"（如"高中"）/"学科"（如"信息技术"）/"版本"（如"人教中图版"）/"册次"（如"必修1 数据与计算"），初步定位精品课。接着，在下方展示的所有精品课中，选择一节精品课（如"1.2.1 数字化及其作用"，见图5-13），进入该精品课的详情页面进行欣赏与学习。

项目五 多媒体课件与微课

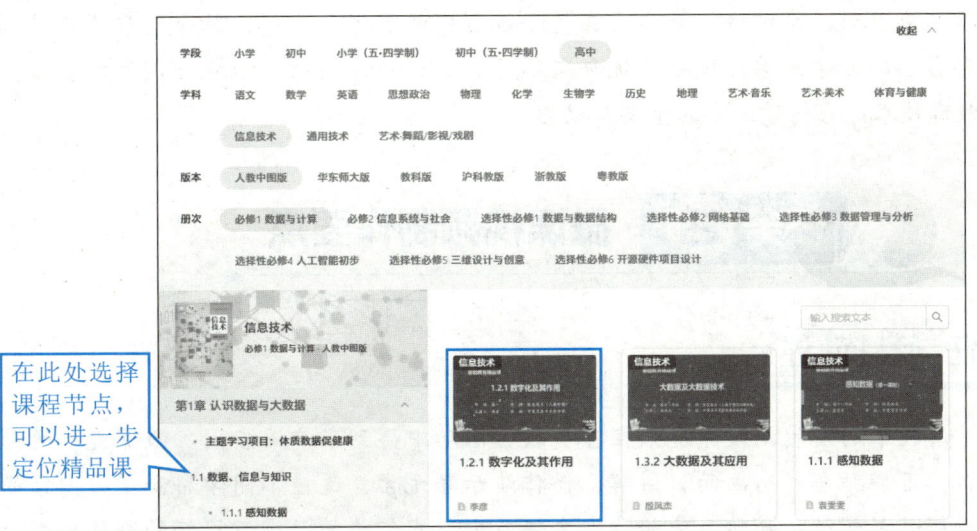

在此处选择课程节点，可以进一步定位精品课

图 5-13 选择精品课

步骤 3 欣赏与学习精品课。以"1.2.1 数字化及其作用"这一精品课为例，其详情页面如图 5-14 所示。用户仅需单击视频中心的播放按钮，即可流畅地欣赏该精品课的内容。此外，右侧的"课时资源"列表中还提供了"教学设计""学习任务单""课件"和"作业练习"等资源。这些资源与微课视频相辅相成，共同构成了一套完整的微课学习体系。用户可以通过选择右侧列表中的不同选项查看相应的资源。

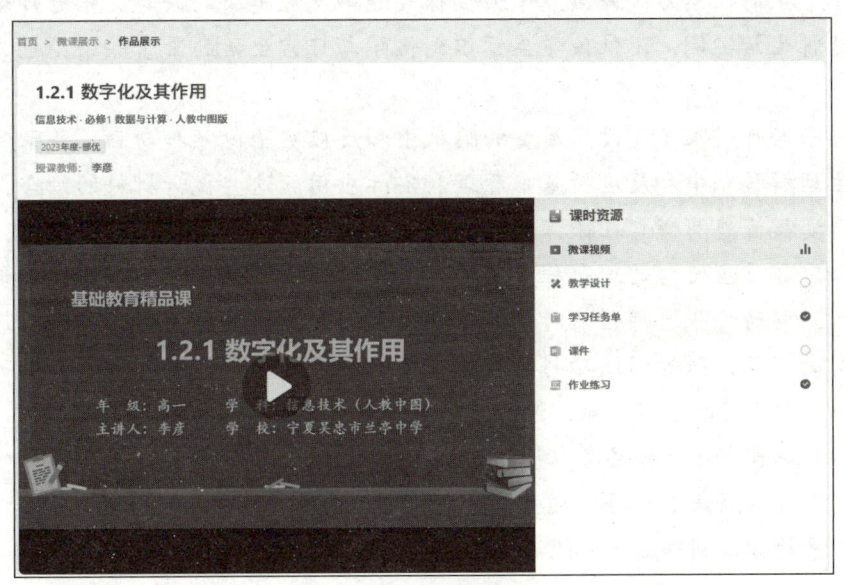

图 5-14 "1.2.1 数字化及其作用"精品课的详情页面

步骤 4 分析与总结精品课。在欣赏完精品课之后，及时进行分析与总结至关重要。这一过程不仅是对课程知识的回顾与巩固，更是个人思维深化与成长的关键。用户

欣赏结束后，应及时、系统地记录自己在整个过程中的思考与感悟，结合这些体验深刻总结与反思自己的教学或学习风格、优势与不足。这种自我总结、审视与调整的能力，正是教师教育技术能力持续进步的重要推动力。

任务四 微课视频制作要点

任务描述

随着信息技术的发展，微课视频在各类教学活动中得到了广泛应用。微课视频的形式多种多样，可以结合动态画面、讲解、操作演示等元素，适应不同学科和学习内容的需求，显著提升教学效果和学习体验。在本任务中，我们将学习微课视频的制作原则、制作软件和制作流程，了解如何制作优质的微课视频。

任务准备

张老师是一名经验丰富的化学教师。为了帮助学生深入理解酸碱中和反应，他特地制作了一节关于此主题的微课。微课视频开头通过讲述胃酸过多可能引发的健康问题，成功吸引了学生的注意力，并激发了他们探索酸碱反应奥秘的兴趣。张老师通过微课视频展示的这种生活实例，不仅使学生意识到化学与日常生活的紧密联系，也为后续学习奠定了基础。

接着，张老师引入了几段高质量的酸碱中和反应实验视频和动画，并录制了旁白，以帮助学生理解酸碱中和反应的基本原理和实际应用。这些视听材料的结合，使得复杂的化学概念变得直观易懂。在微课的高潮部分，张老师设计了一系列小测验，旨在检验学生对酸碱中和反应概念的理解程度。通过互动问答，学生们在轻松愉快的氛围中巩固了所学知识，同时，张老师也及时了解了学生们的学习状况和困惑。最终，通过这一系列精心设计的环节，张老师成功将一节原本可能枯燥乏味的化学课，变成了一场充满新意、活力与探索乐趣的学习之旅，激发了学生对化学的好奇心和学习热情。

请同学们结合上述材料思考以下问题。

（1）张老师在微课中采用了哪些手段来加深学生对酸碱中和反应的理解？

（2）如果让你来制作这一节微课，你会怎么设计？

一、微课视频制作原则

为了确保教学效果与用户体验，微课视频制作应遵循聚焦性、精练性、技术性等原则。

1. 聚焦性原则

微课视频的内容通常要聚焦于一个知识点。该知识点通常是学习过程中的重难点、易混淆点，需要教师详细阐述方能促进学生理解。确保视频内容的集中性，有助于学生高效聚焦、深化理解知识内容。

2. 精练性原则

考虑到时长等因素，在制作过程中，微课视频应力求言简意赅，通过精练的语言准确概括知识点，精准点拨难点，并突出学习中的关键注意事项。与课堂教学不同，微课视频需采用精讲策略，每句话都需精心打磨，确保信息传递的直接性和有效性。

3. 技术性原则

在制作微课视频时，需要对视频画面的清晰度和播放的流畅性进行严格把关，以确保微课视频在绝大多数设备和网络环境中都能稳定且顺利地观看。同时，制作微课视频时应合理利用信息技术手段，以辅助教学目的为导向，避免技术元素过度使用而分散学生的学习注意力。技术的运用应服务于教学内容的有效传递，促进学生的积极参与和对知识的深入理解。

二、微课视频制作软件

微课视频的制作方式比较多样化，既可以借助常规软硬件工具轻松制作，也可以利用专业微课制作软件创作精彩的视频内容。例如，可以使用摄像机进行现场拍摄，采用录屏软件捕捉屏幕操作，或通过专业动画设计软件创作生动的教学动画。下面介绍 Camtasia 和 FlashBack Pro 这两款经典的微课视频制作软件。

1. Camtasia

Camtasia 是 TechSmith 公司开发的一款电脑屏幕录制与视频剪辑软件。该软件功能丰富，包括屏幕录制、视频剪辑、过渡效果添加、字幕编辑和高级音频处理（如降噪和配音）等。这些功能能够有效满足微课视频制作过程中的基本需求。教师合理利用 Camtasia，可以制作出高质量且符合专业标准的视频内容。因此，Camtasia 被许多教育工作者视为微课视频制作的理想工具。

2. FlashBack Pro

FlashBack Pro 是 Blueberry Software 公司开发的知名屏幕录制和视频编辑软件。该软件支持高质量的视频录制，可以录制整个屏幕、窗口或特定区域，并且具备实时录音功能，可以将屏幕录制结果保存为多种视频文件格式，适合制作内容讲解和教学演示视频。FlashBack Pro 还提供了丰富的视频编辑功能，用户可以使用这些功能为微课视频添加注释、标记等。

三、微课视频制作流程

一般来说，完整的微课视频制作流程包括确定主题、内容设计、视频录制和视频处理四个步骤。

1. 确定主题

确定主题是微课视频制作流程的第一步。教师应根据课程大纲、教学重难点、学习目标和学生的认知水平等，系统地选择并确定微课视频的主题。首先，教师需要全面梳理课程大纲，识别某节课或某个教学单元中的重难点，以确保微课视频的主题聚焦于学生需要掌握的核心知识；其次，教师需要明确微课视频希望达成的具体学习目标，包括知识的掌握、技能的提升和思维方式的引导等方面，这有助于为微课视频设定清晰的方向；最后，教师还需要考虑学生的实际情况，确保所选主题与学生的需求高度相关，以提高学生学习的针对性和有效性。

2. 内容设计

进入内容设计阶段，教师应对所选主题进行深入分析与研究，根据其特性和学生的接受能力，创新性地设计出相应的信息化教学方案。在这个过程中，要注重体现教学内容的层次性、逻辑性与互动性，巧妙运用各种多媒体资源来丰富教学形式，提升学生的学习参与度和兴趣。

3. 视频录制

视频录制是获得微课视频成品的关键，教师应根据内容设计需求选择适当的微课视频形式，并运用专业设备或软件进行高质量的录制工作。在视频录制过程中，需注重声音清晰、画面稳定，确保教学信息传递得准确无误。

4. 视频处理

视频录制完成后，教师应通过降噪处理、精确剪辑、智能字幕添加及重点标注等手段，提升微课视频的观赏性与学习效率。此外，为增强微课视频的专业性与吸引力，建议制作片头和片尾。

项目五　多媒体课件与微课

任务实践——制作录屏式微课视频

录屏式微课视频可以直观地展示教师的屏幕操作，便于学生重复观看和进行个性化学习。下面以制作"使用 360 安全卫士清除 Windows 使用痕迹"的操作演示视频为例，学习使用 FlashBack Pro 软件制作录屏式微课视频的一般方法。

制作录屏式微课视频

步骤1　录制视频。启动 FlashBack Pro 软件（以 FlashBack Pro 5 为例），在打开的欢迎对话框中单击"录制您的屏幕"按钮（见图 5-15），在打开的录像机对话框中设置视频的录制范围和录制声音等参数，如图 5-16 所示。设置完毕，单击"录制"按钮即可开始录制软件操作视频。

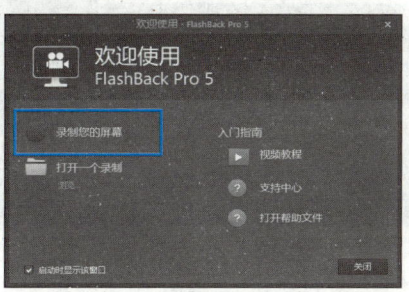
图 5-15　欢迎对话框

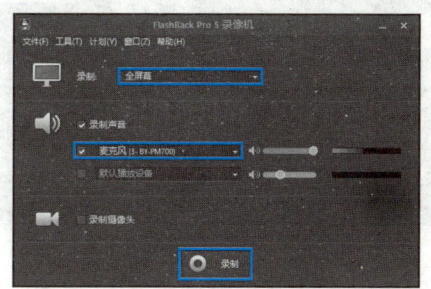
图 5-16　录像机对话框

步骤2　保存录制视频。使用 FlashBack Pro 录制完成后，单击"停止"按钮（见图 5-17），在弹出的对话框中单击"保存"按钮。在接下来打开的对话框中将工程文件重命名为"使用 360 安全卫士清除 Windows 使用痕迹.fbr"，单击"保存"按钮。

图 5-17　停止录制视频

步骤3　查看录制视频。双击保存的工程文件，打开 FlashBack Pro 编辑界面，如图 5-18 所示。在该界面中可以实现查看录制视频、为视频添加注释、剪辑视频等一系列操作。

步骤4　剪辑录制视频。如果在录制过程中有说错的话或执行错的操作，可以将该句话或该操作所涉及的帧删除。例如，前面录制视频的前 8 帧为无效内容，则选中该视频的第 0～7 帧并右击，在弹出的快捷菜单中选择"删除帧"选项，如图 5-19 所示。此外，也可根据需要为视频添加片头或片尾。

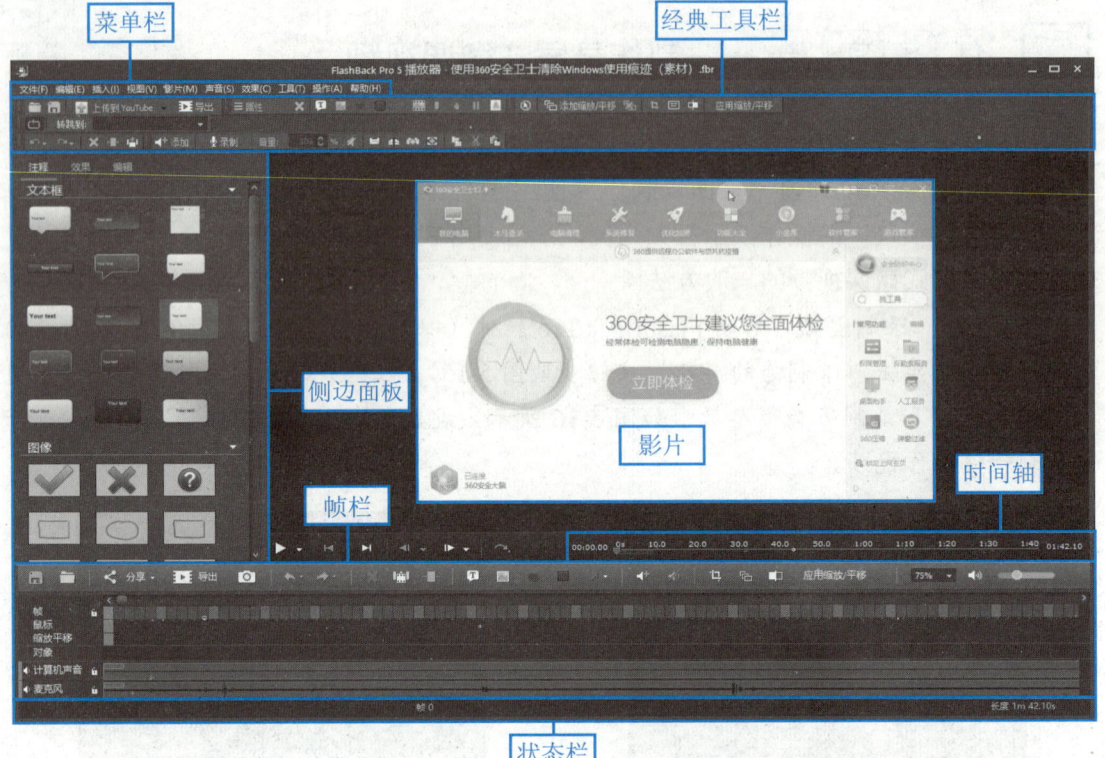

图 5-18 FlashBack Pro 的编辑界面

图 5-19 删除帧

步骤 5 优化录制视频的声音。如果录制视频的麦克风声音较小，可以右击麦克风声音轨道，在弹出的快捷菜单中选择"更改轨道音量"/"+50%"选项（可自由选择），如图 5-20 所示。如果录制视频的麦克风声音杂音较重，可以右击麦克风声音轨道，在弹出的快捷菜单中选择"移除噪声"选项，在打开的"噪声消除"对话框中设置去噪强度为 0.8（可灵活设置），如图 5-21 所示。

项目五 多媒体课件与微课

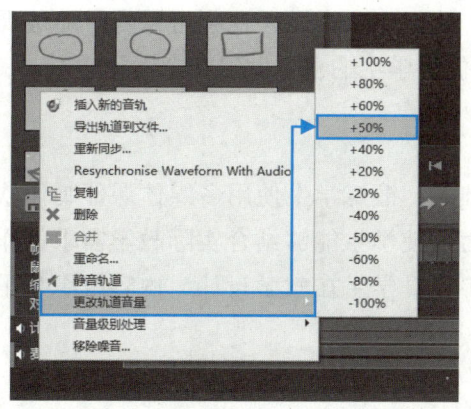

图 5-20 更改轨道音量　　　　　图 5-21 移除噪声

步骤 6 导出视频并保存工程文件。视频制作完成后，预览视频效果，若对效果满意，选择"文件"/"导出"选项，在打开的"选择导出格式"对话框中选择 MPEG4 格式，单击"确定"按钮。在"导出到 MPEG4"对话框中设置导出视频的详细参数（见图 5-22），单击"导出"按钮导出视频文件。关闭"导出到 MPEG4"对话框，按"Ctrl+S"组合键保存工程文件。

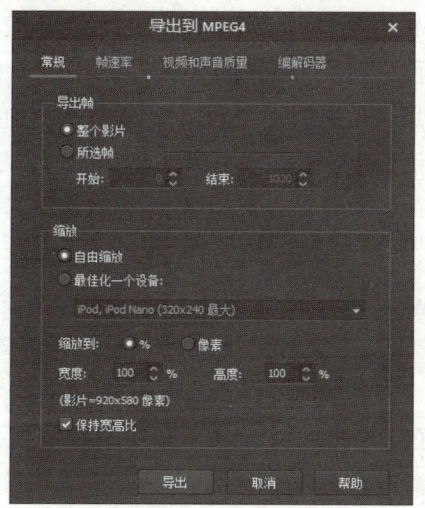

图 5-22 设置导出视频的详细参数

项目实训　制作演示文稿讲解型微课视频

1. 实训背景

本次实训聚焦于使用演示文稿制作软件、AI 配音软件和录屏软件等制作一节以演示文稿讲授为主的微课，即演示文稿讲解型微课视频。这类微课视频可以通过演示文稿的

视觉效果，结合教师的讲解，提高教学效果。此外，这类微课视频可以随时随地观看，不必教师每次授课时都进行现场讲解，有助于促进学生的自主学习和个性化学习。

2. 实训目的

在了解多媒体课件与微课相关知识的基础上，锻炼学生使用多媒体课件制作软件和录屏软件等制作多媒体课件、微课视频的能力，使学生能够结合实际教学需求创作出高质量的多媒体课件和微课视频作品，以进一步提升学生在教学设计、内容组织与呈现、数字化资源制作等方面的综合能力。

3. 实训步骤

（1）确定主题。学生依据个人兴趣或所学专业，选择一个具体的教学主题。在此过程中，应确保选题具有较强的针对性和实用性，避免过于笼统。

（2）收集相关多媒体素材。针对选定的主题，积极寻找和收集相关的多媒体素材，包括文本、图形图像、音频和视频等，为课件制作提供丰富的支持。

（3）制作多媒体课件。围绕所选主题，使用 PowerPoint 2016 制作多媒体课件。在制作过程中，要加入关键点的说明和实例，以确保教学信息的清晰性和逻辑性。同时，应注重图文并茂，以提升学习的趣味性和互动性。

（4）制作配音。根据所选主题和制作的多媒体课件写一份配音稿，再使用迅捷文字转语音等 AI 软件配音。使用此类软件时需注意，软件不会自动停顿，可以根据语速和断句等适当插入间隔（一般标题后与段落后插入 1 s 或 1.5 s，逗号与顿号后插入 0.5 s，其他可根据实际语感自行添加）。此外，也可以根据内容选择其他合适的配音方式，但要注意规范，适合上课使用。

（5）添加配音。在 PowerPoint 2016 的工作界面中，通过单击"插入"选项卡"媒体"组中的"音频"下拉按钮，在展开的下拉列表中选择"PC 上的音频"选项，为幻灯片添加音频（配音文件）。

（6）录制视频。准备好专业的录屏软件和必要的硬件设备，播放配备了语音讲解的多媒体课件并同步开始录制微课视频。录制完成后，仔细检查视频质量，确保音频清晰、画面稳定、时长合适。

（7）视频处理。完成录制后，使用视频编辑软件对录制内容进行剪辑，包括剪掉不需要的部分、调整画面色彩和亮度、添加适当的字幕与注释，以及处理音频以消除杂音等。

（8）教师评价总结。教师对学生的微课制作过程和最终效果进行全面、客观的评价，提出建设性的意见和建议，以帮助学生进一步提升微课制作水平。

项目五 多媒体课件与微课

项目总结

为了帮助读者更好地掌握本项目所学内容,下面通过一张思维导图直观地呈现所有知识要点,如图 5-23 所示。

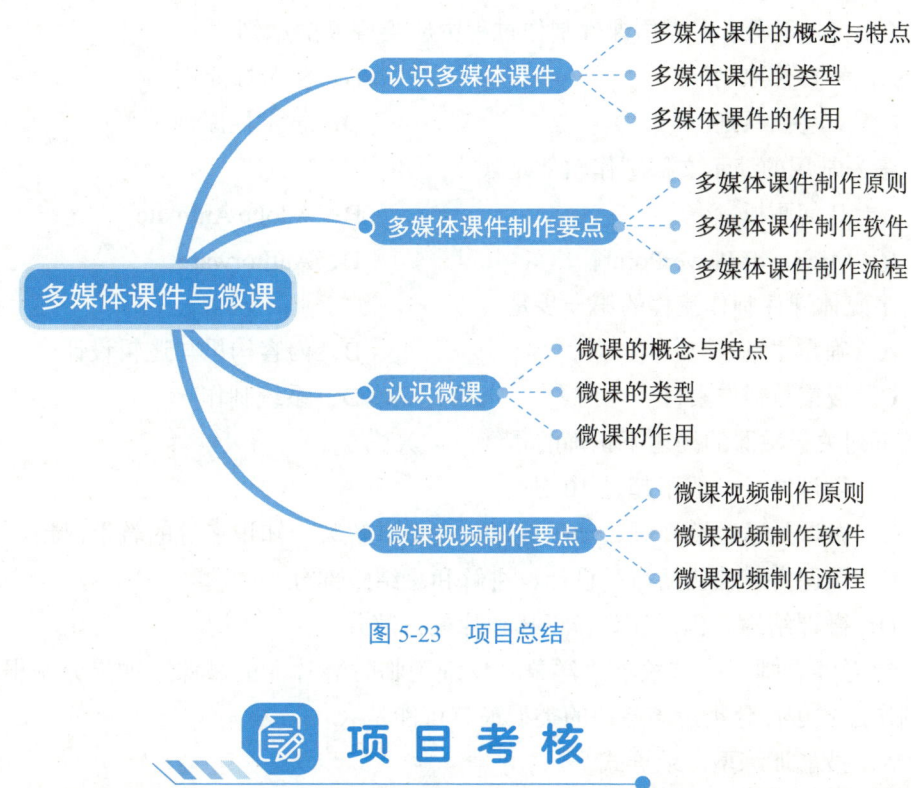

图 5-23 项目总结

项目考核

1. 选择题

(1)多媒体课件内容丰富、形式灵活,能够满足不同学科和不同学生的需求,并随着技术的进步不断融入新兴技术(如 VR、AR 等),以提升育人体验。这句话体现了多媒体课件的( )。

  A. 直观性   B. 多样性
  C. 交互性   D. 集成性

(2)按照教学功能的不同,多媒体课件可分为( )。

  A. 讲授型、解题型、答疑型、技能训练型和实验操作型
  B. 直线型、分支交互型、模块型和积件型

C．PPT 型、Authorware 型、Flash 动画型和网站网页型

D．助教型、助学型、训练练习型、模拟实验型和教学游戏型

（3）当教师想要制作具有丰富动画效果和良好交互体验的多媒体课件时，可以使用（　　）软件。

A．几何画板　　　　　　　　　　B．Adobe Animate

C．Microsoft PowerPoint　　　　　D．Authorware

（4）（　　）不属于多媒体课件制作过程中应当遵循的原则。

A．教育性原则　　　　　　　　　B．复杂性原则

C．交互性原则　　　　　　　　　D．技术性原则

（5）最为常用的演示文稿制作软件是（　　）。

A．几何画板　　　　　　　　　　B．Adobe Animate

C．Microsoft PowerPoint　　　　　D．Authorware

（6）多媒体课件制作流程的第一步是（　　）。

A．确定主题　　　　　　　　　　B．内容构思与逻辑设计

C．搜集与制作素材　　　　　　　D．系统制作

（7）下列关于微课的描述不正确的是（　　）。

A．微课时长一般不超过 10 分钟

B．微课是通过短视频、动画等形式完整讲解某一知识点等的教学视频

C．微课内容应包括教学设计、讲解和总结三部分

D．微课结构应包括片头、正片和片尾三部分

（8）徐老师录制了一节关于"洋葱表皮细胞临时装片"的微课。如果分别根据教学内容和制作方式进行分类，该微课的类型最有可能是（　　）。

A．技能训练型，录屏式

B．实验操作型，拍摄式

C．技能训练型，拍摄式

D．实验操作型，录屏式

（9）（　　）不属于微课视频制作过程中应当遵循的原则。

A．聚焦性原则　　　　　　　　　B．创造性原则

C．精练性原则　　　　　　　　　D．技术性原则

2．填空题

（1）多媒体课件制作是一项富有创造性的工作，通常包括　　　　　、　　　　　、　　　　　、　　　　　、　　　　　等步骤。

（2）多媒体课件作为重要的教学工具，具有_____、_____、_____、_____、_____、_____等特点。

（3）常用的多媒体课件制作软件包括_____、_____、_____和_____等。

（4）微课具有_____、_____、_____、_____等特点。

（5）一般来说，完整的微课视频制作流程包括_____、_____、_____和_____四个步骤。

3. 简答题

（1）什么是多媒体课件？
（2）简述多媒体课件在教育教学中发挥的作用。
（3）什么是微课？
（4）根据制作方式的不同，微课可分为哪几种类型？
（5）简述微课在教育教学中发挥的作用。

4. 实践题

（1）根据所学专业，使用 PowerPoint 2016 制作一个相关知识点的多媒体课件。
（2）使用微课视频制作软件制作一节基础教育学科课程类微课。

项目评价

完成所有学习任务之后,请按照以下要求进行项目评价。

全班同学每 3~5 人一组,各组成员结合课前、课中和课后的学习情况,以及项目实训和项目考核的完成情况,按照表 5-1 中的评价标准对本项目的学习效果进行自评和互评(组内成员互相打分),并请教师进行总体评价,学生根据评价结果进行总结。

表 5-1 学习效果评价表

评价项目	评价内容	评价分数			
		分值	自评	互评	师评
知识 (40%)	多媒体课件的概念、特点、类型及作用	10 分			
	多媒体课件的制作原则、制作软件及制作流程	10 分			
	微课的概念、特点、类型及作用	10 分			
	微课视频的制作原则、制作软件及制作流程	10 分			
技能 (40%)	使用相关软件制作课堂演示型多媒体课件	20 分			
	使用相关软件制作微课视频	20 分			
素养 (20%)	遵守课堂秩序,展现良好学习态度	5 分			
	具有自主学习意识,做好课前准备	5 分			
	积极参与教学活动,善于思考、提问和探索创新	5 分			
	具有团队合作精神,高效解决问题,出色完成实践任务	5 分			
总评	综合得分:_____	100 分			
	综合等级:_____	教师签字:_____			
总结	最突出的表现(创新或进步): 还需改进的地方(不足或缺点):				

注:综合得分=自评(25%)+互评(25%)+师评(50%);综合等级可以"优"(综合得分≥90 分)、"良"(80 分≤综合得分<90 分)、"中"(60 分≤综合得分<80 分)、"差"(综合得分<60 分)为标准进行评价。

项目六　信息化教学工具

项目导读

信息化教学工具借助现代信息技术手段，为实现教学过程的多样化和精准高效开辟了新的路径，是教师实施信息化教学的重要支撑。这些工具不仅展现了现代信息技术的优势，还融入了以学生为中心和注重能力培养等教育理念。本项目主要介绍信息化教学工具的相关知识，包括认识信息化教学工具、知识建构工具、协作交流工具和虚拟实验工具等内容。

学习目标

知识目标

- 了解信息化教学工具的概念、类型与特点。
- 了解典型的知识建构工具、协作交流工具与虚拟实验工具。

能力目标

- 能够描述信息化教学工具的重要意义、应用现状及优势。
- 能够体验和探究常见的知识建构工具、协作交流工具和虚拟实验工具等。

素质目标

- 提升信息筛选与评估能力，合理选择信息化教学工具。
- 培养持续学习和技术适应能力，保持教师专业发展的主动性。

现代教育技术

引导案例　信息化教学工具让精准教学成为现实

"备课变得更轻松了，优质教学资源可以随时更新，知识点的讲解也更加精准，真正实现了精准教学。"这是新一代信息化教学工具给教师们带来的深刻感受。

2020年，宁夏某中学的物理教师赵老师迎来了他教师生涯的第七个年头。提到备课，赵老师表示："七年前刚参加工作时，每次备课需要花费四五个小时，现在不到两个小时就能完成。"此外，在信息化教学工具的帮助下，课堂上的学生习题可以自动生成报告，这使得赵老师能够迅速将易错题整合成一张卷子发给学生。由此，课堂效率显著提高，学生们的学习热情也日益高涨。

同样，宁夏某小学的数学教师李老师也深切感受到了信息技术进步带来的显著变化。他说："我2012年刚参加工作时，每天都背着小黑板给同学们抄口算题，还得携带教案和尺子，手里总是拎着一大堆工具跑来跑去。"自2015年该学校安装了电子触控教学终端，许多传统的教学工具逐渐被信息化教学工具所替代，这些信息化教学工具使教学变得更加灵活和便捷。李老师表示："翻转课堂变得更加容易，让我能够更深入地思考教学的核心问题，比如究竟要让学生学到什么？"

年轻教师对新工具的掌握非常迅速，而年长教师也在新技术的应用中感受到了课堂教学的微妙变化。宁夏某中学的历史教师朱老师已经从教33年，他分享道："尽管我已经55岁，但平时使用信息化教学工具的频率非常高。对于一些学生不太感兴趣的历史内容，我会通过互联网平台下载一些拍卖会上的瓷器照片，帮助学生直观地感受中国古代手工业，让历史知识变得生动起来。"

信息化教学工具的引入，不仅提高了教师的备课效率，还推动了精准教学的实现，为教育带来了全新的可能性。

（资料来源：姚晓丹、张文攀，《从一块屏到一片天》，光明网，2020年11月20日）

请思考：

当前，许多学校正积极引入一系列先进的信息化教学工具。这些教学工具除改变了教师的教学方式和学生的学习习惯，还带来了哪些额外的、更为深远的变化？这些变化如何进一步影响教育生态的未来发展？

项目六 信息化教学工具

任务一 认识信息化教学工具

任务描述

随着信息技术的不断进步和现代教育理念的持续更新，信息化教学工具的应用更加广泛和深入。在本任务中，我们将学习信息化教学工具的概念、类型、特点等内容，以初步了解信息化教学工具。

任务准备

从早期以板书、书籍和实物教具为主的授课方式，到广泛使用幻灯片和投影仪等多媒体工具进行教学，再到在线学习平台和知识管理平台等在教育教学中大量应用，教学工具的演变与革新不仅增强了教学的灵活性和互动性，也使学生能够在个性化和自主化的学习环境中有效地掌握知识与技能。

请同学们扫码观看"教学工具的演变与革新"视频并思考以下问题。

（1）什么是信息化教学工具？

（2）信息化教学工具未来会朝着什么方向发展？

教学工具的演变与革新

一、信息化教学工具的概念

教学工具是指一切能够辅助教学和促进学习的物品或设备。基本的教学工具（如黑板、课桌、教科书等）为教学活动的顺利开展提供了坚实的物质基础。此外，针对不同学科的不同需求，教学工具还扩展至特定的仪器或设备。例如，数学学科使用的量角器、地理学科使用的地球仪、生物学科使用的显微镜、物理学科使用的电压表等。这些特定的仪器或设备不仅丰富了教师的教学手段，还体现了现代教学对科学性和精确性的追求。

从广义上讲，信息化教学工具是以信息技术为核心，用以辅助教学和促进学习的物品或设备。本书所讲的信息化教学工具，主要是指使用新一代信息技术辅助教学和促进学习的计算机软件，这些工具在教育教学中的有效运用，可以提升教师的教学效果、促进学生的高阶思维能力发展。

现代教育技术

二、信息化教学工具的类型

根据功能和用途的不同,信息化教学工具可大致分为知识建构工具、信息检索工具、协作交流工具、虚拟实验工具、统计评价工具等类型。

1. 知识建构工具

建构主义认为,知识的获得不是学生简单接受或复制的过程,而是积极主动建构的过程。由此,知识建构工具是指那些能够辅助学生在原有认知结构或经验的基础上,重组原有的知识经验或创造新意义的工具。随后的任务二会对典型的知识建构工具进行介绍。

2. 信息检索工具

在信息爆炸的时代,人人都面临着海量数据的挑战。信息检索工具能够帮助人们在繁杂的信息中快速、准确、直接地获取所需信息。常用的信息检索工具(如百度、谷歌等搜索引擎),可广泛用于搜索网页、新闻和视频等各种类型的信息。此外,还有一些专业的学术信息资源检索工具(如百度学术、谷歌学术等),能够帮助人们进行系统的文献检索与学术研究。

3. 协作交流工具

协作交流工具是指在教学过程中能够打破时间和地域的限制,在教师和学生之间、学生和学生之间实现有效沟通、信息共享和协同工作,进而提高教育教学效率的软件或应用。这类工具的核心功能通常包括实时聊天、文件共享、任务管理、视频会议等。随后的任务三会对典型的协作交流工具进行介绍。

4. 虚拟实验工具

虚拟实验工具是指运用计算机图形与仿真技术,实现准确模拟真实实验场景或直接创建一个实验场景,辅助学生进行实验操作的工具。这类工具使学生能够在缺乏实际实验设施的情况下进行实验操作、观察实验现象,并获取真实的实验体验。虚拟实验工具适合在某些自然科学科目或实践操作性较强的课程的学习过程中使用,可以为学生提供一个既安全又经济的实践平台,大幅降低了传统实验的风险与成本,显著提高了学习效率。随后的任务四会对典型的虚拟实验工具进行介绍。

5. 统计评价工具

统计评价工具是指能够帮助师生从原始数据中提取有价值的信息,以更好地理解数据、洞察现状并预测发展趋势的工具。这类工具通常能够处理大规模数据集,进行数据清洗、聚合与建模，以确保分析结果的准确性和可靠性。统计评价工具在教育领域的应用十分广泛，为教育质量评估、教学效果分析、学生表现评估等提供了科学、客观的方法和依据，是信息化教学评价的重要工具。

三、信息化教学工具的特点

信息化教学工具的特点丰富多样，主要体现在以下几个方面。

（1）使用方便快捷，操作直观易学。信息化教学工具依托数字技术，使得信息的获取、处理和传播十分迅速和便捷。此外，这些工具通常设计直观、操作简单，师生无须进行繁复的培训便能轻松上手。

（2）支持个性学习，满足学生不同需求。借助大数据、人工智能等技术，信息化教学工具可以分析学生的学习习惯、兴趣偏好和知识水平，从而为学生制订个性化的学习路径，满足不同学生的不同学习需求，促进学生自主学习与个性化发展。

（3）促进多向互动，助力知识建构。信息化教学工具可以增强教师和学生之间、学生和学生之间，以及学生和学习内容之间的互动。这些互动可以激发学生的思维活力，培养他们的合作精神和解决问题的能力，同时也有助于知识的建构与深化。

（4）实时更新资源，内容丰富多彩。信息化教学工具可以连接庞大的教育资源库，为学生提供丰富的学习材料，同时，这些教育资源库的学习材料会持续更新，以确保学生接触到最新的知识和技术。

（5）及时评估反馈，助力教学和学习优化。有些信息化教学工具配备在线测试和评估功能，以实时监测学生的学习进度与学习效果。通过详细的监测和分析报告，教师可以及时了解课堂教学效果并调整教学策略，学生可以及时认识自身优势与不足并调整学习策略。

任务实践——调研学校的信息化教学工具

如今，信息化教学工具正在以前所未有的速度重塑教育，成为提升教学质量和效率的重要手段。为深入了解信息化教学工具的应用情况及其对教学活动的影响，下面对学校的信息化教学工具进行调研。请按照以下步骤填写表6-1所示的信息化教学工具调研记录表，完成调研学校的信息化教学工具的任务。

步骤1 明确调研目标与重点。本次调研的目标是深入了解信息化教学工具在学校中的实际应用情况，以及其对教学质量与效率的提升作用。本次调研的重点聚焦于学校中信息化教学工具的配备与使用情况、资源丰富度与实用性。

步骤2 设计调研工具。根据信息化教学工具的概念和类型，制作表6-1所示的信息化教学工具调研记录表，以便系统地收集数据和信息。

现代教育技术

步骤 3 实地调研。以小组形式在校园、教室、社团活动室等信息化教学活动现场观察和访谈，记录信息化教学工具的使用情况，并将调研结果整理后填写到表 6-1 中，填写举例如下。

知识建构工具：×××课程的教师表示会在教学中使用×××知识建构工具；大多数学生表示最常使用的知识建构工具是×××……

信息检索工具：×××课程的教师表示最常使用的信息检索工具是×××；大多数的学生表示最常使用的信息检索工具是×××……

协作交流工具：×××专业的学生表示手机或电脑中都安装了×××软件……

虚拟实验工具：×××专业的学生表示都使用过或正在使用×××虚拟实验工具……

统计评价工具：×××课程的教师表示最常使用的统计评价工具是×××……

步骤 4 讨论与分享。信息化教学工具调研记录表制作完成后，同学之间进行讨论与分享，总结不足，以进一步完善自己的调研结果。

表 6-1 信息化教学工具调研记录表

信息化教学工具	调研结果
知识建构工具	
信息检索工具	
协作交流工具	
虚拟实验工具	
统计评价工具	

项目六 信息化教学工具

任务二 知识建构工具

任务描述

知识建构工具各具特色，以不同方式支持学生的学习过程。这类工具能够有效地帮助学生将新知识与已有知识联系起来，让学生可以更清晰地组织学习思路，理顺知识脉络，进而实现更加完整和系统的知识建构。在本任务中，我们将认识几种典型的知识建构工具，包括笔记工具、思维导图工具、概念图工具和知识管理平台。

任务准备

为了帮助学生深入理解工业革命对社会发展的影响，张老师决定让学生们绘制相关的知识地图。他将学生分成多个小组，每组负责绘制一个特定的子主题知识地图，如"技术创新""社会变迁"等。学生们积极地围绕各自的主题展开讨论。例如，小涛所在的小组重点研究了蒸汽机的发明如何推动生产力的提升，而小艺所在的小组则探讨了工业革命对城市化进程的影响。

讨论与绘制结束后，各小组展示了他们的知识地图，并详细阐述了知识地图的绘制思路。张老师发现，这种协作学习方式不仅帮助学生加深了对重要事件的理解，还锻炼了他们的合作能力和批判性思维。学生们也都表示十分喜欢这种学习方式。

请同学们结合上述材料思考以下问题。

（1）张老师使用知识地图教学的优势体现在哪些方面？

（2）让学生设计知识地图所依据的教学理论是什么？

一、笔记工具

记笔记向来是一种重要且广泛使用的学习方法。许多教师与学生一致认为，记笔记在促进知识学习、加深知识理解和增强知识记忆方面具有显著的作用，"好记性不如烂笔头"这一俗语很好地证明了这一点。

如今，随着信息技术的不断进步，记笔记的方式也经历了显著的革新，记录工具由传统的纸和笔逐渐扩展至多种现代软件与设备。这些工具在信息化教学中的应用，不仅有效提高了学生记笔记的效率，还能更好地突出笔记的重点内容，实现记录内容的优化。下面对印象笔记、有道云笔记和讯飞语记等常用的笔记工具进行介绍。

1. 印象笔记

印象笔记是一款功能强大的笔记工具软件，支持建立多种形式的笔记，包括模板笔记、思维导图、大纲笔记、流程图、Markdown、语音笔记、桌面便签等，其电脑端的工作界面由标题栏、菜单栏、工具栏、左侧边栏、笔记列表、笔记编辑区域和状态栏等部分组成，如图 6-1 所示。

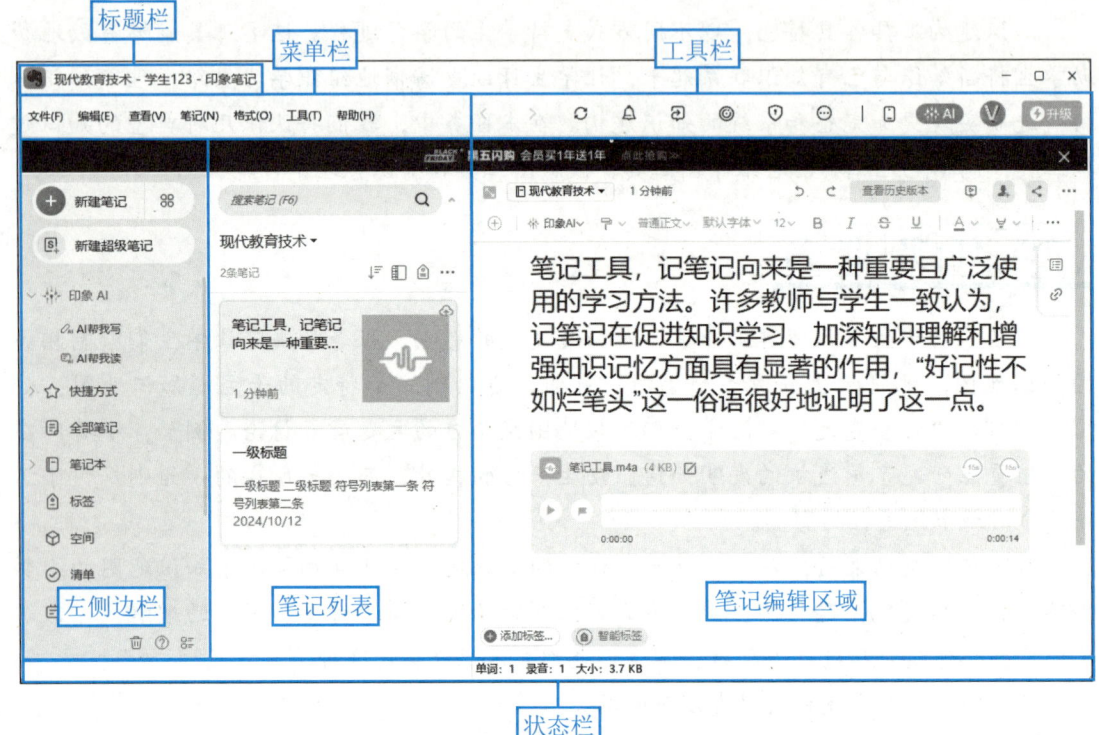

图 6-1 印象笔记的工作界面

印象笔记允许用户在台式电脑、平板电脑、智能手机等各种设备上轻松记录和访问信息，而不用担心笔记丢失或没带等问题。用户可以在已有笔记中根据个人需求灵活添加表格、图片和文档等。对于师生而言，学生可利用印象笔记系统整理学习内容，清晰把握知识框架，教师则能借助此工具高效准备教学材料，同时对学生的学习进展进行总结并提供及时反馈。

Markdown 是一种轻量级标记语言，允许用户以易读易写的纯文本格式编写文档，并将其转换为有效的 XHTML（或 HTML）文档。Markdown 的特点包括轻量化、易读性、易写性及跨平台支持，支持插入图片、图表和数学公式等内容。例如，用户可以通过在单词或短语前添加"#"来创建标题（"#"的数量表示标题的级别，最多支持六级标题，其中一级标题的字号最大）；通过在单词或短语前添加"*"可以创建无序列表。Markdown 笔记及其预览效果，如图 6-2 所示。

图 6-2　Markdown 笔记及其预览效果

2. 有道云笔记

有道云笔记是网易公司开发的一款笔记工具软件，同样支持新建多种形式的笔记。学生可以利用有道云笔记灵活地捕捉和记录课堂信息；教师可以利用有道云笔记高效创建教案、整理资料和对学生作业进行反馈。此外，有道云笔记还支持用户快速访问全球范围内的学术资源。

3. 讯飞语记

讯飞语记是科大讯飞公司开发的一款笔记工具软件，具有录音速记、图文编排、任务提醒、笔记朗读、多端同步、分类管理等功能。例如，该软件提供多样化的文字编辑功能，让用户可以自由调整文字样式、大小和布局，使笔记更加美观易读；支持长时间语音录入和外部音频一键转写，并确保信息不遗漏。此外，该软件支持用户将笔记导出为 TXT、DOC、PDF 等格式。教师可以利用该软件的录音速记功能轻松记录课堂内容，而学生则可以利用该软件的图文编排功能整理课堂笔记，提高学习效率。

二、思维导图工具

思维导图是英国著名心理学家东尼·博赞在 20 世纪 70 年代发明的一种非线性思维工具，旨在帮助人们更有效地组织和表达思维。它的基本构造是围绕一个中心主题延伸出多个分支，形成具有多个层次的结构，并通过不同的形状和颜色来增强视觉效果和信息的可读性，如图 6-3 所示。思维导图显著改善了线性笔记的不足之处。例如，重点内容易被埋没、记录效果不佳和时间浪费等问题。东尼·博赞认为，思维导图是一种非常有用的图形技术，是开发大脑潜能的万能钥匙，可以应用于生活的各个方面，其在教学中的有效应用可以帮助学生提升学习能力、调整思维方式并改善行为表现。

如今，思维导图不仅可以使用专业的思维导图软件（如 Xmind、知犀思维导图、博思白板）绘制，许多在线笔记工具（如印象笔记、有道云笔记）和文本处理工具（如 Microsoft Word、WPS 文字）也提供思维导图绘制功能。如此多样化的工具使得思维导图的建立和使用变得更加便捷。下面对两款常用的思维导图工具软件进行介绍。

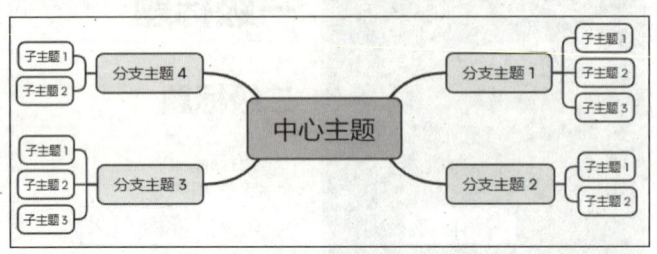

图 6-3　思维导图的基本构造示例

1. Xmind

Xmind 是一款功能强大的本地思维导图软件，用户无须连接互联网即可使用该软件的基本功能，实现绘制思维导图的操作。在联网状态下，Xmind 则进一步支持多种思维导图结构和模板，极大地丰富了用户的创作选择。该软件内置了丰富的模板，能够帮助用户迅速创建思维导图，特别适合初学者快速上手使用。学生可以利用 Xmind 在课后及时整理所学知识，促进知识的有效建构与巩固。Xmind 的工作界面主要由菜单按钮、工具栏、模式栏、画布和格式栏等部分组成，如图 6-4 所示。

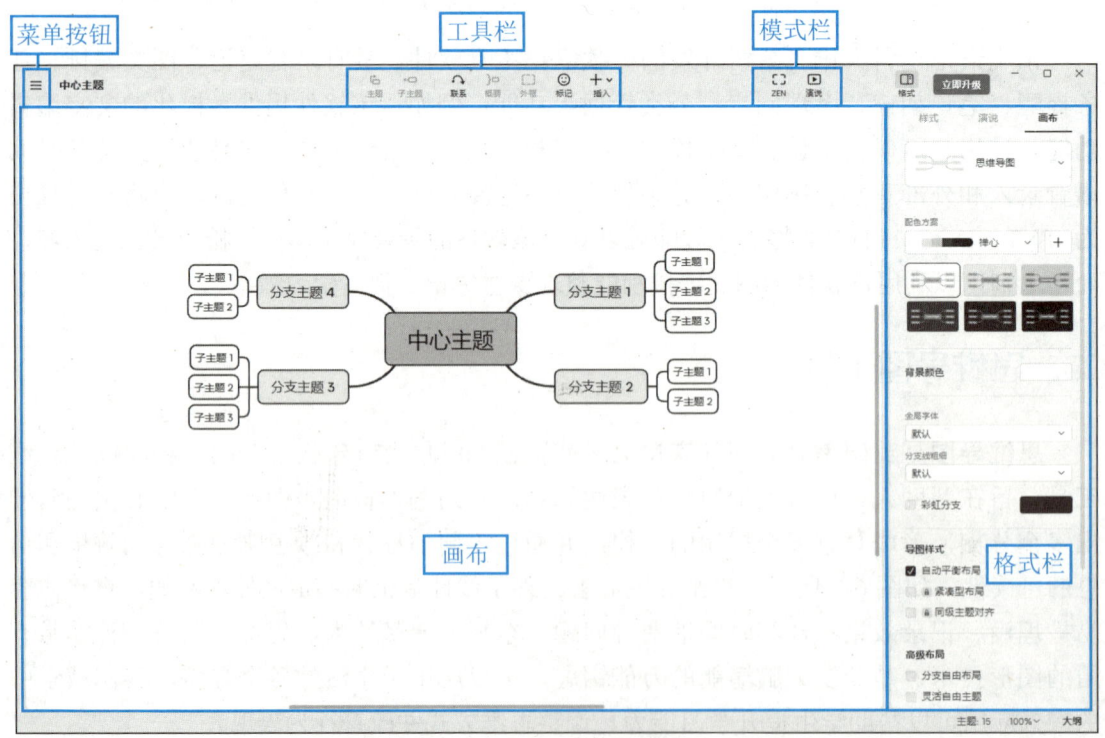

图 6-4　Xmind 的工作界面

2. 知犀思维导图

知犀思维导图是一款全平台思维导软件，不仅支持轻松绘制思维导图、树状图、组织结构图等多种图表类型，还以其简约清新的界面设计和直观的操作设计，使用户能够迅速上手。借助内置的"知犀AI"智能助手，用户只需简单输入一个主题，即可快速生成一个条理清晰的思维导图，从而显著提高工作效率。此外，知犀思维导图的模板知识库精心收录了针对不同年级和学科的思维导图模板及重点知识整理等丰富资源，如图6-5所示。这些模板和内容不仅有助于学生更好地理解和记忆知识，也为教师提供了高效的教学辅助工具。

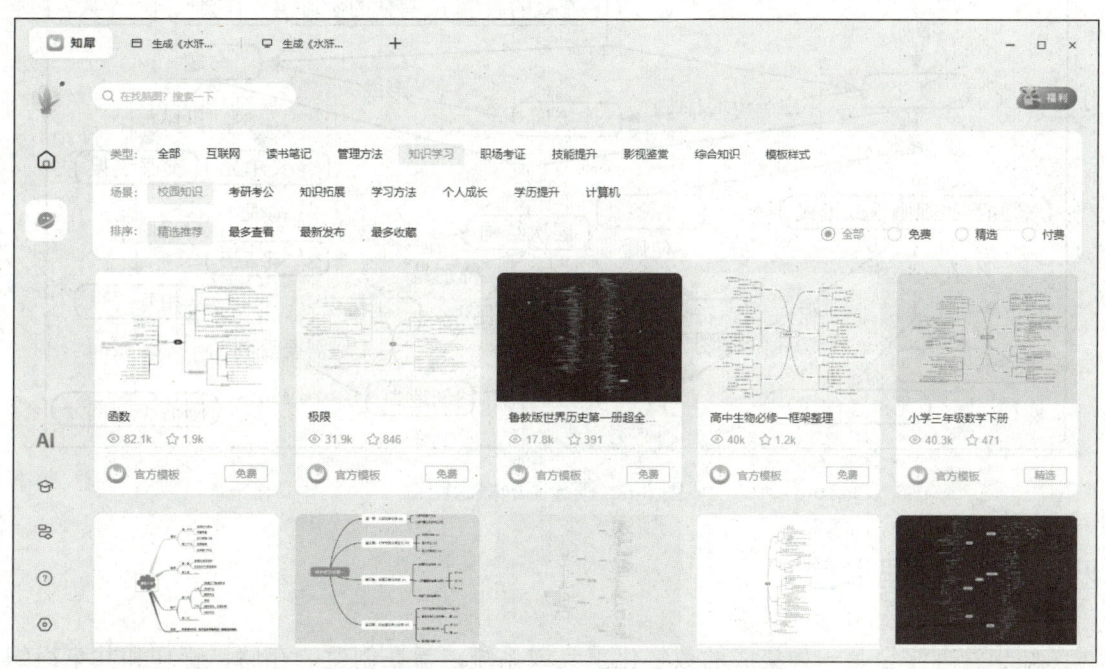

图 6-5　知犀思维导图的模板知识库

三、概念图工具

概念图的发明者是美国康奈尔大学的诺瓦克教授，其将概念图定义为用节点代表概念、用连线表示概念间关系的知识组织和表征工具。概念图通常是将某个主题的有关概念置于圆圈或方框中，然后用连线将相关概念连接，连线上标明两个概念之间的意义关系，图6-6展示了概念图的概念图。最常用的概念图有层级结构概念图、蜘蛛结构概念图和流程图等。概念图可以帮助学生将某个主题及其相关概念之间的关系梳理得一目了然。

当前，众多专业绘图软件，如亿图图示和博思白板等，均内置了丰富的概念图模板及绘制工具，显著简化了概念图的创作过程。学生可以借助这些软件独立构建针对特定概念的概念图，从而深化对该概念的理解与掌握；教师可以通过有效运用概念图帮助学生解析复杂概念、拓展理解深度、提升学习效果。

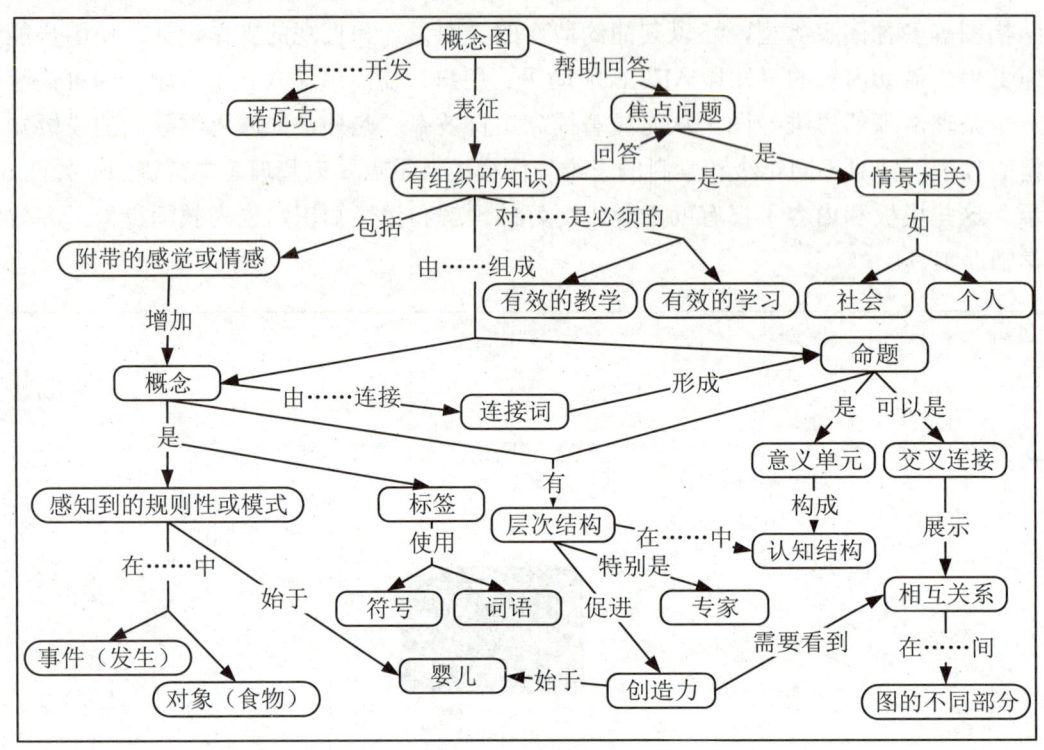

图 6-6 概念图的概念图

四、知识管理平台

知识管理平台是一种集成的数字化工具或系统，旨在创建、存储、管理和共享组织内外部的知识与信息，用户可以借助这些平台进行知识检索、存储等操作。知识管理平台的核心目标是促进知识的有效利用，提升组织的学习能力、创新能力和决策水平。下面对两个典型的知识管理平台进行介绍。

1. 中国知网

中国知网（CNKI）是同方股份有限公司旗下的知识发现网络平台，集知识检索、知识管理和知识服务于一体。该平台旨在为社会各个行业提供专业的知识传播与数字化学习服务，是国家知识基础设施的重要组成部分。中国知网汇集了各类期刊、师生作者、会议论文服务单位及数以亿计的读者，构建了一个提供知识共享与增值服务的庞大网络。中国知网覆盖了社会科学、自然科学和技术科学等多个学科领域，提供丰富的学术资源，让师生可以通过统一的检索平台方便地查找和获取所需的学术文献资源。此外，

中国知网还提供论文查重、数字出版等多种服务，为学术研究和知识创新提供了有力的支持。

2. 石墨文档

石墨文档是一种支持实时协作的文档编辑工具，具备多人在线实时编辑、文档共享、评论讨论、版本历史追溯等多项功能，能够帮助教师和学生有效地整理信息、记录知识和经验。石墨文档凭借简洁的用户界面与强大的协作能力，使团队成员能够及时看到彼此的修改，从而显著提高协作效率和知识的利用率。用户通过单击左侧边栏中的"我的桌面"按钮，可以便捷地管理所有文档，如图6-7所示。

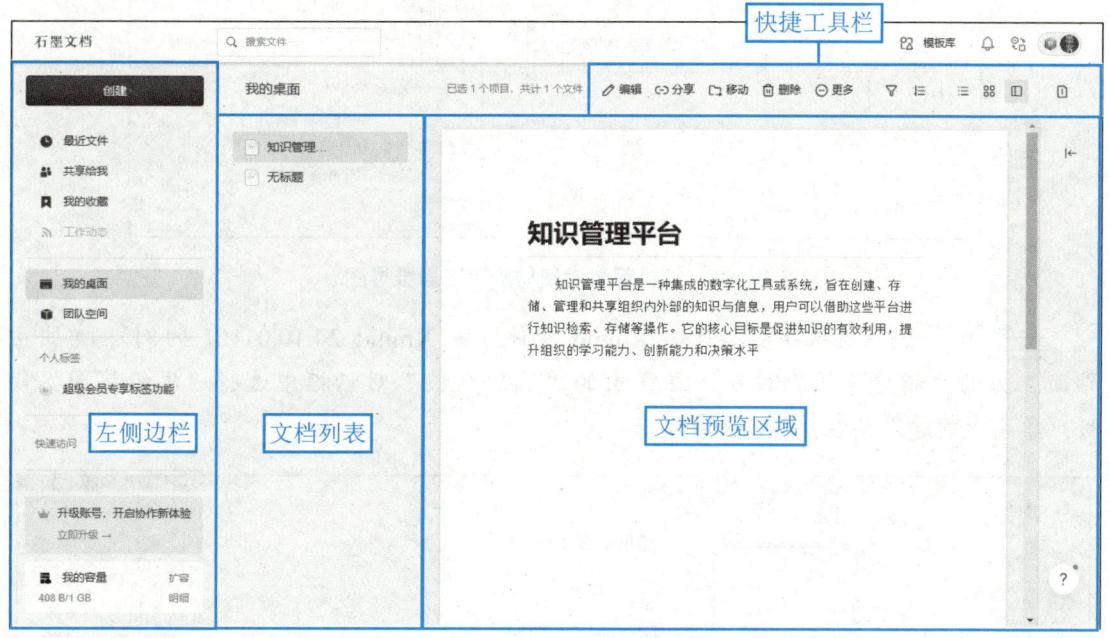

图6-7　石墨文档的"我的桌面"界面

教师通过利用石墨文档的团队空间功能，可以高效地组织和管理教学材料与资源，促进团队协作与交流。例如，教师能够共同编辑教案、课件及其他教学文档，并实时获取反馈。同时，学生也能够通过该工具便捷地进行小组作业的协作，分享各自的观点与想法，从而增强互动学习体验。总之，石墨文档为教育领域提供了一个灵活高效的知识管理平台，促进了知识的积累、分享与管理。

任务实践——制作思维导图

郭老师是某高中的信息技术课程教师。为了帮助学生更好地构建"计算机发展与应用"一节内容的知识框架，他在备课过程中制作了一张思维导图，如图6-8所示。下面以制作"计算机发展与应用"思维导

制作思维导图

图为例，学习使用 Xmind 软件制作思维导图的一般方法。

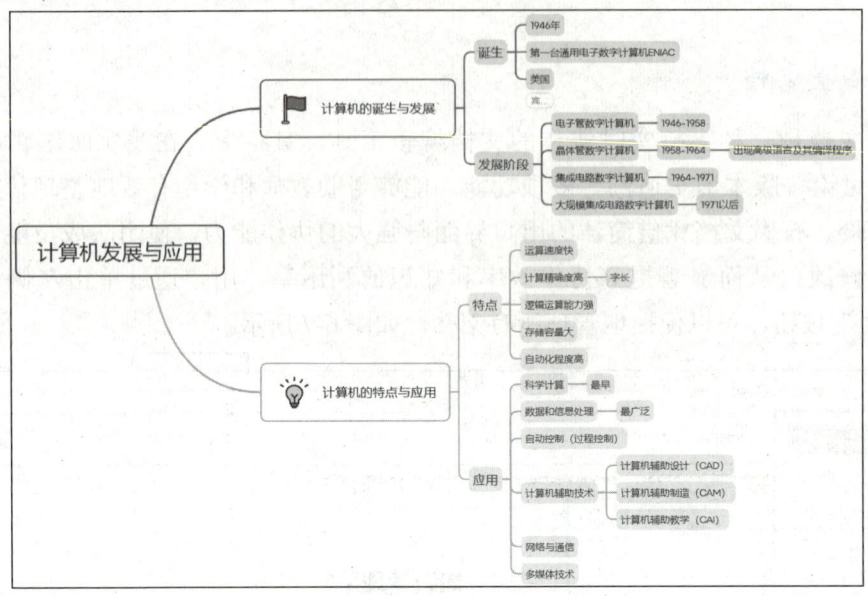

图 6-8　"计算机发展与应用"思维导图

步骤 1　创建思维导图。启动 Xmind 软件（以 Xmind 24.10.01101 为例），单击主界面上方的"新建导图"按钮，在弹出的"选取模板"对话框中选择"思维导图"模板，单击"创建"按钮，如图 6-9 所示。

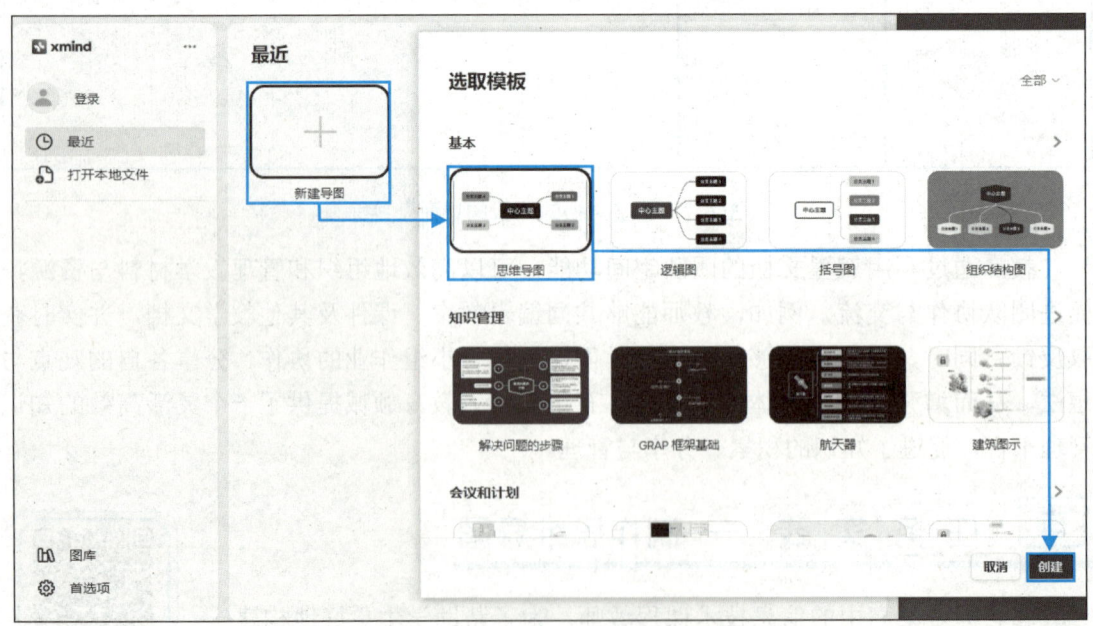

图 6-9　创建思维导图

步骤 2 确定思维导图主题。在 Xmind 的画布区域双击"中心主题",将默认文字修改为"计算机发展与应用";然后分别双击"分支主题 1"和"分支主题 2",将默认文字分别修改为"计算机的诞生与发展"和"计算机的特点与应用";最后分别单击"分支主题 3"和"分支主题 4"并按"delete"键,将这两个分支主题删除。根据需要为剩余主题设置无填充,并添加圆角矩形边框,如图 6-10 所示。

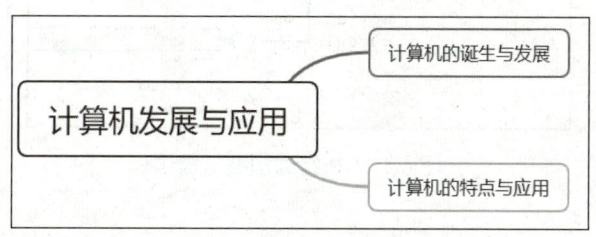

图 6-10 确定思维导图主题

步骤 3 添加子主题。单击"计算机的诞生与发展"分支主题,再单击工具栏中的"子主题"按钮,在"计算机的诞生与发展"分支主题上添加一个子主题。接着,将新添加的子主题中的默认文字修改为"诞生"。随后,重复上述步骤继续添加其他子主题并修改默认文字,如图 6-11 所示。

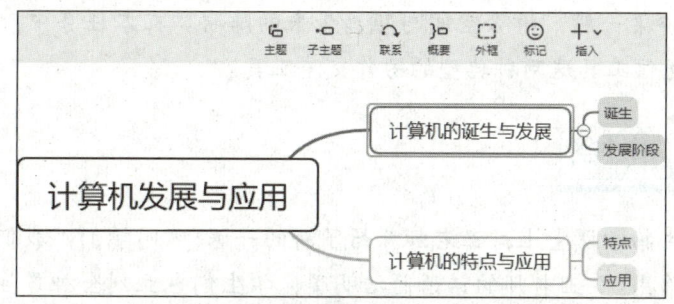

图 6-11 为思维导图添加子主题

步骤 4 添加关键知识点。单击"诞生"子主题,再单击工具栏中的"子主题"按钮,在"诞生"子主题上添加一个新的子主题。接着,将新添加的子主题中的默认文字修改为关键知识点。随后,重复上述步骤继续添加其他关键知识点。

步骤 5 添加贴纸。为了使制作的思维导图生动有趣,可以为思维导图的主题添加贴纸。例如,右击"计算机的诞生与发展"主题,在弹出的快捷菜单中选择"插入"/"贴纸"选项(见图 6-12),在弹出的贴纸列表中选择需要的贴纸,可实现为"计算机的诞生与发展"主题添加贴纸的操作。

步骤 6 保存制作好的思维导图。在思维导图制作完成后,单击左上角的菜单按钮,在弹出的列表中选择"导出"选项下的不同格式,将思维导图导出为图像或文档文件。最后按"Ctrl+S"组合键保存工程文件。

现代教育技术

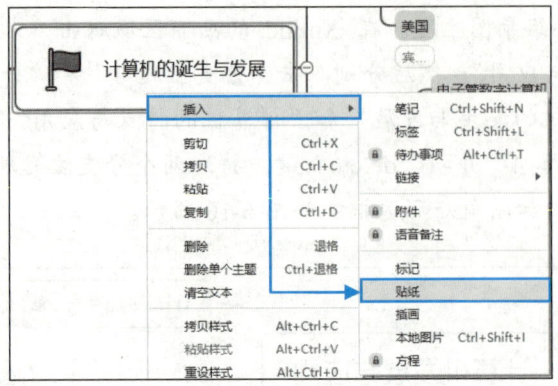

图 6-12 执行添加贴纸操作

任务三 协作交流工具

当教师与学生之间、学生与学生之间由于某些原因而难以进行面对面交流时，协作交流工具便如同桥梁一般，排除空间与距离带来的障碍。在本任务中，我们将认识在线会议工具和即时通信工具这两种典型的协作交流工具。

任务准备

在某中学的生物学课堂上，王老师开始了新的一课："同学们，我们今天要探讨的主题是植物的光合作用。"王老师的话语简洁明了，学生们也立刻全神贯注地投入学习中。与此同时，因病请假在家的小美，通过电脑屏幕也实时加入了课堂学习。她坐在床边，眼睛紧盯着屏幕，只见王老师在电子白板上用清晰的图示讲解光合作用的反应式，每一个步骤都讲解得细致入微。

随着课程的推进，王老师不仅详细讲解了光合作用的每一个细节，还为大家准备了一系列学习资源，包括详细的实验视频和图表，以便更好地理解课程内容。课后，王老师还单独为小美发送了一份详尽的复习资料，确保她不会错过重要知识点。

请同学们结合上述材料思考以下问题。

(1) 哪些工具帮助小美实现了在家实时参与课堂学习？
(2) 这些工具如何提升了小美的学习体验？

项目六　信息化教学工具

一、在线会议工具

在线会议工具是指利用互联网技术实现远程实时音视频交流、屏幕共享和文档协作等的工具。这类工具使用户能够跨越地理障碍，借助高清视频、清晰音频、交互式电子白板等多种形式进行高效的沟通与协作。在线会议工具通常集成了丰富的协作功能，如实时屏幕共享、在线文档编辑、会议录制、自动生成会议纪要、注释和投票等。这些功能不仅促进了信息的即时传递与理解，还加快了决策的制订与执行。

目前，主流的在线会议工具，如腾讯会议、讯飞会议等，已成为各类教育机构进行远程教学和线上学习的重要工具。教师可以利用这些工具进行远程授课、组织在线讨论和实时答疑，而学生则能够在家中或其他地点参与课堂学习，获得与在传统教室几乎相同的学习体验。

1. 腾讯会议

腾讯会议是腾讯公司开发的一款在线会议工具，其凭借简洁易用的操作界面和强大的功能在国内拥有极高的普及率。该工具支持高清音视频通话、屏幕共享、文档协作等功能，能够满足不同规模的会议需求。腾讯会议在教育领域的应用广泛且深入，为教育行业带来了诸多便利和创新，其人性化的界面设计使得家长、学生、教师都更容易上手使用。此外，腾讯会议还支持云录制和回放，用户可以将会议录制到云端，方便后续查看和分享。

2. 讯飞会议

讯飞会议是科大讯飞公司开发的一款专注于提升会议效率与互动体验的在线会议工具，其核心优势在于集成了先进的人工智能技术。该工具能够自动识别并转换会议中的语音内容，生成准确的文字记录，这一功能不仅有助于教师实时查看并分析学生的发言，同时也便于总结、回顾与复习。对于涉及多语言交流的国际化教学环境，讯飞会议提供的实时翻译服务能够有效打破语言障碍，确保信息的准确传递。此外，讯飞会议还支持屏幕共享、文档协作等功能，为线上课堂提供了丰富的互动手段，促进了师生之间的有效沟通与合作。

二、即时通信工具

即时通信工具是指能够通过互联网实时发送和接收消息的工具，允许用户以文字、语音和视频等多种形式进行快速交流。常见的即时通信工具，如 QQ、微信和钉钉，已成为人们社交生活中不可或缺的一部分。这些工具通常具备群组功能，便于教师组织班级讨论和发布通知公告，同时为学生提供了一个相互学习和资源共享的平台。

目前大多数即时通信工具也支持在线会议功能，如 QQ 的群视频和群课堂功能、钉钉的在线课堂功能。许多即时通信工具还集成了文件共享、日程安排等实用功能，进一步提高了教学管理的效率与灵活性。接下来，介绍两款在教育教学中常用的即时通信工具。

1. QQ

QQ 是腾讯公司推出的一款即时通信工具，具备文字聊天、语音通话、视频通话、文件共享和离线留言等多种功能。教师可以通过 QQ 为学生提供个别化辅导，利用文字、语音或视频聊天进行实时交流。借助 QQ 的群聊功能，教师可以组织学生进行集体讨论和答疑，从而促进师生间、学生间的互动与合作。此外，QQ 的文件共享功能使得教师能够便捷地布置和回收作业，从而有效提高教学效率。

2. 钉钉

钉钉是阿里巴巴集团推出的智能移动办公平台，具备强大的组织管理和沟通协作功能，广泛应用于各级学校的教学与管理工作，图 6-13 为钉钉的工作界面。钉钉的视频会议和群直播等功能支持多人语音通话和视频会议，极大地方便了教师进行远程教学和在线答疑。此外，学生可以利用钉钉的直播回放功能，随时查看教师的教学视频，从而实现及时复习和查漏补缺；教师也可根据直播结束后自动生成的直播数据报告，进一步了解每位学生的在线时长、发言情况等。钉钉还支持创建学校、班级等组织（如班级圈），为教师提供了便捷的学生管理和课程安排工具。通过群聊功能，教师能够高效地进行任务分配和日程管理，从而进一步提高教学活动的组织效率。

图 6-13 钉钉的工作界面

项目六 信息化教学工具

 任务实践——组织直播教学

在现代教育技术的推动下，在线教学迅速崛起，并持续创新，成为备受关注的话题。作为教育领域的重要突破，在线教学有效缓解了传统线下教学中存在的资源不足、效率不高和学生学习兴趣不足等问题。下面以使用钉钉组织直播教学为例，学习使用协作交流工具开展在线教学的一般方法。

组织直播教学

步骤 1 创建师生群。首先，打开钉钉移动客户端（APP），登录并进入主界面（如果尚未注册，可通过手机号码一键注册）。点击右上角的"+"按钮，在弹出的列表中选择"发起群聊"，然后在"发起群聊"界面中点击"师生群"按钮，如图6-14所示。完成师生群基本信息设置和创建后，教师可以通过钉钉邀请、二维码邀请、微信邀请、QQ邀请、班级号邀请等多种方式，邀请学生、家长或其他教师加入该群。

图 6-14 创建师生群

步骤 2 创建直播。打开电脑版钉钉，单击消息列表中的班级群聊，在打开的聊天对话框中单击"在线课堂"按钮。在弹出的"详情"对话框中单击大班课区域的"立即使用"按钮，如图6-15所示（也可以根据需要选择其他直播形式，如视频会议和小班课）。在弹出的直播基本设置对话框中设置直播标题，并根据需求决定是否开启直播回放、允许观众连线等功能，设置完成后单击"进入直播间"按钮创建直播。

现代教育技术

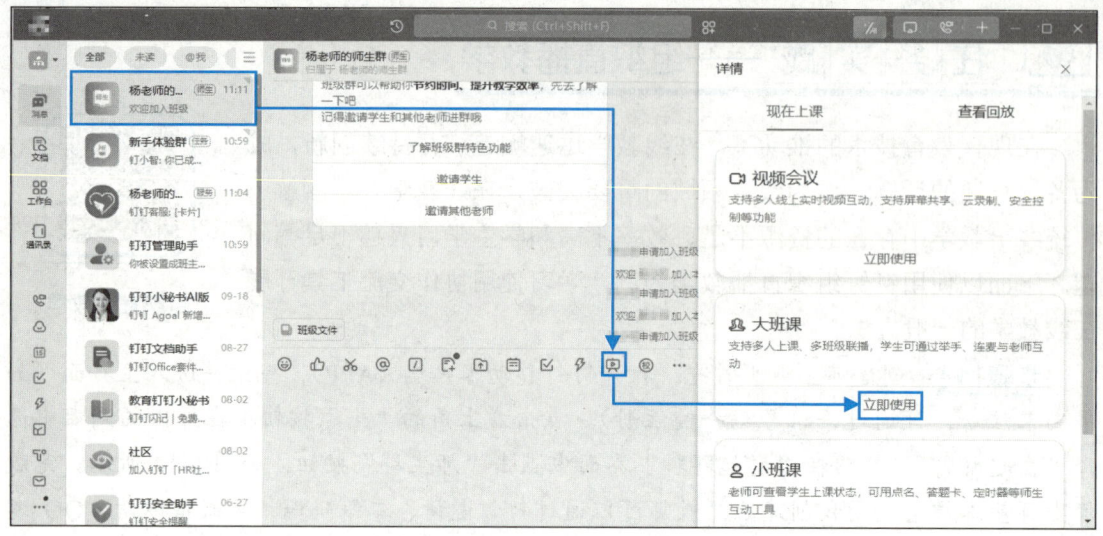

图 6-15 创建直播

步骤 3 设置直播。直播创建成功后,将打开直播界面,如图 6-16 所示。在工具栏中单击相应按钮开启或设置声音和摄像头功能。如果需要共享屏幕,单击"共享"按钮,在弹出的对话框中选择要共享的桌面或窗口后单击"共享"按钮。所有设置完成后,单击"开始直播"按钮即可正式开始直播。

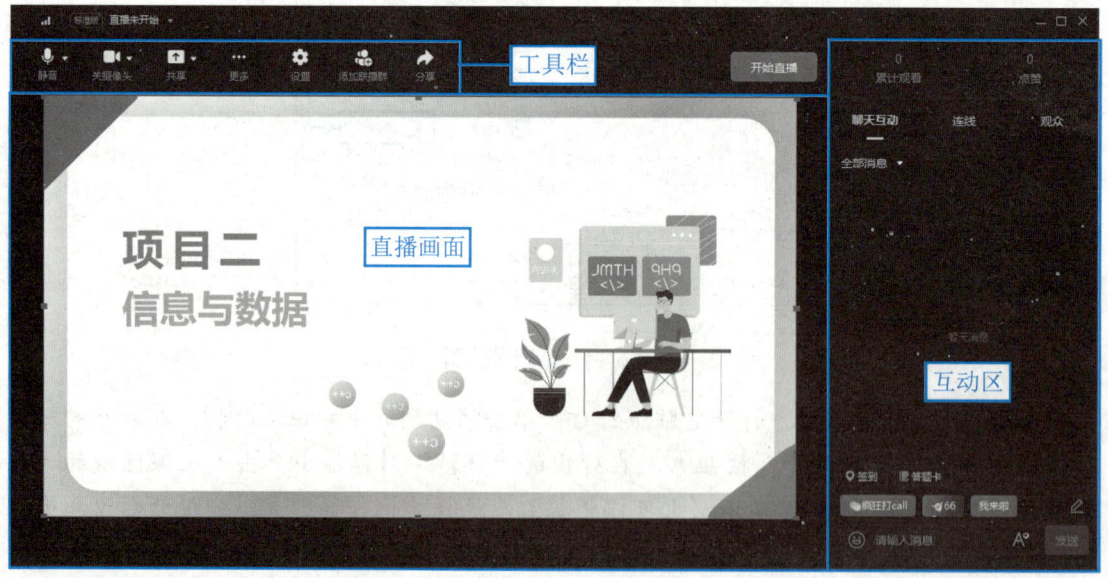

图 6-16 直播界面

项目六 信息化教学工具

步骤 4 发起签到。在正式开始直播后，教师可单击互动区的"签到"按钮，在弹出的"签到"对话框中设置签到时长为 1 分钟、2 分钟或 5 分钟，单击"立即发起"按钮，以统计学生参与直播的情况。

步骤 5 结束直播。教学结束后，单击直播界面中的"结束直播"按钮以终止直播，系统将自动统计直播时长和观看人数等数据。此外，教师和学生也可以在钉钉移动客户端进入"群设置"界面，点击"直播回放"按钮，回放直播视频。

任务四 虚拟实验工具

任务描述

在某些自然科学科目或实践操作性较强的课程中，实验教学占据着至关重要的地位。然而，由于时间、地点和设备等条件的限制，一些实验难以直接在课堂教学环境中进行演示或操作。为有效应对这一挑战，虚拟实验工具应运而生。在本任务中，我们将认识虚拟实验室和虚拟实验资源平台这两种典型的虚拟实验工具。

任务准备

小明是初中二年级的学生，这学期他开始了物理课程的学习。小明对书中有趣的实验非常着迷，但家中缺乏设备和出于安全考虑，他无法进行实际操作。直到物理老师向他推荐了一款名为"物理奇境"的虚拟实验工具。这款工具是一个在线平台，利用 3D 技术和物理引擎模拟物理实验。小明只需一台电脑，就能在家中自由操作各种实验器材，观察物理现象，调整物理参数，探索物理规律。他首先尝试了"光的折射"实验。在该工具提供的虚拟实验室中，他轻松完成了光从空气斜射入水中的折射实验，并尝试改变入射角和水温，观察折射角度的变化。随着对该工具的深入使用，小明不仅完成了课本实验，还自己设计了一些小实验，探索声音传播规律和杠杆原理等。

请同学们结合上述材料思考以下问题。

（1）虚拟实验工具的优势有哪些？

（2）使用虚拟实验工具是否会削弱小明对真实世界中物理现象的理解？

一、虚拟实验室

虚拟实验室是指集成了互联网技术、计算机图形与仿真技术等的创新教学工具。这

现代教育技术

类工具创建了一个沉浸式的实验环境，使得学生无须亲自前往实体实验室，只需在线访问相关网站或穿戴相关设备，即可仿佛置身于真实的实验场景中，进行各种实验操作，从而极大地丰富了学习体验。随着信息技术的持续进步与成熟，虚拟实验室正逐步融入教育体系，成为众多教育机构在远程教学和实践活动中不可或缺的重要工具。虚拟实验室不仅打破了地域和资源的限制，还为学生提供了一个安全、便捷且高效的实验环境，推动了信息化教学的深入发展。

1. Labster 虚拟实验室

Labster 虚拟实验室作为虚拟实验室领域的先行者，成功构建了涵盖生物学、化学、微生物学、生理学等多个学科的超过 150 个虚拟实验室。Labster 虚拟实验室采用引人入胜的表现手法与游戏化的学习方式，有效降低了学生理解实验内容的难度。在虚拟环境中，学生能够如同在实体实验室中一样，反复练习各项技能。同时，教师可通过 Labster 虚拟实验室系统跟踪每位学生的学习进度，并在必要时提供及时的帮助。学生在 Labster 虚拟实验室中不仅可以掌握大量课本上的知识，还可以学会解决问题的技巧。

2. NOBOOK 虚拟实验室

NOBOOK 虚拟实验室运用先进的计算机技术等精心打造出一系列高度仿真的虚拟实验环境，让学生能够以互动的方式参与实验操作，仿佛置身于真实的实验场景中，顺利完成各类预设的实验项目。该工具最大限度地模拟了真实实验的场景，不仅提供了与实际实验操作相近的体验，还确保了实验过程的安全性和可重复性。

二、虚拟实验资源平台

虚拟实验资源平台是指提供各类虚拟实验资源的在线系统或软件。这类平台通常集成了大量的虚拟实验室、模拟实验工具、教学视频和互动教程，旨在为用户创造一个全面、便捷且高效的虚拟学习环境。通常，用户只需通过简单注册和登录，即可访问丰富的实验资源。无论是对生物学、化学、物理学等基础科学领域的探索，还是对更广泛学科知识的追求，虚拟实验资源平台都能提供量身定制的虚拟实验方案，精准满足学生多样化的学习需求和教师灵活的教学需求。虚拟实验资源平台提供的虚拟实验不仅高度还原了真实实验的场景和操作过程，还通过极具互动性的设计，增强了用户的参与感和体验感。

中央电化教育馆虚拟实验教学服务系统是一个具备丰富的虚拟实验资源（如实拍视频、演示视频、3D 课件、VR 课件等）的在线虚拟实验资源平台，教师可以通过该平台上的实验资源进行演示，学生可以通过观察这些演示来学习实验步骤和原理。这一平台融合了人工智能、3D、虚拟现实等前沿技术，经由教育专家指导论证，致力于高度逼真还原物理学、化学、生物学、科学等学科实验现象与过程，有效拓展实验教学广度和深度，科学助力中小学实验教学质量提升。

任务实践——体验虚拟实验资源平台

如今，虚拟实验资源形式多样、层出不穷，在优化学习体验、丰富教学维度和提升教学成效等方面发挥着重要作用。下面以中央电化教育馆虚拟实验教学服务系统为例，体验在虚拟实验资源平台选择和获取虚拟实验资源的方法。

体验虚拟实验资源平台

步骤1 打开浏览器，在地址栏中输入"https://vlab.eduyun.cn"，按回车键，打开中央电化教育馆虚拟实验教学服务系统主页，如图6-17所示。通过主页的导航栏可以看到，该平台功能齐全，资源丰富，具有实验资源、实验测试、创编系统和教师培训等多个版块。

图6-17 中央电化教育馆虚拟实验教学服务系统主页

步骤2 选择实验资源。在主页的导航栏中单击"实验资源"按钮，跳转至"实验资源"页面，选择"学段"（如"初中"）和"学科"（如"物理"），初步定位实验资源。接着，在展示的所有实验资源结果中，选择目标实验资源（如"探究平面镜成像的特点"，见图6-18），单击进入目标实验资源的详情页面进行观看与学习。

步骤3 下载并运行实验播放器。在目标实验资源的详情页面中播放3D课件类虚拟实验资源时，需要在弹出的对话框中单击"下载并运行实验播放器"链接，如图6-19所示。

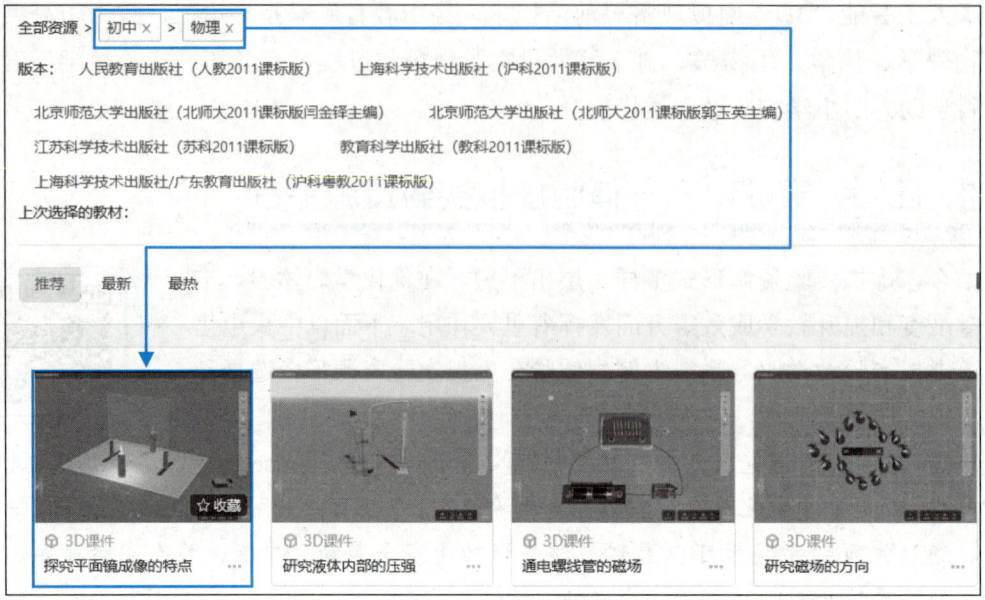

图 6-18 选择目标实验资源

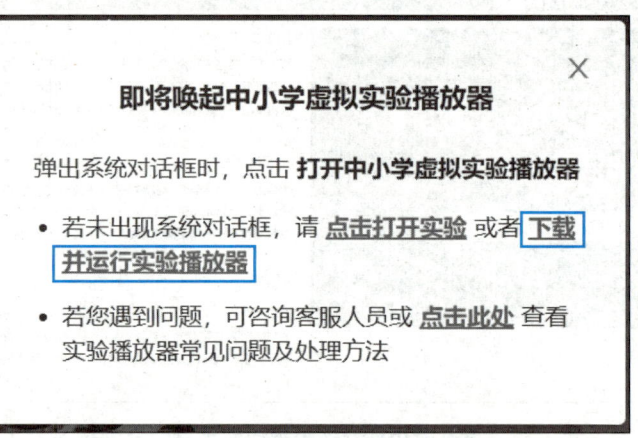

图 6-19 下载并运行实验播放器

步骤 4 进行虚拟实验操作。在下载并安装完实验播放器后，返回目标实验资源的详情页面，再次单击实验界面的启动按钮，系统将会自动运行实验播放器并在实验播放器中加载该实验资源，如图 6-20 所示。在实验播放器中，首先需认真阅读相关指引（如"步骤""知识点"）以进一步了解虚拟实验资源，然后正式开始进行虚拟实验操作，并记录实验数据。

项目六 信息化教学工具

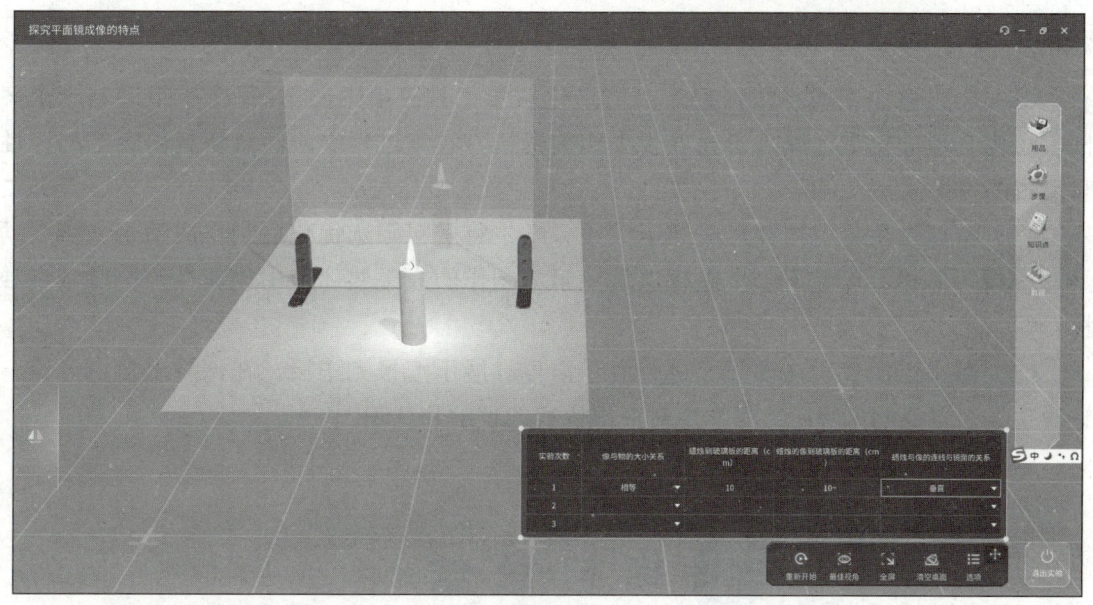

图 6-20 "探究平面镜成像的特点"虚拟实验

项目实训 探究信息化教学工具应用

1. 实训背景

随着信息技术的不断进步，各类信息化教学工具在教育领域得到了广泛应用。这些工具通过整合数字技术、网络资源、互动平台，为各级学校和教育机构提供了更为丰富、多元的教学手段。它们不仅优化了传统教学模式，还为学生创造了更加高效、个性化的学习体验。本项目实训将带领大家探究信息化教学工具的典型应用，以便更加全面、深入地认识信息化教学工具。

2. 实训目的

在初步认识各种信息化教学工具及其功能的基础上，引导学生积极探索信息化教学工具在实际教学活动中的应用策略与效果，培养学生的创新意识与实践能力，鼓励他们在未来的教学实践中积极尝试信息化教学工具、不断优化信息化教学手段，以提升教学质量与学生学习成效。

3. 实训步骤

（1）学生自由组成小组，搜索"信息化教学工具应用案例"。每个小组确定一个案例，组内合理分工进行深入研究并收集相关资料，收集过程中应注意资料内容的严谨性和形式的多样性。

（2）整理收集的资料并形成展示成果。学生将资料筛选优化后制作成演示文稿、动画、视频等形式，以备下一步进行课堂展示。制作的成果要体现出创新性，争取做到独树一帜。

（3）各小组派代表在课堂上进行展示汇报。展示汇报完毕后，在课堂上自由讨论，让学生发表自己的见解，加深学生对汇报内容的理解和认识。

（4）教师评价总结。

为了帮助读者更好地掌握本项目所学内容，下面通过一张思维导图直观地呈现所有知识要点，如图 6-21 所示。

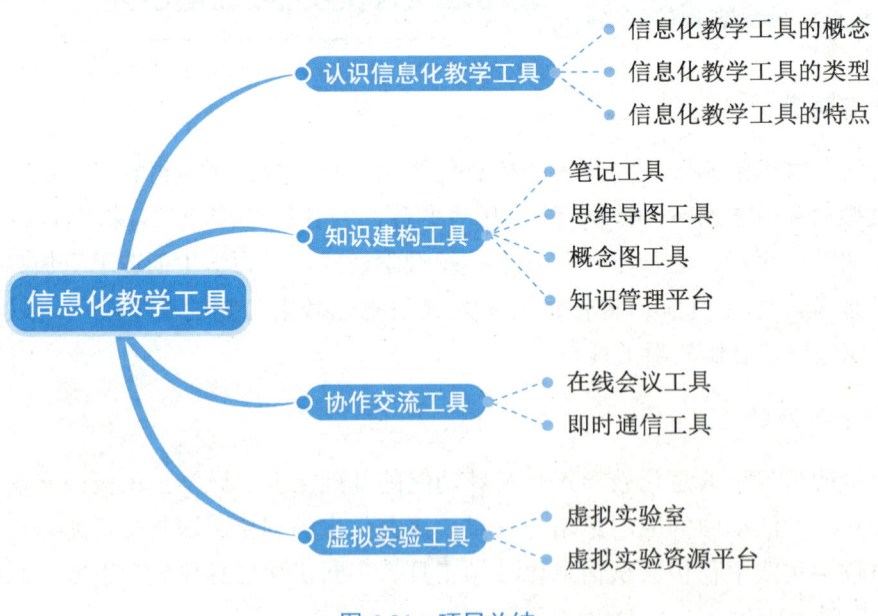

图 6-21　项目总结

项目考核

1. 选择题

（1）信息化教学工具的特点不包括（　　）。

　　A．使用方便快捷，操作直观易学

　　B．实时更新资源，内容丰富多彩

　　C．辅助心理指导，促进青年教师快速成长

　　D．支持个性学习，满足学生不同需求

（2）下列信息化教学工具中，不属于知识建构工具的是（　　）。

　　A．知犀思维导图　　　　　　　　B．有道云笔记

　　C．讯飞会议　　　　　　　　　　D．石墨文档

（3）下列信息化教学工具中，属于信息检索工具的是（　　）。

　　A．石墨文档　　　　　　　　　　B．Xmind

　　C．讯飞会议　　　　　　　　　　D．百度学术

（4）下列信息化教学工具中，不能用于绘制思维导图的是（　　）。

　　A．知犀思维导图　　　　　　　　B．有道云笔记

　　C．讯飞会议　　　　　　　　　　D．石墨文档

（5）概念图用连线表示（　　）。

　　A．概念　　　　　　　　　　　　B．知识

　　C．概念的意义　　　　　　　　　D．概念之间的关系

（6）下列信息化教学工具中，不属于协作交流工具的是（　　）。

　　A．腾讯会议　　　　　　　　　　B．钉钉

　　C．讯飞会议　　　　　　　　　　D．中国知网

（7）下列信息化教学工具中，不属于虚拟实验工具的是（　　）。

　　A．Labster 虚拟实验室

　　B．清华大学未来实验室

　　C．NOBOOK 虚拟实验室

　　D．中央电化教育馆虚拟实验教学服务系统

2. 填空题

（1）教学工具是指一切能够_____和_____的物品或设备。

（2）根据功能和用途的不同，信息化教学工具可大致分为_____、

_____、_____、_____、_____等类型。

（3）思维导图的基本构造是围绕一个_____延伸出多个_____，形成具有多个层次的结构，并通过不同的_____和_____来增强视觉效果和信息的可读性。

（4）知识管理平台是一种_____，旨在_____、_____、_____和_____组织内外部的知识与信息，用户可以借助这些平台进行知识检索、存储等操作。

（5）虚拟实验资源平台是指提供各类_____的在线系统或软件。

3．简答题

（1）简述思维导图的优点和常用的思维导图工具软件。

（2）简述知识管理平台的核心目标。

（3）简述典型的协作交流工具及其功能。

（4）简述虚拟实验资源平台的优势。

4．实践题

（1）选择一个完整的教学单元，详细分析适合采用的信息化教学工具，并阐明这些工具在教学过程中的具体功能。

（2）调研本校教师使用信息化教学工具的目的、频率和满意度等，分析这些工具对教学效果的影响，并提出改进措施以提升工具应用效果。

项目评价

完成所有学习任务之后，请按照以下要求进行项目评价。

全班同学每 3~5 人一组，各组成员结合课前、课中和课后的学习情况，以及项目实训和项目考核的完成情况，按照表 6-2 中的评价标准对本项目的学习效果进行自评和互评（组内成员互相打分），并请教师进行总体评价，学生根据评价结果进行总结。

表 6-2 学习效果评价表

评价项目	评价内容	评价分数			
		分值	自评	互评	师评
知识（40%）	信息化教学工具的概念、类型与特点	15 分			
	典型的知识建构工具、协作交流工具与虚拟实验工具	25 分			
技能（40%）	描述信息化教学工具的重要意义、应用现状及优势	10 分			
	体验和探究常见的知识建构工具	10 分			
	体验和探究常见的协作交流工具	10 分			
	体验和探究常见的虚拟实验工具	10 分			
素养（20%）	遵守课堂秩序，展现良好学习态度	5 分			
	具有自主学习意识，做好课前准备	5 分			
	积极参与教学活动，善于思考、提问和探索创新	5 分			
	具有团队合作精神，高效解决问题，出色完成实践任务	5 分			
总评	综合得分：_____	100 分			
	综合等级：_____	教师签字：_____			
总结	最突出的表现（创新或进步）： 还需改进的地方（不足或缺点）：				

注：综合得分=自评（25%）+互评（25%）+师评（50%）；综合等级可以"优"（综合得分≥90 分）、"良"（80 分≤综合得分<90 分）、"中"（60 分≤综合得分<80 分）、"差"（综合得分<60 分）为标准进行评价。

项目七　信息化教学设计

项目导读

　　20 世纪 60 年代，教学设计在美国率先展开研究与实践，并迅速崛起为教育技术领域的重要分支。此后，相关理论与方法体系不断演进，教学设计逐渐发展为一个独立的学科，受到越来越多的关注。如今，信息技术的深度融入不仅极大地改变了教学设计的形式与方法，还不断拓展着教学设计的理论与实践边界。本项目主要介绍信息化教学设计的相关知识，包括认识信息化教学设计、课堂教学设计、在线教学设计、混合式教学设计等内容。

学习目标

知识目标
- 了解信息化教学设计的概念、过程、原则与基本内容。
- 熟悉课堂教学设计的内涵与模式。
- 熟悉在线教学设计的内涵与模式。
- 熟悉混合式教学设计的内涵与模式。

能力目标
- 能够根据信息化教学设计的基本原则和相关要求开展教学设计。
- 能够针对不同的教学环境设计相应的信息化教学方案。

素质目标
- 培养从多角度独立分析与解决问题的能力，提高思维灵活性。
- 勇于探索和尝试新的教学理念和手段，激发创新创造潜能。

项目七　信息化教学设计

引导案例　数字化转型下的智慧实践教学一体化设计

为了全面贯彻党的教育方针，落实立德树人根本任务，加快建设高质量教育体系，华中农业大学以人工智能技术推动教学资源、教学场景、教学模式和教学管理创新，助力实践教学数字化转型，努力塑造教育发展新优势。

在教学模式创新方面，华中农业大学构建了"全时应用、全程覆盖、全景再现、全能提升"的"四全"虚拟仿真实验教学体系，一体化推进实践教学模式改革。学校建立了线上线下互为补充、虚拟与实体相融合的实践课程体系，依托数字课程、虚拟仿真实验教学项目和实验室开放管理，通过线上线下混合，创新开展课堂翻转教学，实现虚实交互实践。

借助在线课程资源、虚拟实验平台和实验室的全面开放，华中农业大学开展了"全时空"智慧实践教学，打破了学习的时空界限。学校注重实验课堂教学的设计与组织，完善课前、课中、课后的实践教学设计，使教师从知识的传授者转变为引导者，学生从被动参与转变为主动探究，实验教学真正实现了多维互动。

华中农业大学基于数字课程和虚拟仿真实验教学项目，将实验教学内容与科研进展及产业前沿技术相结合，开展具有挑战性的实践活动。同时，学校运用人工智能中的机器学习技术，确定每个实验项目的关键能力控制点，建立数字化实验操作标准示范资源，通过与人工智能深度融合，配备实验操作"AI 学伴"，实现了实验过程的智能比对和个性化指导，可及时发现并纠正实验操作中的错误，提高实验效率。

（资料来源：刘乐，《华中农业大学加快推进实践教学数字化转型》，教育部网站，2024 年 7 月 8 日）

请思考：

在创新的教学模式中，教师应如何开展教学设计，以提升实践教学的互动性和激发学生的参与热情？

任务一　认识信息化教学设计

任务描述

信息化教学设计能力既是教育技术专业人才的核心能力，也是新时代教师应具备的基本能力。在本任务中，我们将学习信息化教学设计的概念、过程、原则、基本内容等，以初步认识信息化教学设计。

姜老师是一名新入职的小学数学教师。在准备"分数的简单计算"一课时，她制作了一个演示文稿，计划届时以播放演示文稿和实时讲解的方式进行课堂教学。然而，当马老师了解完姜老师的计划后，他提出了一些意见："仅仅使用演示文稿进行内容讲解，略显单薄，可能难以激发学生的浓厚兴趣和有效地帮助学生理解知识，甚至会让学生对分数加减法的原理感到困惑。学生们可能更渴望通过主动思考与亲自实践来掌握这些知识。"

听取完马老师的意见，姜老师重新进行了教学设计，这次她不仅巧妙地融入了思考问题、小组讨论与动手实践环节，还精心制作了一个展示分数计算过程的二维动画，以增强教学活动的趣味性与互动性。后来，在课堂上，姜老师所实施的一系列教学方法与展示的教学材料，赢得了学生们的一致好评，反响热烈。

请同学们结合上述材料思考以下问题。

（1）姜老师最初的教学设计存在哪些不足之处？她在教学设计中忽视了哪些重要因素？

（2）姜老师的教学设计属于信息化教学设计吗？信息化教学设计应遵循哪些原则？具有哪些特点？

一、信息化教学设计的概念

信息化教学设计是教学设计发展到信息时代的新名词。为了更好地理解信息化教学设计，下面分别对教学设计和信息化教学设计的概念进行简要介绍。

1. 教学设计

教学设计又称教学系统设计，是指主要依据教学理论、学习理论和传播理论，运用系统科学的方法，对教学目标、教学内容、教学媒体、教学策略、教学评价等教学要素和教学环节进行分析、计划并做出具体安排的过程。

2. 信息化教学设计

信息化教学设计是指主要依据教学理论、学习理论和传播理论，特别是建构主义理论，以信息技术为主要教学手段，运用系统科学的方法，对教学目标、教学内容、教学媒体、教学策略、教学评价等教学要素和教学环节进行分析、计划并做出具体安排的过程。目标制订的多元化、学习的自主性、评价的及时性和信息技术的支撑性等，都是信息化教学设计的特点。

项目七　信息化教学设计

二、信息化教学设计的过程与原则

1. 信息化教学设计的过程

信息化教学设计是现代教育技术与教学理念深度融合的产物，旨在通过信息技术手段优化教学过程、提升教学效果。这一过程涉及对教学目标的明确、教学策略的选择、教学资源的整合、学习评价的设计等多个方面。下面通过 ASSURE 模式和 ADDIE 模式这两种经典的信息化教学设计模式，介绍信息化教学设计的一般过程。

1）ASSURE 模式

ASSURE 模式是海涅克等人在其著作《教学技术与媒体》中提出的一种教学模式，该模式强调学习者的学习风格差异。ASSURE 模式所提供的程序能够有效辅助教师选择教学技术与媒体，从而显著提升教学效果。因此，该模式在信息化教学设计中具有重要的应用价值与指导意义。

ASSURE 模式指出，一个系统的教学设计应包括分析学习者（analyze learners）、陈述教学目标（state objectives）、选择教学方法、媒体和材料（select methods, media and materials）、使用媒体和材料（utilize media and materials）、要求学习者参与（require learner participation）、评价与修正（evaluate and revise）六个阶段。

（1）分析学习者：对学习者的一般特征、现有水平（知识、技能和态度等水平）和学习风格等进行分析。

（2）陈述教学目标：说明教学要传递的信息、解决的问题、建立的概念、教会的技能、改变的态度、建立的价值标准等。

（3）选择教学方法、媒体和材料：为给定的教学目标确定合适的方法，为方法的执行选择合适的媒体形式，以及在此基础上进行具体材料的选择、修改和设计。

（4）使用媒体和材料：通过预览材料、准备材料、准备环境、让学习者做好准备和提供学习体验五个环节，实现对媒体和材料的合理利用，为教师提供运用指导。

（5）要求学习者参与：这一点对于教学效果影响最大，也是 ASSURE 模式中最具挑战性的部分。有效的教学应当是教师通过多种策略让学习者集中注意力、积极参与，并及时提供反馈。忽视了学习者的参与和反馈，教学就是单向的传播、单调的注入。

（6）评价与修正：对教学的有效性、学习者的学习情况等进行评价，检查教学目标是否达到，并修正教学设计，为以后的教学积累经验。

2）ADDIE 模式

ADDIE 模式由美国佛罗里达州立大学教育技术研究中心提出。作为一种系统化的教学设计模式，ADDIE 模式以科学的方法论为基础，通过有序的步骤构建有效的教学方案，旨在实现预定的教学目标，并有效解决教学过程中的各种问题。该模式的设计理念体现了教学设计理论模型的核心特征，具备高度的灵活性和适应性，能够满足多样化的教学需求。

ADDIE 模式提出，一个系统的教学设计包括分析（analysis）、设计（design）、开发（development）、实施（implement）和评价（evaluation）五个阶段。

（1）**分析**：对教学内容、学生特征、教学环境等因素进行分析。

（2）**设计**：对教学活动、教学策略、教学环境与资源、学习评价等进行设计。

（3）**开发**：在分析、设计的基础上，选择合适的教材资源，同时编制辅助教学材料，生成具体单元教学内容，并灵活使用相应媒体手段，最大化扩充教学信息量。

（4）**实施**：在课堂、网络、实验室等不同实际场景中输出教学活动，传递教学方案和教学内容。

（5）**评价**：对教学活动及学生的学习效果等进行评价。需要注意的是，评价贯穿教学设计过程始终，并非完全独立于其他阶段。

2. 信息化教学设计的原则

在进行信息化教学设计的过程中，教师通常需要遵循一系列基本原则，以确保教学活动的高效性、互动性和适应性。也就是说，这些原则能够保证教学设计最大限度地利用现代教育技术，以提升教学质量和学习效果。

（1）**以学生为中心**。在教学设计过程中，教师必须明确并坚持以学生为中心的基本原则。教师应认识到，教学设计不仅仅是知识的传授与技能的训练，更是引导学生主动探索、独立思考和解决问题的过程。教师应通过提问、讨论、项目式学习等多种手段，更加注重引导而非单纯的灌输，以调动学生参与的积极性，培养其批判性思维和解决问题的能力。

（2）**有效整合信息技术与资源**。在教学设计过程中，教师应根据实际情况，将信息技术合理融入能够促进学生主动建构知识的教学方法中。这种整合必须确保技术与资源的使用完全符合教学目标及学生的实际需求，同时保持信息技术应用与传统教学方式之间的平衡。

（3）**课内课外无缝衔接**。教师在教学设计中应意识到，教学过程不仅仅是课内知识的传授，更是跨越课内与课外、理论与实践的整体过程。因此，教师应注重课堂内外学习的连贯性与互补性，确保学生在课堂上学到的知识能够在课外得到巩固、深化与应用。

（4）**师生共同参与**。教师在教学设计中应清楚地认识到，教学过程是一个师生共同参与的互动过程。整个教学活动应注重师生之间的密切合作，使其成为共同建构知识、分享经验和解决问题的平台。通过师生共同参与，教学活动将形成良好的互动关系，进一步提高学习效果和教学质量。

三、信息化教学设计的基本内容

根据信息化教学设计的概念、过程与原则，本书认为信息化教学设计应包括前端分析、教学目标设计、教学环境设计、教学过程设计、教学评价设计五个部分的内容，如图 7-1 所示。

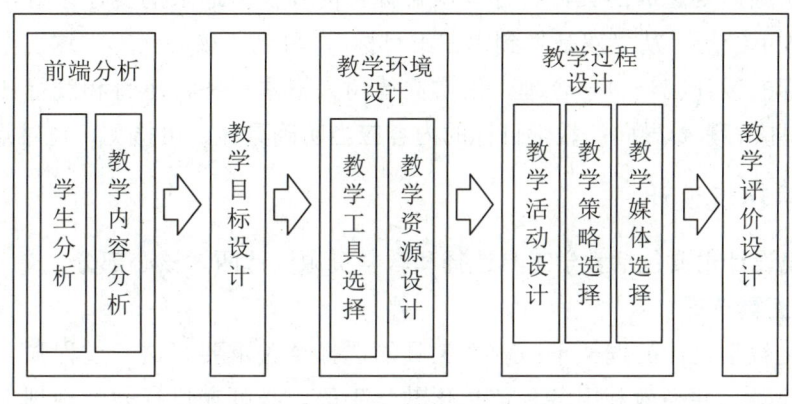

图 7-1　信息化教学设计的基本内容

1. 前端分析

前端分析是指在进行信息化教学设计之初，对学生和教学内容等进行分析，它是教学设计的基础和前提条件。

1）学生分析

教学设计的目的是有效促进学生的学习。因此，在教学设计之初，教师需要分析学生的共同特征、学习风格、学习水平、学习需求等方面，以了解学生的基本情况，明确学生当前的学习水平与期望达到的学习目标。此外，在信息化教学环境中，教师还需要掌握学生的信息素养水平，从而为后续信息化教学工具、资源与媒体的选择提供依据。

2）教学内容分析

教学内容是指为了实现教学目标而要求学生系统学习的知识、技能和行为经验，是推动教学目标达成并促进学生能力转变的重要支撑材料。因此，教师在进行教学设计之初，必须对主要教学内容进行深入分析。

教学内容分析需要解决的核心问题是，在对学习需求进行分析的基础上，安排什么样的学习内容能够有效实现整体教学目标。教师应确保所选的教学内容符合课程标准要求，涵盖课程所涉及的知识点，契合学生的认知规律，并有助于学生能力的培养。

2. 教学目标设计

教学目标是指希望通过教学过程，使学生在思维、情感和行为上发生改变的明确阐述，是教学设计的重中之重。它不仅决定了教学的总体方向，也是后续教学环境设计、教学过程设计、教学评价设计的根本依据。

通过教学目标设计，教师能够清晰地界定学生的学习主旨，明确教学重难点，并确定教学活动实施后要达成的具体目标。从目标方向和价值追求的变迁来看，我国基础教育课程教学改革经历了从"双基"到"三维目标"，再到"核心素养"这三个阶段。现阶段，教学目标的设计应当科学合理，落实立德树人根本任务，培育和践行社会主义核心价值观，体现核心素养导向；教学目标的内容应当明确具体、可检测、重难点突出。

3. 教学环境设计

教学环境设计主要包括教学工具选择和教学资源设计两大核心部分。

1）教学工具选择

在信息化教学设计的框架下，教学工具的选择至关重要。这一过程强调如何在教育实践中智慧地融入并高效利用各种信息化教学手段。教师在进行教学规划之初，应根据各类信息化教学工具的特点，将它们合理运用于教学过程中的不同环节。通过充分挖掘和发挥各类信息化教学工具的潜能，教师可以创新应用这些工具，从而激发学生的学习兴趣，提升教学效果。

2）教学资源设计

教学资源的设计直接影响学生的学习体验和整体教学效果。有效的教学资源应涵盖教材、实践活动、在线学习平台等多个方面，确保资源的多样性和可及性。此外，在设计教学资源时，需关注其与教学目标的契合性及与课程标准的一致性，以便在实现知识传授的同时，提升学生的综合素养。

4. 教学过程设计

教学过程设计主要包括教学活动设计、教学策略选择、教学媒体选择等部分。

1）教学活动设计

教学活动设计不仅仅局限于课堂教学这一个环节，而应围绕学生课前、课中和课后三个阶段的学习活动进行整合设计，包括课前自主学习任务单的设计和学习资料的设计、课堂教学与研讨活动的设计、课后作业及研究性学习活动的设计等环节。

在教学活动设计的过程中，应确保活动设计（含学习任务单）与教学目标一致，符合学生的认知水平，体现导学功能，可有效激发学生的积极性和创造性；课上练习、课后作业、实验活动（如有）紧扣教学目标，总量适中，难易适度，形式多样，可促进学生能力发展。

2）教学策略选择

教学策略作为实现教学目标的关键手段，是在特定教学情境下，针对具体教学任务精心构思并实施的一系列有序行为。这些行为不仅包括教学方法的选择和教学材料的组织，还涉及对师生互动行为的明确规范。在信息化教学设计这一先进框架下，教学策略选择强调与信息技术的深度融合。信息技术的融入不仅拓宽了教学手段的边界，提升了教学活动的吸引力和参与度，还通过优化资源配置和流程管理为教学质量的全面提升奠定了坚实的基础。

3）教学媒体选择

教学媒体在教学过程中发挥着重要作用。合适的教学媒体不仅能够帮助教师以更有效的方式呈现教学内容，还能够帮助学生加深对教学内容的理解。此外，教学媒体的选择也应考虑到学生的学习风格与技术水平，以确保不同类型的学生能够在信息化教学环境中找到适合自己的学习方式。

5. 教学评价设计

教学评价标准的设计是信息化教学设计中的一个关键环节。有效的教学评价标准应涵盖多维度的评价体系，包括自我评价、小组互评和教师评价等。

此外，教学评价的过程应贯穿整个教学活动，以确保能够实时反馈教学效果。在教学实施过程中，教师应鼓励学生主动提供评价和反馈，以有效识别课堂教学的优势与不足。这种动态反馈机制使教师能够迅速调整教学策略，进而优化教学效果。这一系统化的评价过程可以有效促进学生的自我反思，提升学生的学习成效，并最终形成积极的教学循环。有关教学评价的更多内容将在项目八中进行介绍。

教育部印发《义务教育课程方案和课程标准（2022年版）》

2022年3月25日，教育部印发了《义务教育课程方案和课程标准（2022年版）》。新修订的义务教育课程全面贯彻国家教育方针，落实立德树人根本任务，强调育人为本，依据"有理想、有本领、有担当"时代新人的培养要求，明确了义务教育阶段培养目标。

修订后的课程方案完善了培养目标，优化了课程设置，细化了实施要求，为义务教育优质均衡、高质量发展提供了有力支撑。特别是整合小学原品德与生活、品德与社会和初中原思想品德为"道德与法治"，进行九年一体化设计；改革艺术课程设置，一至七年级以音乐、美术为主线，融入舞蹈、戏剧、影视等内容，八至九年级分项选择开设；科学、综合实践活动开设起始年级提前至一年级；落实中央要求，将劳动、信息科技及其所占课时从综合实践活动课程中独立出来。

除了课程方案，修订后的各科课程标准也有诸多变化。

一是优化了课程内容结构，基于核心素养要求，遴选重要观念、主题内容和基础知识技能，精选、设计课程内容，优化组织形式，涉及同一内容主题的不同学科间，根据各自的性质和育人价值，做好整体规划与分工协调；同时设立跨学科主题学习活动，加强学科间的相互关联，带动课程综合化实施，强化实践要求。

二是研制了学业质量标准，依据核心素养发展水平，结合课程内容，整体刻画不同学段学生学业成就的具体表现，明确"学到什么程度"，引导和帮助教师把握教学深度与广度，为教材编写、教学实施、考试评价等提供依据。

三是增强了指导性，各课程标准针对"内容要求"提出"学业要求""教学提示"，细化了评价与考试命题建议，注重实现教、学、考的一致性，增加了教学、评价案例，不仅明确"为什么教""教什么""教到什么程度"，而且强化了"怎么教"的具体指导，做到好用、管用。

（资料来源：高众、林焕新，《新版义务教育课程方案和课程标准印发》，中国教育新闻网，2022年4月22日）

任务实践——赏析教学设计案例

在数字化时代，信息化教学设计已然成为教育改革的重要一环，旨在利用现代信息技术提升教学质量和学习效率。随着国家中小学智慧教育平台的推广，各级学校和广大教师均有机会接触到丰富的教学资源、先进的教学工具和开放的交流平台。在了解完信息化教学设计的基本内容后，下面学习在国家中小学智慧教育平台在线选择和赏析优秀教学设计案例的方法。

赏析教学设计案例

步骤 1 进入国家中小学智慧教育平台。打开浏览器，在地址栏中输入"https://basic.smartedu.cn"，按回车键，打开国家中小学智慧教育平台主页，如图 7-2 所示。通过主页的导航栏可以看到，该平台功能齐全，资源丰富，提供了德育、课程教学、体育、美育、劳动教育、课后服务、教师研修、家庭教育、教改经验、教材、地方频道等多个版块。

步骤 2 选择要赏析的教学设计案例。在导航栏中单击"课程教学"按钮跳转至"课程教学"页面，然后单击"教师备课授课"选项卡。在明确自己的教学需求或学习需求后，单击"切换教材"按钮，在展开的区域依次选择层级路径"学段"（如"高中"）/"学科"（如"信息技术"）/"版本"（如"人教中图版"）/"册次"（如"必修 1 数据与计算"），初步定位教学设计案例。接着，单击"教学设计"选项卡，在下方展示的所有教学设计案例中，选择一节内容的教学设计案例（如"Python 语言基础"，见图 7-3），单击进入该教学设计案例的详情页面进行赏析与学习。

图 7-2　国家中小学智慧教育平台主页

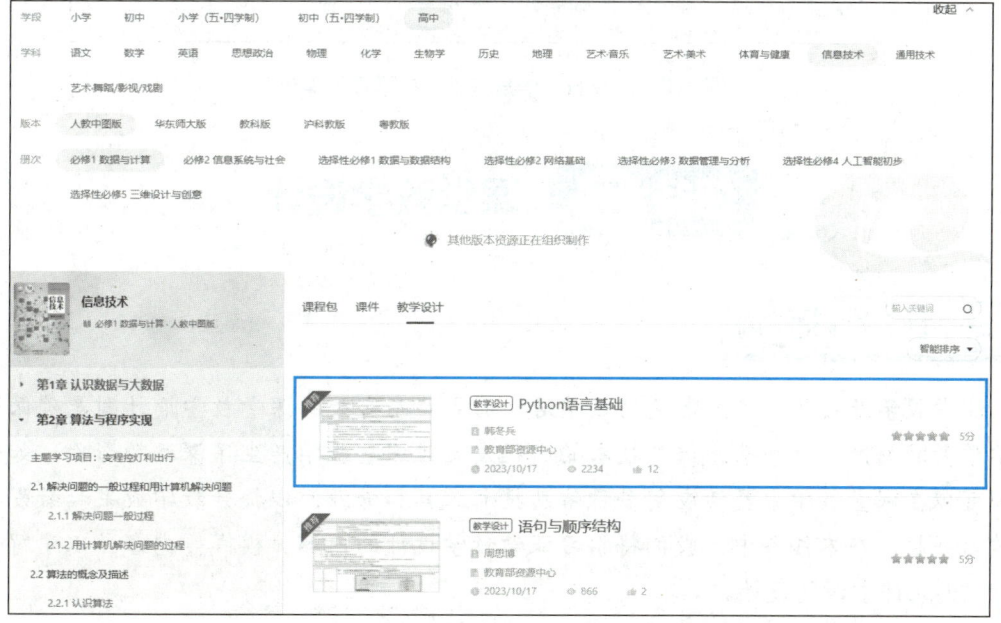

图 7-3　选择教学设计案例

步骤 3　赏析与学习教学设计案例。在目标教学设计案例的详情页面，可了解该教学设计案例的课程基本信息、教学人员、教学目标、教学过程等方面的内容，如图 7-4 所示。通过赏析与学习该教学设计案例，可提高自身的教学设计水平与能力，加深自身对教学设计各个环节的理解，为后续教学设计实践提供参考和借鉴。

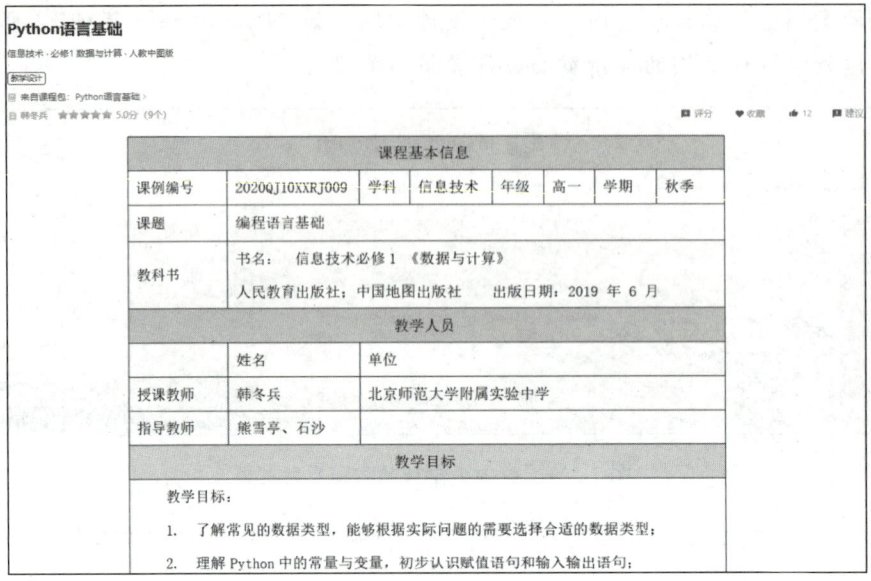

图 7-4 "Python 语言基础"教学设计案例

任务描述

课堂教学是最基本且最常见的教学活动形式，而有效的课堂教学设计则是确保课堂教学质量的关键。近年来，信息技术的迅猛发展对课堂教学产生了深远的影响。如今，教师可以在课堂教学中灵活应用多种信息技术工具和资源，以提升教学效果和激发学生的学习兴趣。在本任务中，我们将学习课堂教学设计的内涵、模式等内容，以了解如何进行信息化课堂教学设计。

任务准备

在学校举办的艺术节上，学生合唱团演唱了歌曲《黄土高坡》，展现了黄土高原的壮丽和深厚文化底蕴，激发了学生们的热烈讨论与好奇心。这一偶然发现让王老师萌生了将这首歌融入地理课堂的想法。在上"黄土高原"这一课时，王老师展开了创新实践。

上课伊始，王老师播放了歌曲《黄土高坡》的 MV，壮丽的自然景观和激昂的旋律让学生仿佛身临其境，激发了他们的探索欲望。随后，王老师结合地理知识对歌词进行赏析，如针对"我家住在黄土高坡，大风从坡上刮过，不管是西北风还是东南风，都是我的歌，我的歌"这几句歌词，他展示了许多黄土高原的图片，让学生了解黄土高原的地貌特征，以及由于风化和流水侵蚀而形成的典型地形。

在赏析"不管过去了多少岁月，祖祖辈辈留下我，留下我一望无际唱着歌，还有身边这条黄河"这几句歌词时，王老师引导学生体会黄土高原的文化魅力与精神力量，并让他们通过小组讨论，结合地形图和卫星图像，分析黄土高原的气候特点、土壤类型，以及这片土地对居民生活和农业的影响。王老师进一步补充了黄土高原的生态环境和资源等知识，介绍了该地区的水资源状况和植被分布，概述了人类活动对环境的影响。

最后，王老师总结了这节课的内容，强调了黄土高原在中国历史和文化中的重要性，并鼓励学生在日常生活中关注和保护自然环境。

请同学们结合上述材料思考以下问题。

（1）从教学效果来看，王老师的这种设计有什么优势？

（2）如果你是王老师，你会如何设计这节课？

一、课堂教学设计的内涵

课堂教学是指将年龄和知识水平相近的学生编成固定人数的班级，依据各学科教学大纲的要求，组织教材并选择合适的教学方法，按照既定的时间表进行授课的一种教学形式。课堂教学由教师、学生、教学内容和教学媒体等要素构成，教师通过合理运用教学媒体向学生传授知识，形成一个完整的教学过程。

课堂教学设计是指教师为了实现特定的教学目标，根据课程标准和学生的需求，系统地规划和组织课堂教学的过程。

二、课堂教学设计的模式

按照教师和学生在教学过程中的角色、地位等，课堂教学设计的模式可分为以教为主的教学设计模式、以学为主的教学设计模式和"主导—主体"教学设计模式三种。

1. 以教为主的教学设计模式

以教为主的教学设计模式是指知识传递设计的焦点在教学上，强调教师的主导作用。这类教学设计模式有利于教师主导作用的发挥。该模式在客观事实的介绍、行为的矫正、简单认知加工任务的完成、动作技能的学习，甚至解决问题技能的培养等方面均能发挥很好的作用。典型的以教为主的教学设计模式，如图7-5所示。

2. 以学为主的教学设计模式

以学为主的教学设计模式源于建构主义学习理论提出的教学设计思想，以"问题或项目""案例""分歧"为核心，建立学习"定向点"，然后围绕这个"定向点"，通过设计学习情境、学习资源、学习策略、认知工具，以及提供管理和帮助而展开。问题或项目、案例、分歧的提出基于对学习目标、学习者特征和学习内容的分析，结束部分的教学评价是教学设计成果趋于完善的调控环节。

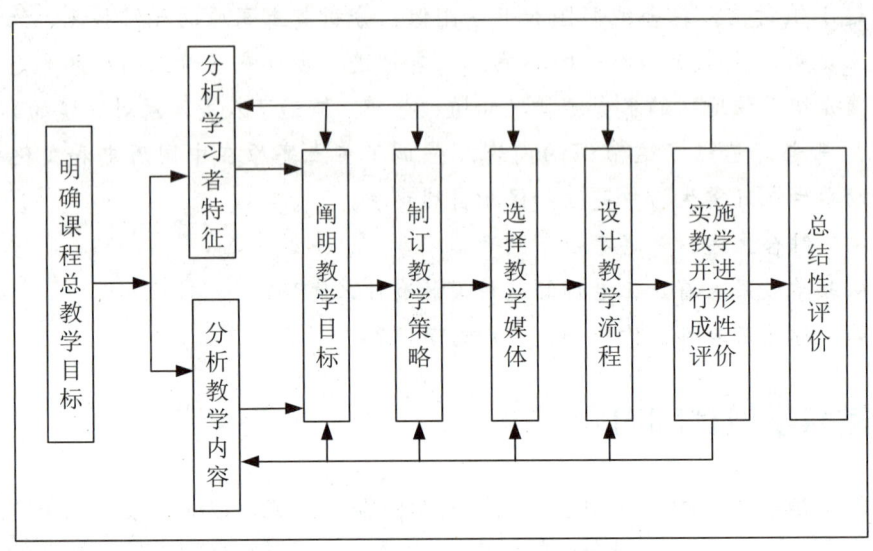

图 7-5 以教为主的教学设计模式

3. "主导—主体"教学设计模式

我国学者何克抗教授提出了"以教师为主导，以学生为主体"的教学设计模式，简称"主导—主体"或"学教并重"教学设计模式，如图 7-6 所示。这种教学设计模式结合了以教为主和以学为主两种设计模式的优点，能实现二者的相辅相成、互为补充。在实际教学工作中，这种教学设计模式可以根据教学对象的特点和教学目标的要求，灵活运用以教为主的教学策略和以学为主的自主学习策略，是我国教育技术领域的专家学者对教学设计的一大贡献。

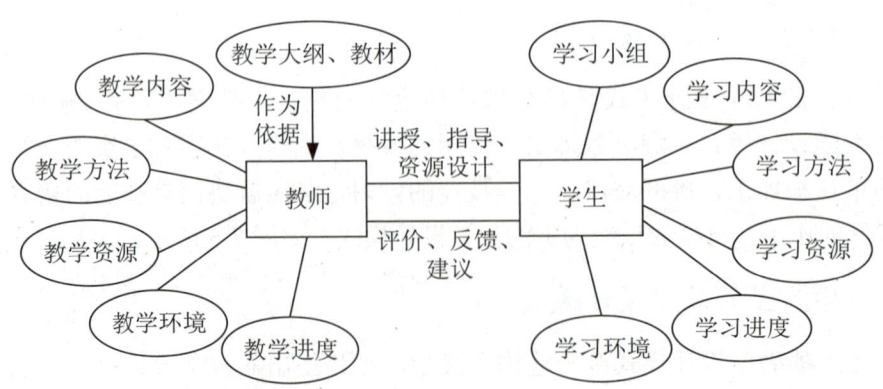

图 7-6 "主导—主体"教学设计模式

项目七 信息化教学设计

任务实践——探索课堂教学设计

在了解完课堂教学设计的内涵与模式后,下面引用吕薪秀和黄茜在《希沃白板在中学地理教学中的应用——以"地球的宇宙环境"为例》一文中对"地球的宇宙环境"一课的教学设计,以此探索基于希沃白板的课堂教学设计。

步骤1 课堂导入设计。教师使用希沃白板展示微信登录页面的图片"蓝色弹珠"并提问:宇航员杨利伟在太空俯瞰地球时曾感叹它的美丽,那么地球在广袤的宇宙中处于什么样的位置呢?学生欣赏图片,思考地球在宇宙中所处的位置,带着问题进入新课的学习。

步骤2 新课讲授设计。教师使用希沃白板展示相关图片,向学生介绍恒星、行星、流星、彗星、星云及黑洞的基本概念;从"航天器是否为天体"这一问题引出天体的概念。学生阅读资料和课本内容,掌握基本概念;通过判断航天器在地球上不是天体、发射后是天体来明确天体的概念。

教师使用希沃白板的星球功能,展示太阳系的3D结构模型,如图7-7所示。学生观看太阳系的3D结构模型,初步了解各星球的基本情况。

图7-7 太阳系的3D结构模型

教师使用希沃白板的百科知识模块向学生展示太阳和各行星的基本情况,引导学生自主学习天体系统的概念及其层次结构,并尝试用身边的例子描述天体系统的结构。学生通过阅读课本内容，学习天体系统的相关知识，尝试用生活中的事物描述天体系统的结构，如将地月系比作市，太阳系比作省，银河系比作国家，可观测宇宙比作全世界。

教师使用希沃白板的多媒体功能插入视频，通过播放视频为学生补充知识，增强学生对宇宙的感性认识。教师播放纪录片《行星旅行指南》，向学生展示太阳系中各行星的具体情况，并提问：太阳系行星的运动特征有哪些？学生观看纪录片，阅读课本内容，并回答问题（同向性、共面性、近圆性）。

步骤 3 游戏环节设计。教师使用希沃白板课堂活动功能中的超级分类模块，让学生根据所学知识将八大行星划分为类地行星、巨行星和远日行星，如图 7-8 所示。选择 3 位学生在交互电子屏幕上对行星进行分类。利用小游戏活跃课堂氛围，以富有趣味性的活动引导学生应用所学知识。

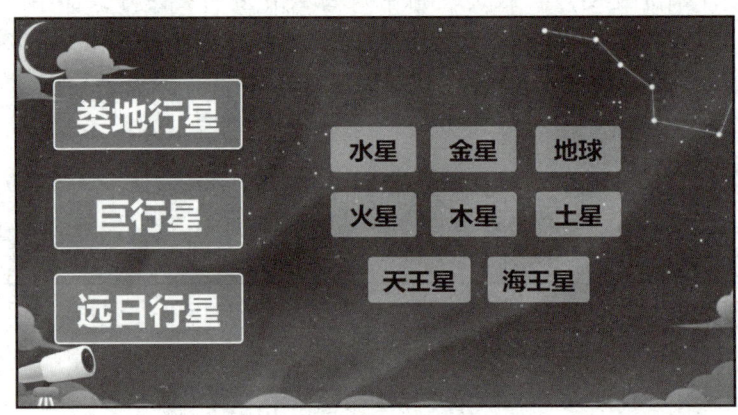

图 7-8 八大行星划分的小游戏

步骤 4 课堂活动设计。教师设计并布置任务：1972 年和 1973 年，美国分别发射先驱者 10 号和先驱者 11 号宇宙探测器，其中携带的资料介绍了人类的基本情况和地球所处的位置。如果由你准备这些资料，你会如何描述地球？学生分组设计并展示，每 4~6 人一组，组内相互讨论，以绘图的方式呈现本组的设计，小组之间相互提问、评价。

此外，教师利用希沃白板的授课助手功能，将学生的设计成果同步投屏至交互电子屏幕上，增强学生的动手能力和沟通协作能力。

步骤 5 课堂练习设计。教师设计与本课知识密切相关的问题，要求学生回答问题并根据其回答情况进行知识回顾。学生根据所学知识回答问题并相互交流。在这一环节，教师利用希沃白板的蒙层功能遮挡或显示答案，利用笔、橡皮擦等工具进行讲解，以帮助学生巩固所学知识。

步骤 6 课堂小结设计。教师使用希沃白板自带的思维导图模块梳理本课内容，串联知识点，形成知识网络。学生根据教师展示的思维导图回顾本课内容，结合自己的笔记、资料重绘思维导图。

步骤 7 课后活动设计。教师布置观察月相的课后活动任务，要求学生用图表的形式记录月相变化过程，并通过海报、PPT等形式展示活动成果，同时为学生提供必要的指导。学生每4～6人一组，各组按照分工开展实地观测活动，并派代表进行成果展示，小组之间相互提问、评价。

步骤 8 板书设计。教师设计授课过程的板书，注意板书应重点突出、美观简洁。

任务三 在线教学设计

任务描述

当教学因时空限制而无法顺利进行时，在线教学的作用便显现出来了。通过在线教学，师生可以不受时间和地点的限制，随时随地开展教学或参与学习。教师可以及时评估学生的学习情况并调整教学策略，以及提供个性化的支持。同时，学生也可以选择适合自己的学习节奏和方式，甚至可以利用额外的在线资源进行深入学习。在本任务中，我们将学习在线教学设计的内涵、模式等内容，以了解如何进行信息化在线教学设计。

任务准备

暑假期间，李老师召开了一次暑期安全线上会议，向家长和孩子们传达了一些安全注意事项，以确保孩子们度过一个快乐安全的暑假。

会议一开始，李老师向家长和孩子们分享了一个关于暑期常见安全隐患的视频，内容涵盖了防溺水、防火灾、交通安全等多个方面。大家认真观看并在聊天室中积极留言，有的家长分享了自己家的安全小窍门，有的家长则询问如何更好地保证孩子在户外活动时的安全。

在接下来的时间里，李老师逐一讲解了每种安全隐患的应对措施，还邀请家长分享了自家孩子的日常习惯和安全意识。李老师鼓励大家在家中开展一些安全教育活动，比如组织一次家庭消防演练，或者一起观看与安全相关的教育视频。

会议结束前，李老师还分享了一些针对暑假的安全活动建议，比如骑自行车时要佩戴安全头盔、参加夏令营活动要遵守纪律等。大家纷纷记下这些建议，表示会在假期严格落实。

请同学们结合上述材料思考以下问题。

（1）李老师通过线上会议的形式向家长和孩子们传达暑期安全注意事项，有什么优点？在召开这类线上会议时应该注意什么？

（2）在召开暑期安全线上会议时，李老师需要做的准备与线下有什么不同？

一、在线教学设计的内涵

在线教学也称线上教学，是指以正式网络环境为介质、由专业教师进行组织与授课、学习者具有明确学习目标和任务的教育范式。在线教学以教师为主导，以学生为主体，由学校或有关机构带头整合各种教学资源、开展教学。与课堂教学不同的是，在线教学需要借助互联网技术与媒体资源实现授课，在网络环境中开展教学和学习。

在线教学包括在线互动教学、在线开放教学等形式。

（1）**在线互动教学**：利用互联网技术，通过协作交流工具进行教学的形式。师生可以实现实时互动和交流，增强学生学习的参与感和效果。

（2）**在线开放教学**：利用互联网技术，通过在线教学平台向学生提供开放的课程资源和学习材料，支持学生自主学习。该形式旨在促进知识的广泛传播与获取，鼓励学生根据自身需求进行学习。

在线教学设计是指以正式网络环境为介质，基于学习者的需求和教学目标，系统性地规划和组织教学活动的过程。

二、在线教学设计的模式

在在线教学不断演进与发展的过程中，其模式经历了持续的革新与丰富。下面，本书选取 BOPPPS 模式作为在线教学设计的一个典型模式，对 BOPPPS 模式的内涵和基于该模式的在线教学设计方案进行介绍。

1. BOPPPS 模式的内涵

BOPPPS 模式由加拿大教师教学技能工作坊（instructional skills workshop, ISW）根据加拿大某省对教师的资格认证所创建。该模式强调以学生为中心的教学理念，以有效教学设计著称，是一个强调学生参与和反馈的闭环教学模式。

2. 基于 BOPPPS 模式的在线教学设计方案

参照 BOPPPS 模式，一个系统的在线教学设计应包括导入（bridge-in）、目标（objective）、预评价（pre-assessment）、参与式学习（participatory learning）、后评价（post-assessment）、总结（summary）六个阶段。

（1）**导入**：在正式进入课程教学之前设计一个引言环节，吸引学生的注意力，引导学生产生学习兴趣和动力。

（2）**目标**：阐明学习目的、教学目标、课程重难点和学习价值等。

（3）**预评价**：明确学生的现有学习水平。

（4）**参与式学习**：通过师生互动来实现课程核心内容的交互式学习。

（5）**后评价**：明确学生通过参与式学习应达到的学习水平。

（6）**总结**：对教学活动及学习者的学习效果等进行总结。

任务实践——探索在线教学设计

在了解完在线教学设计的内涵与模式后，下面引用吴昌东教授等在《BOPPPS教学法在MOOC教学设计中的研究与应用》一文中将BOPPPS模式应用于MOOC"模拟电子技术"的教学设计，以此探索基于BOPPPS模式的在线教学设计。

步骤 1 引入问题设计。为了顺利引入课程内容，帮助学生明确学习目标，并激发他们的兴趣与学习动力，教师可以采用问题式教学法，以设问为切入点。通过回顾已学知识，逐步引导学生认识新知识。例如，在"模拟电子技术"课程开始时，可以设计以下几个问题。

（1）引导性问题：上节课学习了直流稳压电路的几大部分，请大家思考通过变压、整流、滤波电路后，是否还需要稳压电路？

（2）检验性问题：简单的稳压电路可由什么电路来实现？

（3）思考性问题：二极管稳压有什么特点？直流稳压电源能否采用普通的二极管来实现？普通二极管在直流稳压电源中起什么作用？

通过这样的提问，学生可以在观察自制稳压电源图片时，带着疑问进行学习，进而提高他们的学习兴趣和注意力。此外，教师应鼓励学生积极回答问题，从而形成有效的互动，增强学生的参与感。

步骤 2 教学目标设计。"模拟电子技术"课程的教学目标可以从认知、情感和技能三个方面进行设定。

（1）认知目标：分析电路结构（目的及重点）。

（2）情感目标：通过电路仿真比较形成互动，提高学生的团队协作能力。

（3）技能目标：学生能够根据所学内容设计实际电路，培养理论联系实际的能力。

步骤 3 前测设计。复习相关的先修知识，既回顾已学内容，也为新知识的引入做好铺垫，起到承前启后的效果。通过图片展示，帮助学生回顾所学内容，并引出要讲授的新知识。

步骤 4 参与式学习设计。首先，通过电路结构的对比，介绍即将讲授的电路类型。通过对比教学，帮助学生加深理解。接着，在教学过程中设置提问，通过理论分析对电路进行改进，从而获得合理的电路结构。此时，通过互动的方式，让学生理解电路的来源（要求具备深度与广度）。同时，利用TINA-TI软件进行仿真，通过仿真结果进行对比并不断改进电路设计，提升学生的动手实践能力。通过电路的反复改进，让学生体会学无止境，帮助他们逐步达成情感目标。

在整个过程中，教师应记录学生的参与情况，并对讨论过程进行点评，促进学生对讨论结果的反思。

步骤 5 后测设计。设置课程自查表（见表7-1），以检测学生是否达到了课程目标、提出了新想法、解决了实际问题。通过学生反馈的自查表，教师可以进行教学反思，进一步提高教学质量。

表7-1　课程自查表

自评内容	自评结果						
	理解	掌握	应用	分析	综合	评价	补充说明
电路结构							
软件仿真电路及波形分析							
改进电路分析							
总体掌握情况							
学习感悟（收获与体会、反思）							
目标达成度							

步骤 6 总结设计。在教学结束后，引导学生总结所学知识，提供相关教学资源的网址，以便进行拓展与延伸，培养学生的文献查阅能力，拓宽他们的视野。同时，给学生留下诸如"如何设计一种性价比高的稳压电路"等思考题，并布置相关的作业和预习内容。

任务四　混合式教学设计

任务描述

随着信息技术与课程的深度整合，混合式教学正迅速发展，它将课堂教学与在线教学巧妙结合，为学生打造了一种高度参与且个性化的学习体验。在本任务中，我们将学习混合式教学设计的内涵、模式等内容，以了解如何进行信息化混合式教学设计。

任务准备

高中生小明最近上了一节令他印象深刻的物理课。他的物理老师张老师在讲解牛顿运动定律之前，在班级QQ群里发了一段微课视频。这段视频生动地展示了牛顿运动定律及其在现实生活中的应用。通过观看视频，小明对牛顿运动定律建立了初步的理解，同时也产生了许多疑问。

课前的准备令小明对即将到来的课堂学习充满期待。当课程正式开始时，张老师首先带领大家回顾了微课视频的内容，并通过提问引导学生分享自己的理解与感受。小明踊跃发言，分析了视频中关于赛车的例子，引起了同学们的共鸣，课堂气氛因此变得活跃，大家纷纷讨论在生活中观察到的与牛顿运动定律相关的现象。

接下来，张老师带领学生进行了一个实验，利用滑轮系统观察物体的运动状态。小明和同学在实验过程中认真记录数据，并用智能手机进行拍摄。通过亲自实践，小明体会到了牛顿运动定律的真实意义，而自己在课前的疑问也在实验中得到了解答。

实验结束后，各组展示了他们的实验结果。小明所在的小组凭借真实准确的数据成功验证了牛顿运动定律，实现了理论与实践联动。课后，张老师布置了作业，要求学生在指定的在线平台上撰写心得。随后，小明与小组成员紧密合作，查阅相关资料，撰写心得，进一步加深了对牛顿运动定律的理解。

请同学们结合上述材料思考以下问题。

（1）什么是混合式教学设计？

（2）在混合式教学设计的过程中，如何培养学生的自主学习能力并促使他们在混合式环境中主动探究新知识？

一、混合式教学设计的内涵

混合式教学在发展之初被认为是课堂教学与在线教学基于信息技术的简单结合。随着互联网与移动技术的迅猛发展，如今的混合式教学可理解为基于移动通信设备，网络学习环境与课堂讨论相结合的教学情境。"混合"一词，不仅仅是课堂教学与在线教学的混合，更是在"以学生为中心"的教学环境下教学与辅导方式的混合。

相应地，混合式教学设计是指基于移动通信设备，网络学习环境与课堂讨论相结合的教学情境，依据掌握学习、深度学习、主动学习和首要教学等理论，以信息技术为主要教学手段，运用系统科学的方法，对教学目标、教学内容、教学媒体、教学策略、教学评价等教学要素和教学环节进行分析、计划并做出具体安排的过程。

二、混合式教学设计的模式

在混合式教学不断演进与发展的过程中，其模式经历了持续的革新与丰富。下面，本书选取 SPOC（small private online course，小规模限制性在线课程）作为混合式教学设计的一个典型模式，对 SPOC 的内涵和基于 SPOC 的混合式教学设计方案进行介绍。

1. SPOC 的内涵

SPOC 是利用在线平台的资源、技术和教学手段来辅助线下课堂教学的小型在线课

程，由加州大学伯克利分校的福克斯教授最早提出和使用。SPOC 的"小规模（small）"和"限制性（private）"是相对于 MOOC 的"大规模（massive）"和"开放（open）"而言的。"小规模"是指学生规模一般在几十人到几百人；"限制性"是指对学生设置限制性准入条件，达到要求的申请者才能被纳入 SPOC，如一个学校选修某门课的所有学生。

SPOC 是一种将课堂教学与在线学习相结合的模式。在具体实施的过程中，SPOC 以学校自主开发的课程设计为主，并将在线课程内容作为课程资源进行嵌入或引用。

2. 基于 SPOC 的混合式教学设计方案

参考陈然和杨成在《SPOC 混合学习模式设计研究》一文中提出的基于 SPOC 的混合学习模式设计过程，基于主动性、社会性和系统性等设计原则，综合国内外的相关研究，一般认为基于 SPOC 的混合式教学应包括三个主要部分：前期准备、混合式教学活动设计、教学活动的实施与评价。

1）前期准备

前期准备部分需要进行前端分析和教学资源的设计与开发。

（1）前端分析。前端分析是指对混合式教学活动开展的各要素进行分析，包括学生分析、教学内容分析和教学环境分析等。学生分析包括对学生学习需求、应用 SPOC 平台的熟练程度、混合式教学的态度等因素的分析。教师在了解学生特征和先备知识的基础上确定教学目标，根据教学目标划分混合式教学内容，区分适合线上线下教学的内容单元。线上线下的深度融合，使混合式教学环境成为一个复杂的生态系统，教学环境分析必须把握 SPOC 混合式教学活动的外部环境，为学生顺利进行学习提供支撑。

（2）教学资源的设计与开发。教学资源的设计与开发包括引进优质 MOOC 课程资源作为 SPOC 课程、将高校原有精品开放课程改造为 SPOC 课程、建设自有 SPOC 课程等形式。教师可以根据自身的能力和需求，选择最合适的形式来实施教学资源的设计与开发。

2）混合式教学活动设计

混合式教学活动设计以解决问题式教学设计为主线，包括课前导学、课中研学、课后练学三个环节。

（1）课前导学。课前导学环节的主要任务是引发问题。在此阶段，学生利用 SPOC 平台，通过观看导学视频、回答相关思考题、参与小组讨论等方式，完成教师布置的自主学习任务。这一过程旨在促进学生从浅层学习向更深层次的理解转变，使他们能够识别教学中的疑难点，并自我评估对先备知识的掌握情况。

（2）课中研学。课中研学环节的主要任务是聚焦并解决问题。在此阶段，教师与学生进行面对面的深入讨论，共同探讨并解决课程中的疑难问题，以促进更高水平的理解和掌握。

（3）课后练学。课后练学环节的主要任务是问题深化。教师会布置课后作业并实施测评，以帮助学生评估学习成果。学生则通过练习、测验、总结和反思等方式，巩固所学知识，进一步强化学习效果。

3）教学活动的实施与评价

教学活动的实施与评价是指实施教学活动并根据实施效果及时提供评价与反馈，以优化教学。其中，教学评价是 SPOC 混合式教学过程的重要部分，涉及学生的表达能力、合作能力、学习能力等多个评价维度。SPOC 平台内设的学习分析技术能够为创设细化且多元化的评价体系提供解决方案，主要涉及双重评价模式，即形成性评价和总结性评价，分别应用于混合式教学活动的不同环节。课前导学环节中学生的视频学习进度、讨论交流表现等可纳入课前形成性评价指标体系。平台实时记录的学生行为数据，如在线参与度、资源贡献度等，可作为实施课中形成性评价的重要考量依据。总结性评价主要包括线上课程测试和线下期末测试两个部分。

任务实践——探索混合式教学设计

在了解完混合式教学设计的内涵与模式后，下面以"人工智能导论"课程为例，探索基于 SPOC 的混合式教学设计。

步骤 1 前端分析。在开展教学活动之前，教师首先对学生、教学内容和教学环境进行全面分析。在此基础上，确定课程的教学目标。"人工智能导论"课程主要面向高校计算机专业的本科生，学生们具备一定的计算机基础，能够满足课程的先备知识要求。通过这门课程的教学，期望能够实现以下目标。

（1）知识与技术目标：学生能够了解人工智能的发展和现状，掌握人工智能的基本原理、方法和应用领域，理解机器学习、自然语言处理等核心内容，并能够在一定程度上运用相关技术解决实际问题。

（2）能力目标：学生能够形成对人工智能相关应用领域的全面认识，具备自我分析和解决问题的能力，具备评估和选择适合的人工智能方法和工具的能力，能独立进行人工智能项目的设计和实施。

（3）情感与态度目标：激发学生对人工智能的浓厚兴趣，增强他们今后深度学习、研究和应用人工智能技术的积极性，为在该领域的深入探索打下坚实基础。

步骤 2 教学资源的设计与开发。该课程资源采用引进式开发模式，通过国内主流 MOOC 平台，检索相关的"人工智能导论"课程资源。对候选课程进行初步筛选，淘汰不符合教学目标的课程。对候选课程的教学方法、内容质量和学习支持等方面进行深入评估，确定优势课程。最终，确定采用刘教授的 MOOC 课程。

步骤 3 设置课程限制性准入条件。为了确保课程教学效果，确定好要引入的教学资源后，需明确设置课程的限制性准入条件，具体如下。

（1）学生必须提交一份书面申请，以便进行筛选和审核。申请内容应包括学生的基本信息、相关背景及学习动机等。同时，申请者须具备一定的计算机基础，以确保能够跟上课程的进度。

（2）学生需承诺每周2~3小时的在线学习时间，专注于学习课程内容，并额外投入2~4小时参与线上讨论和同伴互评，以促进交流与合作。

（3）学生需确保按时完成课程中的各项学习任务，包括作业、测验等，并具备良好的时间管理能力，以适应课程的学习节奏。

为了确保学习质量和师生互动，最终将课程参与人数限制在30人，这一人数限制有助于教师提供更为个性化的指导和支持。通过以上限制性准入条件设置，可以确保参与学生在课程中获得最佳的学习体验，并为"人工智能导论"的有效教学奠定基础。

步骤 4 课前导学。在开课之初，介绍课程实施流程、创建班级讨论组，要求学生完成平台注册，并加入课程进行课前导学。教师提供一份学习任务单，对课前导学任务做出明确规定，确保学习目标清晰且具体，学习任务单包括阅读教材、观看SPOC视频、进行课前练习、了解相关的实践项目等。

学生需自主学习SPOC课程视频并解决学习任务单上的问题。对于难以解决的问题，可以在班级讨论组中展开交流，教师和助教在平台上作为督导者实时了解学生的困惑和思考情况，并及时给予反馈、指导。

步骤 5 课中研学。在"人工智能导论"课程中，课中研学采用传统教学环境下的小组协作学习方式，主要分为以下三个阶段。

（1）学生围绕自己提出的核心知识点进行深入讨论，教师则通过提出补充问题引导小组进行分析和探索。

（2）教师提供一些较高难度的练习，以促进学生进行知识迁移训练，帮助他们将理论应用于实际案例。

（3）学生展示他们的学习成果，包括实践项目和训练效果，教师对每组的展示成果给予反馈，同时鼓励各小组进行讨论和互动。

步骤 6 课后练学。学生根据学习任务单的要求，完成课后练习任务，并通过指定在线平台提交自测题和实践作业。平台系统自动批改这些作业，并提供及时反馈。此外，平台记录的数据（如学生的登录时间、讨论交流表现、资源贡献度和课程参与度等）可作为形成性评价的重要依据。这种多维度的评估方式不仅有助于检验"人工智能导论"课程的教学效果，还能激发学生的学习积极性，增强他们的学习信心。

步骤 7 教学活动的实施与评价。

项目实训 开展信息化教学设计

1. 实训背景

在数字化、智能化快速发展的今天，教育领域正经历着深刻的变革。信息化教学设计逐渐成为提升教学质量和效果的关键要素。本项目实训将带领大家探究开展信息化教学设计的方法，以便更加全面、深入地理解如何将信息技术有效地整合到教学设计过程中，从而适应新时代教育发展的需求，提高教学的创新性、趣味性和有效性。

2. 实训目的

在了解信息化教学设计相关知识的基础上，探究如何开展信息化教学设计，使学生掌握信息化教学设计的基本流程和方法，具备设计并实施信息化教学方案的能力。此外，使学生认识到信息化教学设计对于提高学生学习积极性、培养学生创新思维和自主学习能力等均具有重要意义，为今后从事教育相关工作或自我学习提升奠定坚实基础。

3. 实训步骤

（1）确定信息化教学设计主题。学生根据个人兴趣或所学专业，选择一个特定的教学领域或知识点（具有实用性）作为信息化教学设计主题，并针对该主题选择合适的教学设计模式。

（2）进行信息化教学设计。学生根据确定的教学设计主题，独立进行信息化教学设计。教学设计的成果要体现出创新性，体现出信息化教学设计的优势与特点。

（3）在课堂上进行展示汇报。展示汇报完毕后，在课堂上自由讨论，让学生发表自己的见解，加深学生对于汇报内容的理解和认识。

（4）教师评价总结。

项目总结

为了帮助读者更好地掌握本项目所学内容，下面通过一张思维导图直观地呈现所有知识要点，如图7-9所示。

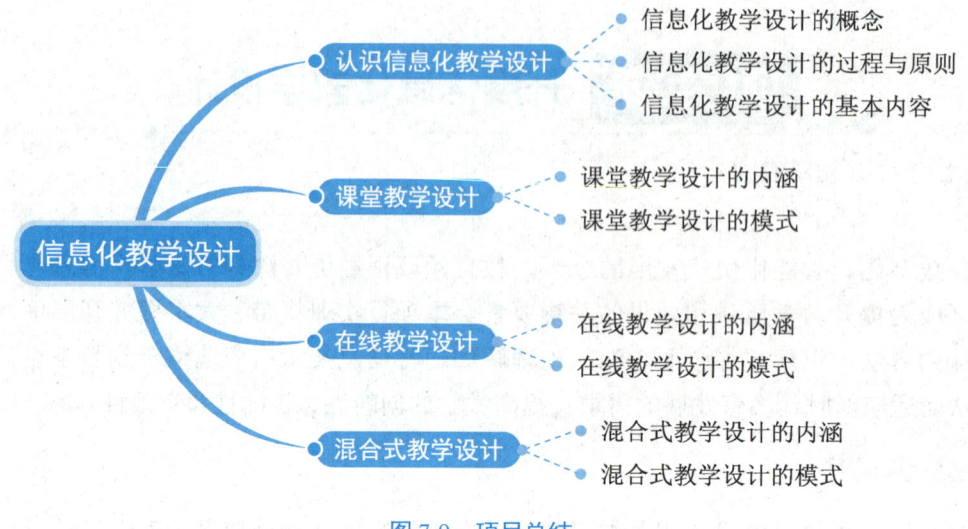

图 7-9 项目总结

项目考核

1. 选择题

（1）信息化教学设计的特点不包括（　　）。
　　A．目标制订的多元化　　　　　　B．学习的依赖性
　　C．评价的及时性　　　　　　　　D．信息技术的支撑性

（2）（　　）阶段不是 ASSURE 模式所强调的系统教学设计阶段。
　　A．分析学习者　　　　　　　　　B．陈述教学目标
　　C．传递教学方案　　　　　　　　D．评价与修正

（3）在教学设计过程中，教师必须明确并坚持（　　）的基本原则。
　　A．以学生为中心　　　　　　　　B．尽量整合信息资源
　　C．课内教学为主　　　　　　　　D．教师主导

（4）（　　）是指希望通过教学过程，使学生在思维、情感和行为上发生改变的明确阐述，是教学设计的重中之重。
　　A．教学目标　　　　　　　　　　B．教学活动
　　C．教学策略　　　　　　　　　　D．教学评价

（5）（　　）是指利用互联网技术，通过协作交流工具进行教学的形式。师生可以实现实时互动和交流，增强学生学习的参与感和效果。
　　A．混合式教学　　　　　　　　　B．在线开放教学
　　C．课堂教学　　　　　　　　　　D．在线互动教学

（6）（　　）是一种将课堂教学与在线学习相结合的模式。在具体实施的过程中，SPOC 以学校自主开发的课程设计为主，并将在线课程内容作为课程资源进行嵌入或引用。

　　A．ASSURE　　　　B．ADDIE　　　　C．BOPPPS　　　D．SPOC

（7）基于 SPOC 提出的教学资源的设计与开发的形式不包括（　　）。

　　A．引进优质 MOOC 课程资源作为 SPOC 课程

　　B．将高校原有精品开放课程改造为 SPOC 课程

　　C．建设自有 SPOC 课程

　　D．将传统线下教学课程改造为 SPOC 课程

2．填空题

（1）教学设计是指主要依据＿＿＿＿＿＿、＿＿＿＿＿＿和＿＿＿＿＿＿，运用＿＿＿＿＿＿，对＿＿＿＿＿＿、＿＿＿＿＿＿、＿＿＿＿＿＿、＿＿＿＿＿＿、＿＿＿＿＿＿等教学要素和教学环节进行分析、计划并做出具体安排的过程。

（2）根据信息化教学设计的概念、过程与原则，本书认为信息化教学设计应包括＿＿＿＿＿＿、＿＿＿＿＿＿、＿＿＿＿＿＿、＿＿＿＿＿＿、＿＿＿＿＿＿五个部分的内容。

（3）在线教学是指＿＿＿＿＿＿＿＿＿＿＿＿、＿＿＿＿＿＿＿＿＿＿＿＿、＿＿＿＿＿＿＿＿＿＿＿＿的教育范式。

（4）参照 BOPPPS 模式，一个系统的在线教学设计应包括＿＿＿＿＿＿、＿＿＿＿＿＿、＿＿＿＿＿＿、＿＿＿＿＿＿、＿＿＿＿＿＿、＿＿＿＿＿＿六个阶段。

（5）混合式教学可理解为基于＿＿＿＿＿＿，＿＿＿＿＿＿与＿＿＿＿＿＿相结合的教学情境。

（6）在 SPOC 模式中，混合式教学活动设计以解决问题式教学设计为主线，包括＿＿＿＿＿＿、＿＿＿＿＿＿、＿＿＿＿＿＿三个环节。

3．简答题

（1）简述信息化教学设计的概念。

（2）简述基于 BOPPPS 模式的在线教学设计方案。

（3）简述基于 SPOC 的混合式教学设计方案。

4．实践题

（1）结合自身所学专业，选择一种信息化教学设计的模式，针对某节课进行信息化教学设计。首先具体说明选择的模式及理由，然后设计课程具体内容（如教学目标、教

学内容、课程结构、要使用的信息技术工具、教学活动安排）和评价方案。

（2）结合自身所学专业，赏析一节课的信息化教学设计方案，总结该信息化教学设计方案的优点与不足。可从网上查找一节相关的公开课程，进行赏析与总结。

完成所有学习任务之后，请按照以下要求进行项目评价。

全班同学每3~5人一组，各组成员结合课前、课中和课后的学习情况，以及项目实训和项目考核的完成情况，按照表7-2中的评价标准对本项目的学习效果进行自评和互评（组内成员互相打分），并请教师进行总体评价，学生根据评价结果进行总结。

表7-2 学习效果评价表

评价项目	评价内容	评价分数			
		分值	自评	互评	师评
知识（50%）	信息化教学设计的概念、过程、原则与基本内容	20分			
	课堂教学设计的内涵与模式	10分			
	在线教学设计的内涵与模式	10分			
	混合式教学设计的内涵与模式	10分			
技能（30%）	根据信息化教学设计的基本原则和相关要求开展教学设计	15分			
	针对不同的教学环境设计相应的信息化教学方案	15分			
素养（20%）	遵守课堂秩序，展现良好学习态度	5分			
	具有自主学习意识，做好课前准备	5分			
	积极参与教学活动，善于思考、提问和探索创新	5分			
	具有团队合作精神，高效解决问题，出色完成实践任务	5分			
总评	综合得分：_____	100分			
	综合等级：_____	教师签字：_____			
总结	最突出的表现（创新或进步）： 还需改进的地方（不足或缺点）：				

注：综合得分=自评（25%）+互评（25%）+师评（50%）；综合等级可以"优"（综合得分≥90分）、"良"（80分≤综合得分＜90分）、"中"（60分≤综合得分＜80分）、"差"（综合得分＜60分）为标准进行评价。

项目八 信息化教学评价

项目导读

评价是一个价值判断的过程，教学评价是判断教学过程各个环节有效性和质量的重要手段。同时，教学评价还可以促使学生养成自我评价和反思的习惯，培养终身学习的意识和能力。借助信息化手段，教学评价可以更加客观、公正地进行，有效减少主观因素的影响。本项目主要介绍信息化教学评价的相关知识，包括认识信息化教学评价、信息化"教"的评价、信息化"学"的评价等内容。

学习目标

知识目标
- 了解信息化教学评价的含义、类型、功能与原则。
- 了解信息化教学设计评价的内容、信息化教学活动评价的方法。
- 了解面向学习过程的评价常用的工具、面向学习结果的评价常用的方法。

能力目标
- 能够阐述信息化教学评价的类型与功能。
- 能够使用相关工具或方法评价信息化教学设计和教学活动。
- 能够使用相关工具或方法评价信息化学习过程和学习结果。

素质目标
- 强化信息化教学评价意识，提升信息化教学评价水平。
- 培养积极主动的学习习惯，提升全面、客观分析与评价事物的能力。

引导案例　"一平台四体系"本科教学质量保障模式

2018年，兰州大学提出了"一平台四体系"本科教学质量保障模式。"一平台"指的是全景数据平台，而"四体系"指的是涵盖学生、教师、课程、专业四个维度的评价体系。该模式聚焦于课堂教学，通过大数据驱动，以学生在课堂上的获得感为目标，在学生、教师、学院、学校的协同下，帮助教师提升教学能力，提高课堂教学质量。

兰州大学还实施期中反馈式、期末终结式、毕业前回顾式等学生评教，让学生真正成为课堂的"主导者"。"我参与过课堂反馈、期中与期末教学评价，以及部分课程的期末调研问卷，可以大胆地提出课程的不足与改进建议。"物理科学与技术学院的王同学说。自兰州大学探索实施"一平台四体系"本科教学质量保障模式开始，每学期初，兰州大学的学生们都会收到这样的问题："老师上课讲得好吗？""通过这门课能学到什么呢？""课程安排得怎么样？"……

"越来越多的教师希望其他教师来指导课堂教学，真正上好每一门课。有需求的教师在系统上提出申请，学院或学校教务部门即可安排相关听评课教师。"兰州大学教务处教学质量办公室张主管介绍。

根据"一平台四体系"本科教学质量保障模式，兰州大学各学院聚焦课堂主渠道的"听评课"，陆续建立起多维评价机制。例如，经济学院实施的"三评三审三查"制度，涵盖了学生评教、教学顾问评教、学院领导评教，课前、课中、课后教学资料规范审查，学期初教学准备检查、学期中教学状态抽查、学期末考试秩序巡查及试卷归档检查等，形成了一条完整的多维评价链条。

通过探索实施"一平台四体系"本科教学质量保障模式，兰州大学实现了教师人才培养质量的全面提升。

（资料来源：尹晓军，《教学质量有了"全景监控"》，中国教育新闻网，2024年11月20日）

请思考：

如何看待兰州大学提出的"一平台四体系"本科教学质量保障模式？该模式为什么能够促进教师人才培养和保障教师教学质量？

任务一　认识信息化教学评价

对于教师而言，信息化教学评价能够帮助他们及时关注与深入分析教学过程中的问题，并根据反馈结果适时调整和优化教学方法，从而提高教学效果。对于学生而言，信

息化教学评价能够促使他们识别自身学习中的短板与瓶颈，激励他们主动采取行动调整学习策略与方法，实现学习成效的显著提升。在本任务中，我们将学习信息化教学评价的含义、类型、功能、原则等内容，以初步认识信息化教学评价。

任务准备

在"植物的生长"一课的教学设计过程中，路老师通过课前调查发现，学生们对植物生长已有一定的认知，但在深度和广度上尚显不足。为了有效激发学生的积极性和保证教学效果，路老师决定将课程主题调整为"植物生长分享会"。

在植物生长分享会上，学生们积极发言，踊跃分享自己在家或学校观察到的植物生长过程。例如，有学生提到根、茎、叶等部分对植物生长各自发挥着不同的作用，还有学生观察到不同植物具有各自特有的生长习性和适应能力。这些分享不仅涵盖了路老师原先计划讲授的知识点，甚至涉及了更深层次的内容。

通过植物生长分享会，路老师意识到学生们对植物生长的基本概念已经有了较为全面的理解，但对植物生长的具体条件和影响因素的掌握还不够。因此，她迅速调整了后续的教学计划，准备通过实验演示让学生观察不同条件下植物的生长情况。

请同学们结合上述材料思考以下问题。

（1）路老师共进行了几次教学评价？（说明每次教学评价的对象、时间及内容）

（2）这些教学评价对教学有哪些影响或作用？

一、信息化教学评价的含义

教学评价是指根据一定的教学目标，运用系统科学的方法，对教学和学习活动的过程及结果进行测量、评定并做出价值判断的过程。相应地，信息化教学评价是指在信息化教学理念的指导下，根据信息化教学目标，运用各种信息化技术手段对信息化教学和学习过程进行测量、评定并做出价值判断的过程。

信息化教学评价的基本内容包括信息化"教"的评价和信息化"学"的评价。

1）信息化"教"的评价

信息化"教"的评价是从教师教学工作的角度出发，依据信息化教学目标和任务，对信息化课堂教学进行综合评估的过程，涵盖了对信息化教学设计和信息化教学活动的评价。此类评价通常采用多种方式，包括领导评价、学生评价、同行评价和自我评价等。随后的任务二会对信息化"教"的评价进行详细介绍。

2）信息化"学"的评价

信息化"学"的评价是从学生信息化学习的角度出发，对学生的学习效果进行综合评估的过程，涵盖了对信息化学习过程和信息化学习结果的评价。此类评价通常采用自我评价、小组评价和教师评价三种方式。随后的任务三会对信息化"学"的评价进行详细介绍。

二、信息化教学评价的类型

在实施信息化教学评价的过程中，选择何种评价类型，对于顺利推进教学评价工作、取得预期效果至关重要。下面介绍五种常见的信息化教学评价分类方式。

1. 按评价功能分类

按照评价功能的不同，信息化教学评价可以分为诊断性评价、形成性评价和总结性评价。

（1）诊断性评价：在学期开始或某个单元教学开始时，评价者对被评价者各方面的状况进行评价的过程。诊断性评价的主要目的是了解被评价者的基础和准备情况，从而判断他们是否具备实现新目标所需的基本条件。摸底考试、作业分析、调查和观察等都属于诊断性评价。

（2）形成性评价（又称过程性评价）：在教学过程中即时、动态、多次对被评价者实施评价的过程，它注重及时反馈，用以强化和改进被评价者的状态。形成性评价的主要目的是及时获取反馈信息，缩小教学过程与教学目标之间的差距，总结经验，发现问题，以及时改进教学。随堂测验、教学检查、日常观察等都属于形成性评价。

（3）总结性评价：在一个大的学习阶段、一个学期或一门课程结束或告一段落时进行评价的过程。总结性评价可以由内部评价者和外部评价者共同组成，是对教学结果做出价值判断的评价。总结性评价的主要目的是了解整个教学活动与预期目标之间的差异，对整个教学过程进行综合评判，拿出最终的结果。期末考试、教学评估等都属于总结性评价。

2. 按评价价值标准分类

按照评价价值标准的不同，信息化教学评价可以分为相对性评价、绝对性评价和个体内差异评价。

（1）相对性评价（又称常模参照性评价）：在被评价者的集合中选取一个或若干个对象作为基准，将其余对象与基准对象进行比较，进而做出价值判断的过程。相对性评价的目的是对两个或多个对象的差异性做出判断。考试排名、学习标兵评选、教学成果评奖等都属于相对性评价。

（2）绝对性评价（又称目标参照性评价）：在被评价者的集合以外确定一个客观标准，将被评价者与该客观标准进行比较，以评价其达到程度并做出价值判断的过程。普通话等级考试、雅思考试、驾照考试等都属于绝对性评价。

（3）个体内差异评价：以被评价者个体的自身情况作为参考系，将被评价者的过去与现在进行比较，或者对被评价者的不同方面进行比较，进而做出价值判断的过程。个体内差异评价的目的是比较被评价者的自身状况，判定该对象在自身发展或自身各个方面的变化情况。例如，学校教育技术发展评价、教师教育技术能力发展评价、学生信息技术能力发展评价等都属于个体内差异评价。

3．按评价主体分类

按照评价主体的不同，信息化教学评价可以分为外部评价和内部评价。

（1）外部评价：由被评价者之外的专业人员对被评价者进行明显的（看得见的、众所周知的）统计分析或文字描述的过程。

（2）内部评价（又称自我评价）：由课程设计者或被评价者自己进行判断的过程。

4．按评价方法分类

按照评价方法的不同，信息化教学评价可以分为定性评价和定量评价。

（1）定性评价：评价者根据自己的主观经验与观察，对被评价者的属性做出判断的过程。定性评价多采用一定的语言来描述评价的结果。

（2）定量评价：评价者用获得的评价数据对被评价者进行量化评价的过程。它能更客观、精确地做出评价，从纷繁复杂的评价数据中提取出规律性的结论。

5．按评价严谨程度分类

按照评价严谨程度的不同，信息化教学评价可以分为正式评价和非正式评价。

（1）正式评价：被评价者在客观条件相同的情况下接受统一评价的过程，其特点是采用的评价工具比较客观，如权威认定的测验问卷、评价量表等。

（2）非正式评价：针对个别被评价者进行单独评价的过程。非正式评价的资料大多是采用非正式方式收集的，如观察、谈话等。教师可以采用非正式评价作为正式评价的补充。

三、信息化教学评价的功能

信息化教学评价具有调节、诊断、激励、导向等基本功能。

（1）调节功能。通过信息化教学评价，教师可以得到有关教学过程的反馈信息，并根据反馈信息调节教学过程。教学过程中的反馈信息包括两类：一是以指导教学为目的的教师教学工作评价，这类评价可以调节教师的教学工作；二是以自我调控为目的的学生自我评价，这类评价有助于深化学生的自我认知，培养其元认知意识和能力，并提升其学习自主性。

（2）诊断功能。信息化教学评价包含对教学结果及其成因的分析过程。评价者与被评价者能够通过评价结果深入了解教学和学习的具体情况，了解教学和学习的效果、不足、矛盾、问题，以及未能实现教学目标的原因等，为改善教学和学习策略提供依据。

（3）**激励功能**。信息化教学评价能够有效激发教师的积极性和学生的内在学习动机，使他们的注意力集中在教学或学习任务的关键部分。对于教师而言，适时且客观的信息化教学评价能帮助其明确工作的努力方向；对于学生而言，教师提供的学习评价，尤其是正向、激励性的评价，可以帮助其提高学习积极性，改善学习效果。

（4）**导向功能**。如果在进行信息化教学评价前将评价内容或标准告知被评价者，会使被评价者知道评价者将如何评价他们完成的任务，这有助于被评价者调整自己的努力方向，从而达到预期的目标。例如，学生可以通过了解教师制订的"三好学生"评价标准，调整自己的努力方向，以便更好地朝着成为"三好学生"的目标努力。

四、信息化教学评价的原则

在信息化教学评价的过程中，应遵循以下基本原则。

（1）**开展教学活动前要提出预期目标**。在信息化教学中，学习任务往往是真实的，而学生又具有较大的自主权和控制权。为了避免学生在学习过程中迷茫，在开展教学活动前，应通过提供相关工具使学生对自己要达到的目标有一个明确的认识，使学生主动将自己的学习成果向预期任务要求看齐。

（2）**评价基于学生在实际任务中的表现**。在信息化教学中，教师应尽可能地从"真实的世界"中选择任务和问题，并在评价时关注学生在实际任务中所表现出来的提问能力、寻求答案的能力、理解能力、合作能力、创新能力、交流能力和评价能力等。评价的重点要放在如何使学生的这些能力得到发展和提高上，而不仅仅是判断学生的这些能力如何。

（3）**评价随时进行并伴随教学过程始终**。信息化教学评价是一个与教师教学同步进行的动态过程。信息化教学评价的目的是，教师通过判断学生的表现与教学目标之间的差距，及时改变自身的教学策略，或要求学生改变学习方法及努力方向。

（4）**学生对评价进程和质量负责**。要发展学生的信息化教学评价能力，就需要让学生有机会制订和使用评价的标准，使他们在思考和反思中发展信息化教学评价技能。学生应该通过信息化教学评价，知道如何回答和解决诸如"我需要解决的问题是什么""我怎样才能知道自己取得了进步""我该怎样提升自己""我的成绩如何才能达到优秀"之类的问题。因此，只要有可能，就要尽量鼓励学生进行自评或互评，并使他们对评价的进程和质量承担责任。

任务实践——探究信息化教学评价过程

良好的信息化教学评价过程有助于增强其有效性和权威性，从而为教师更好地实施教学提供助力，为学生更好地进行学习提供有价值的反馈。在初步了解信息化教学评价后，下面基于对信息化教学评价的理解，探究信息化教学评价的一般过程。

步骤 1 明确评价目的。在进行信息化教学评价前，首先要明确信息化教学评价的目的，如评价教师的教学设计、检验学生的学习成果等。同时，需明确参与评价的对象，如学生、教师、家长等。

步骤 2 确定评价内容。根据相关课程标准和教学目标，确定需要评价的知识、技能和态度，确保评价内容与预设一致。例如，如果教学目标为理解某个概念，信息化教学评价的内容应关注学生对该概念的掌握情况。

步骤 3 选择评价类型。根据信息化教学评价的目的和内容，选择合适的信息化教学评价类型。例如，评价教师的教学设计可采用内部评价，检验学生的学习成果可采用总结性评价。需要注意的是，不同类型的信息化教学评价并不是相互独立的，而是可以有机结合的。

步骤 4 设计评价工具。根据信息化教学评价的目的、内容和类型，选择合适的信息化教学评价工具。例如，想要检验学生对某个单元知识的掌握情况，可以针对该单元的学习情况设计一个在线测试。需要注意的是，设计评价工具时要考虑其严谨性和科学性。

步骤 5 确定评价实施方案。明确信息化教学评价流程中的每一个步骤，以确保评价活动能够有序、高效地进行。例如，详细规划教学评价的时间安排、责任分配、数据收集与记录方法，确保教学评价环境适宜等。

步骤 6 实施评价。按照设计的信息化教学评价实施方案实施信息化教学评价，收集评价数据。

步骤 7 分析与解释评价结果。借助信息化工具对评价数据进行分析。例如，使用 Microsoft Excel 计算平均分、使用 SPSS 进行描述性统计分析等。然后，根据分析结果形成评价报告，解释评价结果。

步骤 8 反馈与调整。信息化教学评价结束后，应及时将评价结果反馈给被评价者，以便被评价者根据评价结果进行调整。同时，针对信息化教学评价实施过程中遇到的问题进行反思。基于反思结果，不断优化和调整信息化教学评价的机制与方法，为下次评价做好准备。

任务二 信息化"教"的评价

任务描述

教育技术的研究对象包括教师的教学过程和学生的学习过程。因此，教学评价应同时涵盖对"教"的评价和对"学"的评价。在本任务中，我们将学习如何从"教"的角度对信息化教学进行评价，包括信息化教学设计评价、信息化教学活动评价等内容。

任务准备

李老师是初一年级某个班的数学课教师兼班主任,虽然充满热情,但教学经验不够丰富。他经常根据教材内容即兴发挥,常常在没有设定清晰、具体的教学目标,也未提前了解学生掌握情况的情况下进行教学。同时,他在教学过程中也缺乏对教室中信息化教学设备的充分利用。这导致课程内容时而过于简单,无法满足优秀学生的需求;时而又过于复杂,让基础薄弱的学生觉得听不懂。

随着数学课程的推进,班级内学生的成绩差距逐渐拉大。有些学生的学习兴趣和动力逐渐减弱,成绩出现下滑;有些学生虽然仍对数学保持浓厚兴趣,但由于缺乏具有挑战性的学习任务,尽管成绩优秀,却进步有限。期中考试时,班级的数学平均分远低于学校的平均分,这一情况引起了学校和家长的关注。

请同学们结合上述材料思考以下问题。

(1)如何评价李老师的数学教学?(请从教学目标、教学内容、教学方法及教学效果等方面进行评价)

(2)如果你是李老师,面对目前的情况你会如何改进教学设计?

一、信息化教学设计评价

教学设计在整个教学过程中扮演着至关重要的角色,因此对教学设计的评价也成为衡量教师教学质量的重要指标。下面对信息化教学设计评价内容进行介绍,并提供一个信息化教学设计评价案例(供同学们参考)。

1. 信息化教学设计评价内容

(1)教学设计体系的全面审视。评估教学设计是否全面涵盖前端分析、教学目标设计、教学环境设计、教学过程设计、教学评价设计等基本要素。教学设计应条理清晰且具可调控性。

(2)学生学习效果的系统评估。评估学生学习效果是衡量教师教学设计的科学性与合理性的关键途径,此过程需考量多个维度。例如,教学设计是否分析了学生的共同特征、学习风格、学习水平、学习需求和信息素养水平,并明确指出如何调整标准以适应不同学生的需求;教学设计是否能够激发学生的学习兴趣,并促进学生的学习和高阶思维能力的发展;教学设计是否有助于提升学生的信息素养水平;教学设计是否以学生为中心,关注学生的学习能力培养;教师是否作为学习的促进者,积极引导、监控和评价学生的学习进程。

(3)信息技术与课程整合程度的探讨。这一部分重点探讨信息技术在教学中的有效融入，具体包括以下五点：① 信息技术的应用与学生的学习之间是否存在明显的关联；② 信息技术是否属于教学成功的重要组成部分；③ 使用计算机作为研究、发布和交流工具是否有助于教学的有效实施；④ 教师的教学设计过程中是否充分利用多种信息资源以支持学习；⑤ 教学设计是否强调"协作学习"，该概念不仅包括学生之间和师生之间的协作，还涵盖教师之间的协作，如实施跨年级和跨学科的基于资源的学习。

（4）**教学实施灵活性的全面评估**。在评估教学实施的灵活性时，具体包括以下两点：① 教学设计是否能够根据具体的教学情境和差异进行灵活调整，以适应不同班级的需求；② 教师是否能够轻松有效地运用教学计划中提到的技术，并能够获得相应的技术支持。

（5）**教学评价工具的应用效果**。在分析教学评价工具的应用效果时，应考虑其实用性和关联性，具体包括以下三点：① 教学设计中是否包含一些用于务实的评价和评估的工具；② 学生的学习目标与学习成果评估标准之间是否存在明确的关联；③ 评价是否强调学习过程和学习资源的利用。

2. 信息化教学设计评价案例

有研究者基于信息技术在数学课程和相关教学中的应用研究现状，提出了融入信息技术的中学数学教学设计评价标准（见表 8-1），涵盖了对教材分析、学情分析、教学目标、教学重难点、教学策略和教学评价等教学设计要素的具体评价标准。

表 8-1　融入信息技术的中学数学教学设计评价标准

教学设计要素	中学数学教学设计评价标准具体表述
教材分析	① 阐述当前知识的内涵，明确知识产生发展的过程、蕴含的数学思想方法及知识的文化价值 ② 阐述当前知识在数学课程中的地位和作用 ③ 阐述信息技术与当前知识的切入点，明确信息技术在该教学内容中充当什么角色
学情分析	① 阐述学生已有的知识基础和技能基础及其掌握程度，如学习当前知识时的前期知识、已掌握的数学思想方法、绘图能力、运算能力、信息技术使用能力等 ② 阐述学生对信息技术所持态度、学习的心理状态、学习情感等
教学目标	① 目标的设置既要体现 4 个维度（知识技能、数学思考、问题解决、情感态度），又要考虑 4 个维度的整体融合性，并准确使用目标行为动词 ② 根据信息技术的特点，如与实际生活紧密联系、准确呈现图像、培养动手能力等，发挥其创设情境、动态演示、辅助实验的功能 ③ 目标设置应与教材分析、学情分析紧密结合，表述清晰简明，避免抽象空洞
教学重难点	① 重点、难点明确区分，内容具体，阐述得当 ② 利用信息技术后有助于突出重点、突破难点 ③ 根据学生情况（学习水平、信息技术能力、心理状态等）动态调整教学难点，切忌一成不变

续表

教学设计要素	中学数学教学设计评价标准具体表述
教学策略	① 教学方法能发挥教师的主导作用，也能体现学生的主体地位，注意要根据具体教学内容有所侧重，如传授新知识可以教师的主导作用为重，思考探索则以学生为中心并鼓励他们积极参与 ② 教学方法、教学手段优化组合且符合数学学科特点和学生认知规律 ③ 建议正确认识信息技术的辅助教学作用：信息技术是教师提升数学教学质量的助手，有助于促进学生对数学的理解和深入思考 ④ 教师要对向学生提供的信息资源进行有效的过滤、分类、梳理，消除学生的迷茫，使学生更有效地使用信息资源促进学习
教学评价	① 信息技术的辅助性教学特色突出，能将信息技术很好地融入数学教学，信息技术使用得当，教学效果良好 ② 融入信息技术的数学教学能够促进学生的主体参与性，学生在学习过程中的主动性、积极性和创造性得到有效发挥和增强 ③ 能够保证课件等运行正常，数学对象的呈现准确无误，师生使用信息技术手段效果良好，突破了教学重难点

二、信息化教学活动评价

信息化课堂教学活动是信息化教学的重要组成部分，也是评价教师教学质量的重要方面。下面介绍两种针对信息化课堂教学活动的评价方法：课堂观察法和课堂互动分析法。

1. 课堂观察法

课堂观察法是指研究者或观察者根据明确的目的，通过自身的感官（如眼、耳等）及相关的辅助工具（如观察表、录音和录像设备等），直接或间接（主要以直接观察为主）从课堂情境中收集资料，并依据这些资料进行相应研究的教育科学研究方法。表 8-2 展示了一份信息化课堂教学活动的评价标准。

表 8-2 信息化课堂教学活动评价表

课题名称		学校		班级		授课教师			
评价项目（分值）		评价要点				评价等级			
						A	B	C	评分
教学过程	导入（7）	导入手段、方式新颖，与学习内容联系紧密，成功创设学习所需情境，易于激发学生学习兴趣							
	讲授（15）	整体线索清晰、重点突出、主次分明，概念与定义诠释到位，表述生动形象，易于学生理解，注意师生间的互动							

续表

评价项目（分值）		评价要点	评价等级 A	B	C	评分
教学过程	重点的解决（7）	吸引学生参与，符合教学目标，解决效果明显				
	难点的突破（7）	引导、指导到位，符合教学目标，学生体验、感知等实践活动明显，易于学生理解掌握				
	教学方法（12）	灵活、新颖、得当、有效，注意学习方法的指导				
	教学资源（10）	充分利用教科书资源，实现其他教学资源与教科书的互补，针对性强，符合学生的认知规律，将补充资源作为学生的学习资源，促进学生学习实践				
	教学媒体（12）	媒体选择合适，制作规范，呈现方式独特，与教学内容联系紧密，与学生的学习活动相结合				
	教学特色（8）	特色鲜明，体现个人风格，有创意				
	学生练习（7）	设计合理，针对性强，能够强化理解记忆				
教学过程总评	教学活动（15）	整体完整、衔接自然，凸显学生的主体地位，与学生互动性强，关注学生学习技能和方法的应用；运用激励和鼓励方法，使学生有更多获得感、成就感、荣誉感				

2. 课堂互动分析法

除了对整体课堂活动进行观察，分析师生在课堂中的互动也是一种有效的教学活动评价方法，即课堂互动分析法。弗兰德斯互动分析系统（Flanders interaction analysis system, FIAS）是用于记录和分析教学情境中的教学活动及师生互动事件的成熟量化研究方法，广泛应用于课堂互动分析。FIAS 包括三个部分：① 一套描述课堂互动行为的编码系统；② 一套关于观察和记录编码的标准；③ 一个用于显示数据、进行分析、实现研究目的的矩阵表格。

FIAS 在进行课堂观察时，每 3 秒对课堂语言活动进行一次采样，并使用表 8-3 所示的编码系统对采样结果进行编码。例如，在一节课中，如果教师在第 1 秒～第 3 秒对学生进行了表扬，就将这段采样结果编码为"2"。因此，在一节 40～50 分钟的课堂教学中，通常会记录 800～1 000 个这样的编码。随后使用互动分析矩阵法、比率分析法和时间线标记法等进行详细的编码分析。通过 FIAS，教师可以对自己的教学进行分析和反思。同时，将这些数据与从课堂观察中获得的质性描述相结合，可以对课堂教学进行全面的理解和深入的分析。

表 8-3 FIAS 的编码系统

分类		编码	表述	内容
教师语言	间接影响	1	教师接受情感	以一种不具威胁性的方式，接纳及澄清学生的态度或情感
		2	教师鼓励表扬	称赞或鼓励学生的动作或行为
		3	采纳意见	通过澄清、重复、扩大或发展学生所提出的意见、想法来表达对学生观点的采纳
		4	提问	基于内容或程序向学生提出问题并期待学生回答
	直接影响	5	讲授	就内容或步骤提供事实或见解；表达教师自己的观念，提出教师自己的解释，或者引述某位权威者（而非学生）的看法
		6	指示	通过语言来要求或指示学生做出某些行为
		7	批评	通过权威的方式批评学生或纠正学生的课堂行为，教师的语言是为了改变学生的行为
学生语言		8	学生被动应答	通过语言回答教师提出的问题
		9	学生主动发言	通过主动发起对话来阐述自己的观点、发表有意义的言论
沉寂		10	无助于教学的混乱	暂时停顿、短时间的安静或混乱，以致观察者无法了解师生之间的沟通

信息技术在课堂教学中的广泛应用，促使学者们对 FIAS 评估体系进行重新审视。在这一背景下，顾小清和王炜提出了一种基于信息技术的互动分析编码系统（information technology-based interaction analysis system, ITIAS），旨在补充和发展 FIAS 体系。ITIAS 不仅细化了教师和学生的部分语言活动，还新增了能够反映技术与师生互动情况的内容，如表 8-4 所示。

表 8-4 ITIAS 的编码系统

分类		编码	表述	内容
教师语言	间接影响	1	教师接受情感	以一种不具威胁性的方式，接纳及澄清学生的态度或情感
		2	教师鼓励表扬	称赞或鼓励学生的动作或行为
		3	采纳意见	承认学生的说法；修饰或重述学生的说法；应用它去解决问题；与其他学生的说法相比较；总结学生所说的
		4	提出开放性问题	以教师的意见或想法为基础，向学生提出问题，并期待学生回答
		5	提出封闭性问题	
	直接影响	6	讲授	就内容或步骤提供事实或见解；表达教师自己的观念，提出教师自己的解释，或者引述某位权威者（而非学生）的看法
		7	指示	指令或命令学生做某件事情，此类行为具有期望学生服从的功能

续表

分类		编码	表述	内容
教师语言	直接影响	8	批评	陈述的语句内容为企图改变学生的行为,从不可接受的形态转变为可接受的形态;指责学生;说明教师为何采取这种行为;极端地自我参照
学生语言		9	应答(被动反应)	(对编码4的反应)学生为了回应教师所讲的话;教师指定学生回答问题,或是引发学生说话,或是建构对话情境;学生自由表达自己的想法是受到限制的
		10	应答(主动反应)	学生的回答超出了问题的答案,表达自己的想法;引发新的话题;自由地表达自己的见解和思路,如提出具有思考性的问题、开放性的架构
		11	主动提问	主动提出问题,自由地表达自己的见解
		12	与同伴讨论	讨论、交流看法
沉寂		13	无助于教学的混乱	暂时停顿、短时间的安静或混乱,以致观察者无法了解师生之间的沟通
		14	思考问题	学生思考问题
		15	做练习	学生做课堂练习
技术		16	教师操作技术	教师使用技术来呈现教学内容,说明观点
		17	学生操作技术	学生使用技术来呈现教学内容,说明观点;学生在课堂上做实验
		18	技术作用于学生	学生观察媒体演示

然而,与FIAS相比,ITIAS增加了近一倍的编码数量,从而增加了实践的负担,降低了分析方法的可行性。因此,方海光等研究者对ITIAS的编码系统进行了进一步优化,提出了改进型弗兰德斯互动分析系统(improved Flanders interaction analysis system, iFIAS),其编码系统如表8-5所示。

表8-5　iFIAS的编码系统

分类		编码	表述		
教师语言	间接影响	1	教师接受情感		
		2	教师表扬或鼓励		
		3	教师采纳学生观点		
		4	教师提问	4.1	提出开放性问题
				4.2	提出封闭性问题
	直接影响	5	教师讲授		
		6	教师指令		
		7	教师批评或维护教师权威		
学生语言		8	学生被动应答		
		9	学生主动发言	9.1	学生主动应答
				9.2	学生主动提问

续表

分类	编码	表述
学生语言	10	学生与同伴讨论
沉寂	11	无助于教学的混乱
	12	有益于教学的沉寂
技术	13	教师操作技术
	14	学生操作技术

任务实践——制作教学设计评价问卷

在教育信息化的背景下,信息化教学评价日益受到重视。特别是如何借助现代科技手段有效地评估和改进教学质量,成为教育工作者关注的焦点。在了解完信息化"教"的评价的相关内容后,下面以制作教学设计评价问卷为例,学习使用问卷星平台制作调查问卷的一般方法。

制作教学设计评价问卷

步骤 1 进入问卷管理页面。打开浏览器并在地址栏中输入"https://www.wjx.cn",按回车键,打开问卷星首页,登录个人账号(可以使用社交媒体账号直接登录,也可以注册新账号后登录),进入问卷星的问卷管理页面,如图 8-1 所示。

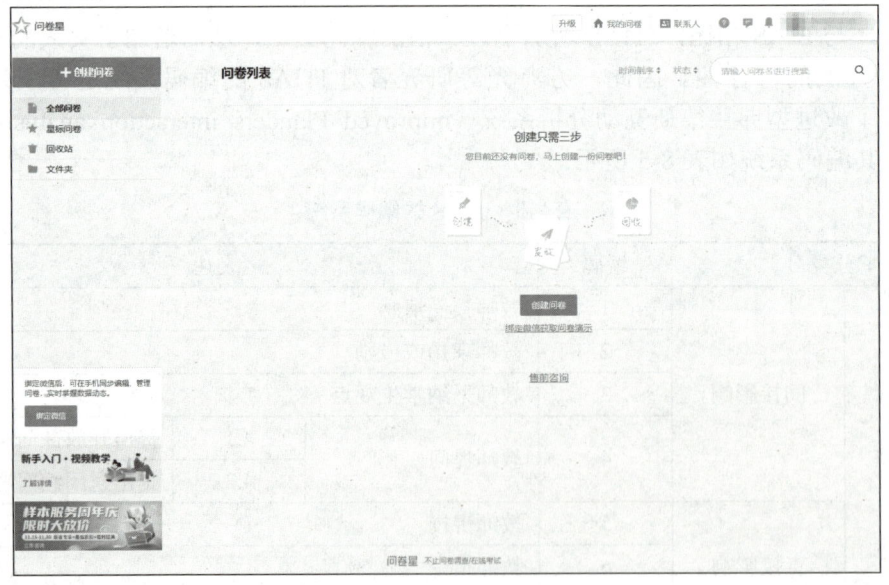

图 8-1 问卷管理页面

步骤 2 创建调查问卷。在问卷星管理页面中单击"创建问卷"按钮,进入创建调查页面,问卷星提供了"从空白创建调查""文本导入调查""Excel 导入答卷""人工录入服务"四种创建调查的方式,用户可以根据需要选择合适的方式创建调查问卷。在这里,我们选择"从空白创建调查"方式,在编辑框中输入调查标题"信息化课堂教学活动评价问卷",单击"创建调查"按钮,创建调查问卷,如图8-2所示。

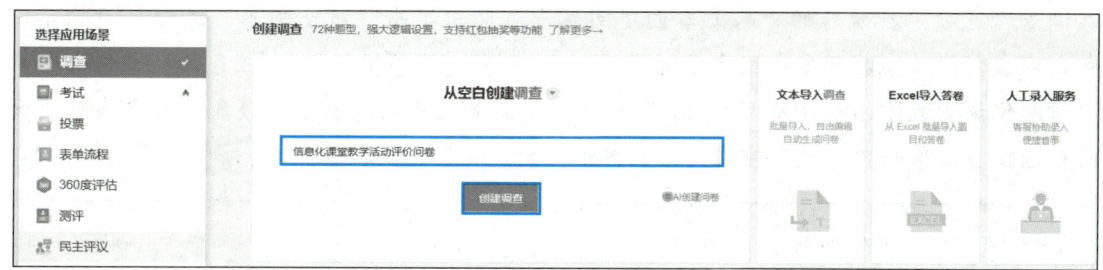

图8-2 创建调查问卷

步骤 3 设计问卷内容。在弹出的对话框中单击"关闭向导页面"按钮,进入问卷编辑页面,单击"添加问卷说明"按钮并在显示的编辑框中输入问卷说明。根据问卷题目的类型,在左侧列表中单击对应按钮添加题目,在问卷编辑区域填写题目的内容并设置题目的格式。例如,信息化课堂教学活动评价问卷的第一个问题要求填写"教师姓名",可在左侧列表中单击"单项填空"按钮,在问卷编辑区域"*1."后的编辑框中输入"教师姓名",在属性验证下拉列表中选择"中文姓名"选项,题目编辑完成后,单击"完成编辑"按钮,如图8-3所示。

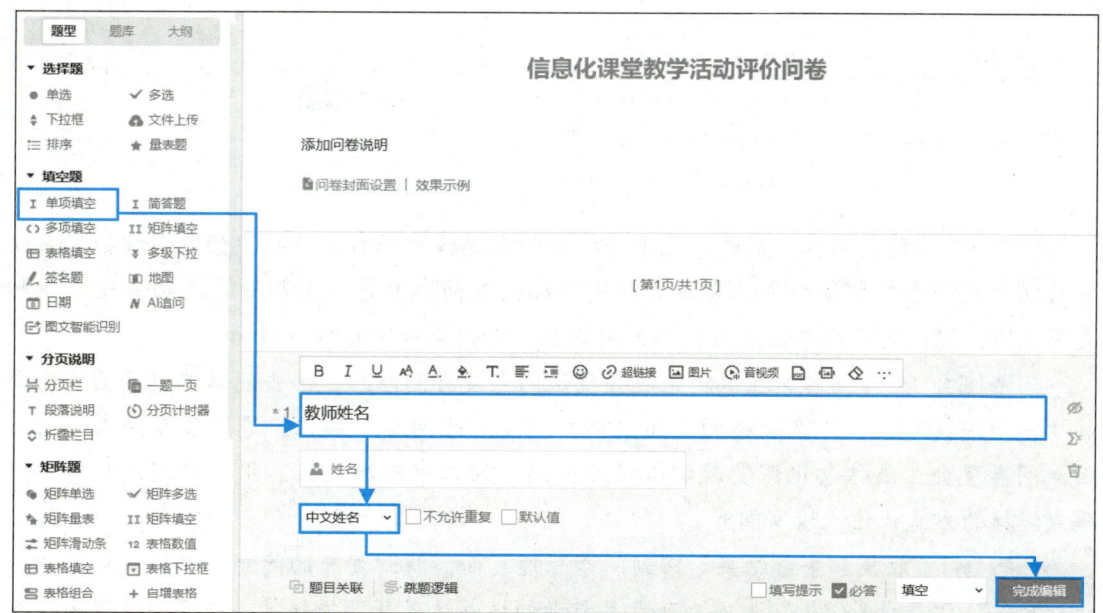

图8-3 添加问卷题目

本书配套素材"素材与实例"/"项目八"/"任务二"文件夹中的"信息化课堂教学活动评价问卷.doc"文档给出了信息化课堂教学活动评价问卷的内容参考。同学们可以参照着添加问卷题目,也可以采取"文本导入调查"方式直接导入该问卷内容,再根据自己的需求进行编辑修改。

"文本导入调查"方式的具体操作为,在图8-2所示的创建调查页面中选择"文本导入调查"选项,在跳转的"从文本创建问卷"页面中单击"清空文本"按钮,清除示例文本内容。然后,打开本书配套素材"素材与实例"/"项目八"/"任务二"文件夹中的"信息化课堂教学活动评价问卷.doc"文档,将该文档中的所有文本复制粘贴到当前页面的对应位置,单击"完成"按钮,如图8-4所示。

图8-4 以"文本导入调查"方式创建问卷

步骤 4 预览问卷。完成设计后,单击问卷编辑页面右上角的"预览"按钮,系统会自动生成问卷的预览版本。在该页面中仔细检查问卷的每一个问题、选项和逻辑跳转是否正常,确认无误后单击上方的"关闭预览"按钮返回问卷编辑页面。

步骤 5 发布问卷。在编辑完成并确认问卷没有问题后,单击问卷编辑界面右上角的"完成编辑"按钮,在跳转的页面中单击"发布此问卷"按钮,进入发布问卷成功页面,问卷星会生成信息化课堂教学活动评价问卷的二维码和链接。用户可通过分享二维码或链接的方式让他人填写问卷。

步骤 6 收集和查看结果。回到问卷管理页面,找到发布的问卷,选择对应的"分析&下载"/"统计&分析"选项,查看参与者的填写情况及数据统计,并可通过单击下载功能,将结果导出为Excel或其他文件格式。

步骤 7 总结与反馈。根据收集的数据撰写总结报告,提炼出关键信息和结论。根据需要,可以将结论反馈给参与者,感谢他们的参与。

项目八 信息化教学评价

任务三 信息化"学"的评价

任务描述

在信息化教学中,强调以学生为中心,发挥其主体能动性,因此,信息化"学"的评价不仅关注学生的学习结果,还应关注他们的学习过程。在学习完如何从"教"的角度对信息化教学进行评价后,在本任务中,我们将学习如何从"学"的角度对信息化教学进行评价,包括面向学习过程的评价、面向学习结果的评价等内容。

任务准备

作为一名信息技术课程教师,赵老师希望每位学生都能认真对待学习。因此,他常常让学生填写在线调查问卷,并及时对问卷结果进行分析和总结,然后将结果反馈给学生,据此了解学生的学习效果和优化下节课的教学方式。

然而,学生小卓对此并不上心。他认为只要正常去上课、考试及格就好,因此每次填写在线调查问卷时总是草草了事。一段时间后,其他同学通过赵老师的反馈反思自己的学习时,大都感到收获满满,有所提升,而小卓却觉得没有任何收获,不禁感到尴尬和后悔。赵老师抓住机会与小卓进行了坦诚的交流,指出了他在学习中所犯的错误及态度上的不足。

经过深刻反思,小卓意识到学习知识不仅仅是为了考试,同时也是为自己的人生打下坚实的基础,填写在线调查问卷并非没有意义。后来,每次填写在线调查问卷时,他都会认真思考自己在学习中的收获和不足,并积极寻找改进的方法。

请同学们结合上述材料思考以下问题。

(1)在转变学习态度后,小卓的学习效果会有哪些变化?

(2)赵老师不断对学生给予反馈和优化下节课的教学方式,对学生的学习有何重要意义?

一、面向学习过程的评价

面向学习过程的评价不仅能够体现学生的学习成效,还有助于推动学生的全面发展。下面介绍几种在学习过程评价中使用的典型工具。

1. 范例

范例是指教师根据教学内容为学生提供的具有代表性的、对教学起到帮助的、促学生理解的、表述特别清晰的例子。学生能够在范例的帮助下在头脑中迅速建立框架体系和知识脉络，借助范例中蕴含的与其他知识相通的点开展学习。

范例的类型多种多样，包括优秀的作品、真实的案例、作业成果或思路引导等。例如，在信息技术课程的教学中，教师预先提供的已制作好的在线视频或处理过的照片，就是典型的范例。

2．量规

量规是教育领域的一个专业术语，指评价表或评分细则，是对学生学业绩效，包括学习过程中的行为、认知、态度和各种学习结果进行评价的一套标准。作为一套标准，量规通常从与教学目标相关的多个维度设定评价准则和等级，并结合定性与定量的评估方式对学生的学习过程进行结构化评价。教师通过在学生的学习过程中合理地使用量规，可以评价、指导、管控和改善学生的学习过程。

一个好的评价量规应包含以下三个要素：① 一套完整的评价准则（或评价维度），即决定表现任务质量的各个指标；② 等级水平，即描述评价准则在质量上从差到好的序列；③ 具体说明，即对各个准则在不同水平上的表现进行详细描述。

MOOCAP 是中国大学先修课程（CAP）与大规模开放在线课程（MOOC，慕课）的结合，旨在为有一定学习能力的高中学生提供多样化的课程选择，为中学教师提供进修与交流的平台，并为高水平大学的人才选拔提供科学依据。

基于 MOOCAP 平台的学生学习行为，有研究团队制订了一套用于评估 MOOCAP 学生学习效果的评价量规。这一量规包含了一整套的 MOOCAP 学习绩效评价准则，研究团队还通过专家工作坊的形式对该指标体系中的各个行为指标进行了详细的划分与定级，并确定了各项指标的权重。此外，研究团队还与清华大学的学堂在线进行了合作，将开发的量规产品化，对 MOOCAP 学习者的学习绩效进行评估，并形成了学堂在线的 MOOCAP 学习绩效评价单，如图 8-5 所示。

3．学习契约

学习契约是一种由学生与教师等共同制订的书面协议或学习计划。它明确了学生的学习目标、实现学习目标的方法与策略、学习活动的时间安排、完成活动所需的证据及对这些证据的评估标准等。学习契约为组织、实施、监测和评估学习活动提供了依据。签署学习契约有助于激发学生的学习动机和自主学习的热情。

然而，签署学习契约并不意味着学生拥有完全的学习自由，教师等仍需对学生学习的各个环节进行有效的管理与指导。常见的学习契约类型有自学式学习契约（见表 8-6）、提纲式学习契约（见表 8-7）及同伴辅助式学习契约（见表 8-8）等。

项目八 信息化教学评价

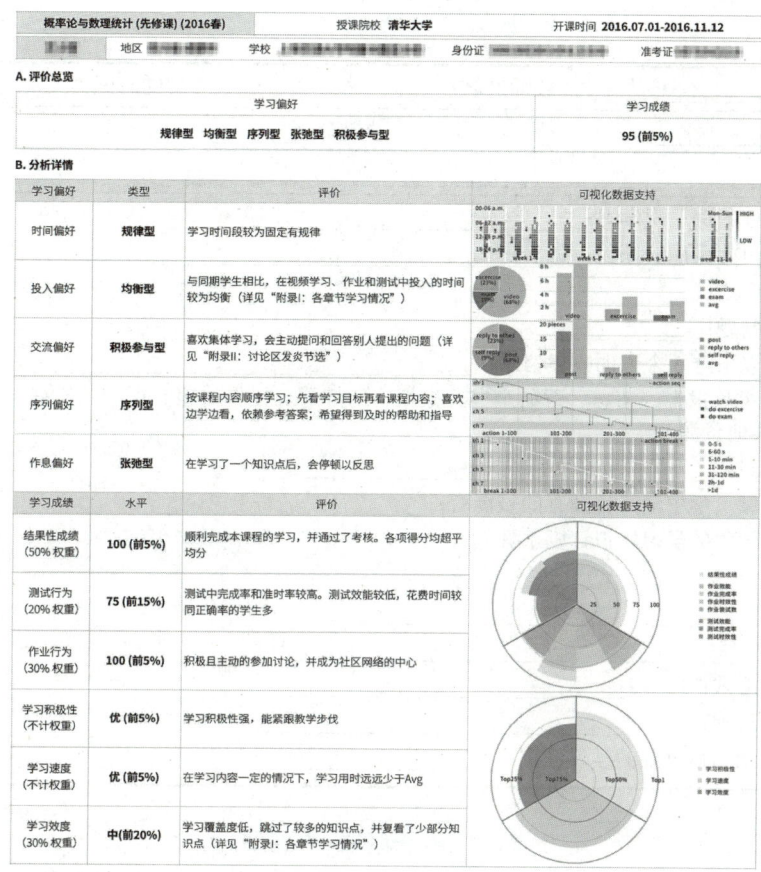

图 8-5 MOOCAP 学习绩效评价单

表 8-6 自学式学习契约

| 姓名：_____ | 学号：_____ | 课程名称：_____ | 日期：_____ |

学习主题：_____

学习目标：
①
②
③
……

学习活动：
①
②
③
……

签名：_____

表 8-7　提纲式学习契约

学生姓名：_____　　教师姓名：_____　　契约时间：_____
课程级别：_____　　　　　　　　　成绩：_____
契约目的：_____ ① 学生计划进行的深层次学习：_____ ② 学生决定学习此主题的原因：_____ ③ 学生学习的中心：_____ ④ 学生想提的问题：_____ ⑤ 学生至少从以下选 5 个方面收集信息：_____ （专家对话录、实验报告、杂志、百科全书、报纸、幻灯片、报告讲座、图片、影碟、博物馆、社团/组织、调查或其他资源） ⑥ 学习成果形式：_____ ⑦ 实现学习目标，学生最终将拥有的技能有：_____ ⑧ 与他人分享学生的学习，拟订以下计划： 　　分享人员：_____ 　　分享时间：_____ 　　分享方式：_____ ⑨ 结束学习的形式：_____ ⑩ 评价学习的形式：_____ ⑪ 评价人员看到的最重要的学习证据：_____

表 8-8　同伴辅助式学习契约

被辅导者姓名：_____　　　　　辅导者姓名：_____
辅导专题：_____
被辅导者： ① 你期望通过这次辅导学到什么？打算通过什么方式来学习？ _____ ② 这个假期你想学习什么技能？怎样培养这些技能？ _____ ③ 你在怎样的环境下学习最有效？ _____
辅导者： ① 你打算何时开始辅导？如何辅导？ _____ ② 你打算何时评价被辅导者的作业？如何评价？ _____ ③ 你打算何时检查被辅导者的学习状况？如何检查？ _____
辅导者签名：_____　　　　　被辅导者签名：_____ 　　　　　　　　　　　　　　　　　日　　期：_____

4. 电子学习档案

电子学习档案是利用信息技术记录和展示学生学习过程及最终成果的一整套材料。它以数字化形式记录学生的学习目标、学习结果、学习付出、学习进步、学习活动、学习评价和学习反思等信息。电子学习档案支持的素材类型包括但不限于文本、图形图像、音频、视频和动画等，涵盖了作业、书面文章、成绩单、调查报告和教师评语等多种形式的学习材料。

电子学习档案的主要用途包括跟踪学生学习过程、展示学生作品、记录学生知识和技能，以及支持学生求职、职业发展和终身学习等。通过电子学习档案，学生可以在一段时间后回顾自己的成长历程，促进思考和反思，以推动个人发展。学生在自我评价的过程中，积极性也会逐步增强。同时，电子学习档案为教师提供了优质的参考资料，可以帮助他们更好地辅导和支持学生实现学习目标。一个用来描述终身学习的电子学习档案，其内容组件可以划分为个人信息、过程信息和产出信息三大部分，如图8-6所示。

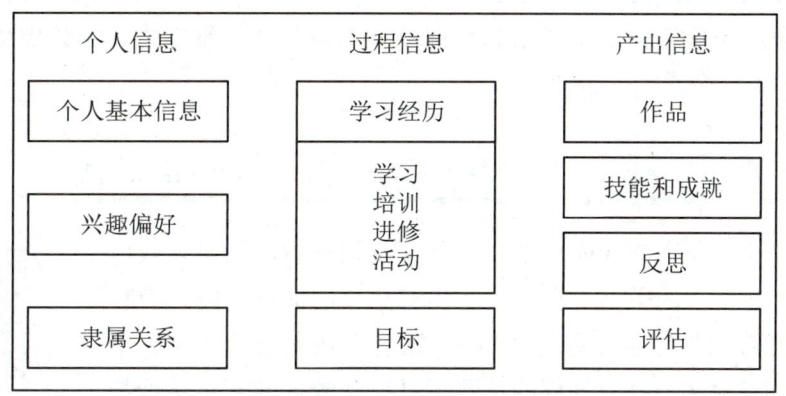

图8-6 电子学习档案的内容组件

二、面向学习结果的评价

对学生学习结果的评价可以采用多种方法，包括考试、绩效评估、撰写研究报告等。评价手段的多样化不仅使评价过程更加丰富，也能更加全面地反映学生的学习成果。

1. 考试

考试一直以来都是检查、评定学生学习结果的一种直接、有效的方法。考试根据一定的教育目的，让学生按照一定的方式来解答试题，并对其解答结果评等级或计分数，具有评定、诊断、反馈、预测和激励的功能。考试包括口试、笔试和操作考试等形式，试题包括主观题和客观题两大类型。随着人工智能和大数据等技术在教学评价中的应用，教师可以从智能题库中选择合适的题目并安排相应的考试，以更好地了解学生的情况。同时，借助自动评阅等功能，教师还能实现对客观题的全自动评分。

2. 绩效评估

绩效评估是通过观察和记录学生在具体任务或项目中的表现来评价其学习结果，重点强调学生在实际应用知识和技能方面的能力。教师可以设定明确的评估标准，通过学生参与小组合作、实践活动或演示等形式收集数据。这种方法不仅能够帮助教师了解学生的学习进展，还能够评估学生解决实际问题的能力。此外，教师还可以利用专业的统计分析软件对收集的绩效数据进行分析和可视化。例如，可以利用 SPSS 进行描述性统计分析，或利用 R 和 Python 进行更为复杂的数据分析和可视化。

3. 撰写研究报告

撰写研究报告可以帮助学生将所学知识与实际问题相结合，是一种深入理解和运用知识的评估方式。教师可以要求学生围绕特定主题进行深入研究，撰写分析报告。对研究报告的整理，不仅考验学生的信息获取能力和批判性思维能力，也能够促使他们进行自主学习和知识整合。

任务实践——分析学生学习过程问卷数据

当精心设计的调查问卷成功地收集到评价数据后，如何高效、科学地分析这些复杂的数据，从中提炼出有意义的信息，成为教育工作者与研究者面临的重要课题。SPSS 凭借其强大的功能和广泛的应用场景，成为这一分析过程的重要工具，从数据的初步整理与清洗，到选择合适的统计分析方法，再到对分析结果进行合理解读与应用，各个环节紧密相扣，共同构成一个完整且严谨的数据处理流程，能够帮助用户更好地利用数据，为提升教学质量、优化学习体验、深入开展教育研究奠定基础。下面以使用 SPSS 分析学生学习过程问卷数据为例，学习处理和分析评价数据的一般方法。

分析学生学习过程问卷数据

步骤 1 处理数据。为了方便使用 SPSS 对学生学习过程问卷数据进行分析，首先需要对问卷数据进行数值化处理。具体而言，对于性别数据，男性的编码为 1，女性的编码为 0。同时，由于学习过程相关问题采用李克特五级量表的形式，答案选项包括非常不同意、不同意、不确定、同意、非常同意，分别对应的编码为 1、2、3、4、5。这种数值化处理能够确保数据的有效性和可操作性，为后续的统计分析做好准备。

步骤 2 导入数据。启动 SPSS 软件（以 SPSS 26.0 为例），单击工具栏中的"打开数据文档"按钮，在打开的"打开数据"对话框中单击"文件类型"下拉按钮，在展开的下拉列表中选择"Excel（*.xls、*.xlsx 和*.xlsm）"选项，并选择本书配套素材"素材与实例"/"项目八"/"任务三"文件夹中的"学生学习过程问卷数据.xlsx"文件，单击"打开"按钮，如图 8-7 所示。在打开的"读取 Excel 文件"对话框中对读取的数据进行检查，检查没问题后，单击"确定"按钮，将数据导入 SPSS 进行分析。

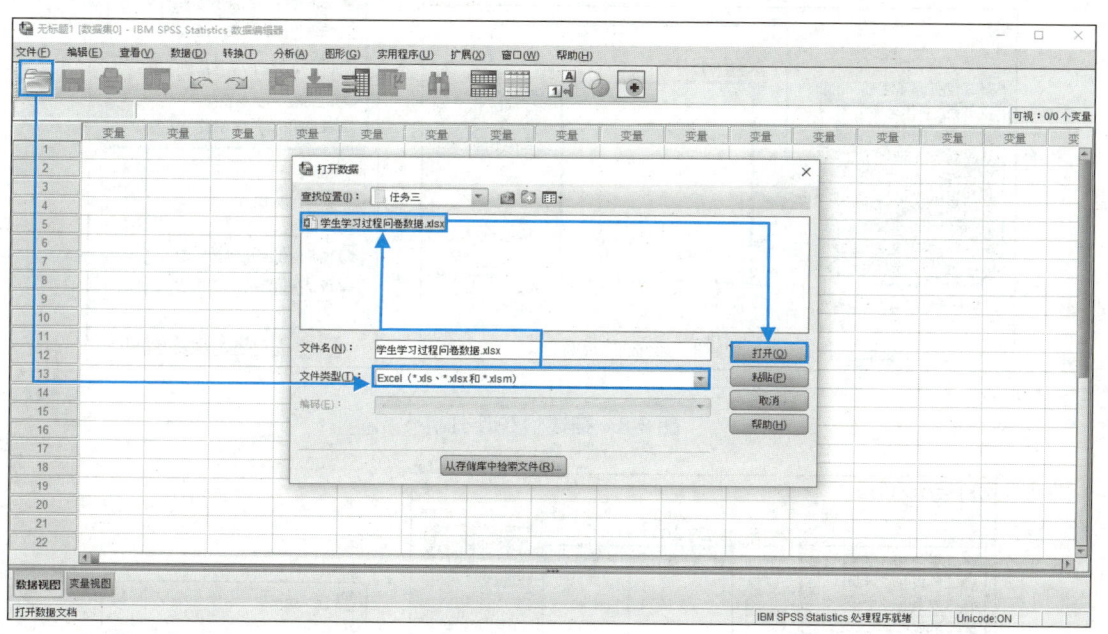

图 8-7 导入数据

步骤 3 描述性统计分析。在菜单栏中选择"分析"/"描述统计"/"描述"选项，在打开的"描述"对话框中，在左侧的变量列表框中按住"Ctrl"键依次选择第 5～12 题，单击按钮将其移到右侧的变量列表框中，再单击"选项"按钮，在打开的对话框中选择想计算的统计量复选框，如平均值、标准差、最小值、最大值、峰度、偏度等，单击"继续"按钮，返回"描述"对话框后再单击"确定"按钮，如图 8-8 所示。SPSS 会对所选数据进行描述性统计分析并生成分析结果，这些分析结果可以帮助用户了解学生评价的集中趋势（平均值）、离散程度（标准差）、分布特征（峰度和偏度）。

步骤 4 独立样本 T 检验。可以使用独立样本 T 检验检验两个变量之间是否存在关联性。例如，要探究性别对课堂注意力是否存在显著影响（即性别与课堂注意力是否存在关联），在菜单栏中选择"分析"/"比较平均值"/"独立样本 T 检验"选项，在打开的"独立样本 T 检验"对话框中，选中"11.在课堂中我能够集中保持注意力 20 分钟以上"变量，单击按钮将其移到右侧的检验变量列表框中；选中"4.性别"变量，单击按钮将其移到右侧的分组变量列表框中。单击"定义组"按钮，在打开的对话框中选中"使用指定的值"单选钮,分别在组 1 和组 2 的编辑框输入性别编码(如 1 和 0),单击"继续"按钮,返回"独立样本 T 检验"对话框后再单击"确定"按钮,如图 8-9 所示。SPSS 会对所选数据进行独立样本 T 检验并生成检验结果。

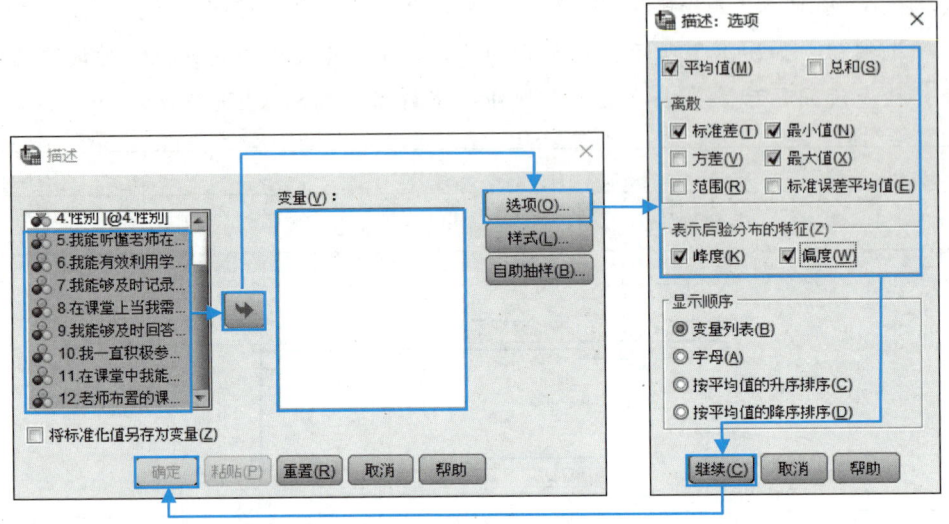

图 8-8　描述性统计分析

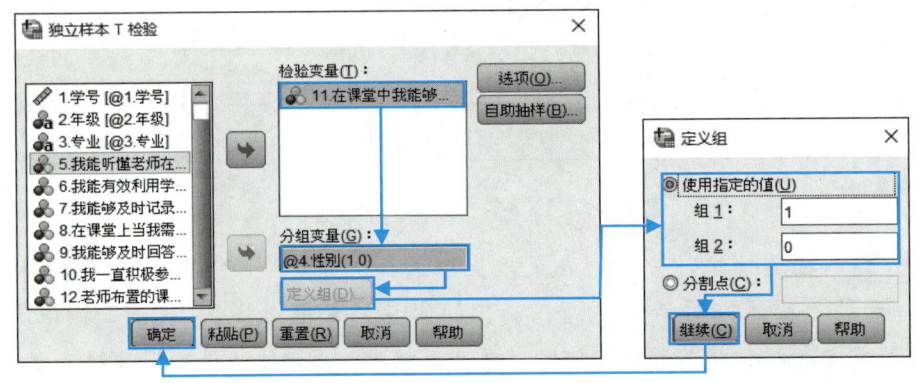

图 8-9　独立样本 T 检验

步骤 5　查看输出结果。步骤 3 和步骤 4 的输出结果会呈现在 SPSS 的查看器窗口中,如图 8-10 所示。

例如,在独立样本 T 检验的输出结果中,男生(对应编码为 1)的平均值为 4.24,女生(对应编码为 0)的平均值为 4.27,t 值差异为 –0.153,表明男生在课堂中集中保持注意力的能力略低于女生,但差异非常小(–0.023)。

显著性水平双尾检验的结果为 0.879,显著性远大于 0.05,因此不能否认原假设,即性别对课堂注意力没有显著影响。平均值差异的置信区间为 [–0.318, 0.272],包括 0,这一结果进一步表明没有显著的性别差异。

综上所述，分析结果表明，性别对课堂注意力的影响并不显著。两个性别群体之间的平均差异非常小，且不足以达到统计显著性。然而，需要注意的是，这一结论仅基于学生学习过程问卷数据，因此不应被视为权威或绝对可信的结果。在实际教学中，这一结果主要是为了帮助教师更好地了解学生的学习过程，而不是作为决策的唯一依据。

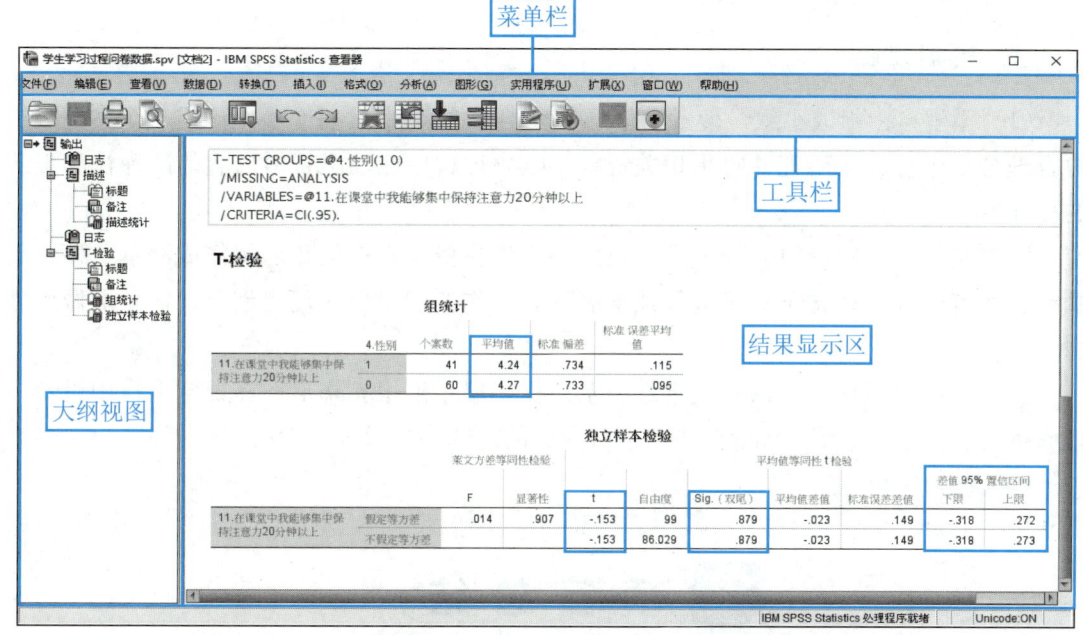

图 8-10　学生学习过程问卷数据的分析输出结果

步骤 6　保存输出结果和数据集。分别在输出结果查看器窗口和数据编辑器窗口中按"Ctrl+S"组合键，保存输出结果文件和数据集文件。

项目实训　探究信息化教学评价应用现状

1. 实训背景

伴随着信息技术的迅猛发展，教育领域正在积极探索和实践信息化教学评价的新模式。信息化教学评价不仅评估学生的学习成果，更是对教学过程进行全面反思和优化的重要途径。通过信息化教学评价，教育工作者能够更好地理解和运用信息化评价手段，从而提升教学质量，推动教学方法的创新。本项目实训将带领大家探究信息化教学评价应用现状，以便更加全面、深入地了解信息化教学评价的实施情况及其对教育教学改革的深远影响。

现代教育技术

2. 实训目的

在了解信息化教学评价相关知识的基础上，探究信息化教学评价应用现状，使学生关注信息化教学评价的新发展，培养学生的信息化教学评价意识，使学生认识到信息化教学评价对教育教学的重要促进作用。

3. 实训步骤

（1）学生自由组成小组，搜索"信息化教学评价案例"。每个小组确定一个案例，组内合理分工进行深入研究并收集相关资料，收集过程中应注意资料内容的严谨性和形式的多样性。

（2）整理收集的资料并形成展示成果。学生将资料筛选优化后制作成演示文稿、动画、视频等形式，以备下一步进行课堂展示。制作的成果要体现出创新性，争取做到独树一帜。

（3）各小组派代表在课堂上进行展示汇报。展示汇报完毕后，在课堂上自由讨论，让学生发表自己的见解，加深学生对汇报内容的理解和认识。

（4）教师评价总结。

项目总结

为了帮助读者更好地掌握本项目所学内容，下面通过一张思维导图直观地呈现所有知识要点，如图 8-11 所示。

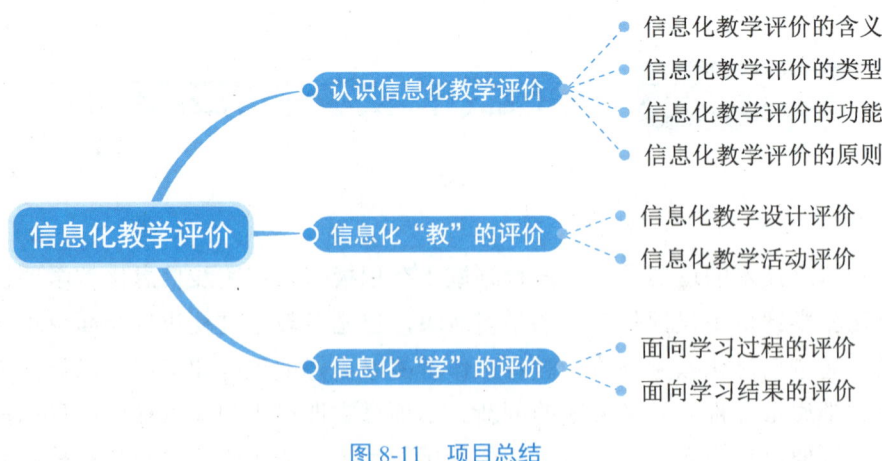

图 8-11 项目总结

项目考核

1. 选择题

（1）在某个学期教学结束时，何老师组织了一场考试，并告知学生考试成绩超过 70 分才算通过。这种考试评价属于（　　）。

    A．诊断性评价   B．非正式评价

    C．总结性评价   D．个体内差异评价

（2）信息化"教"的评价通常采用的方式不包括（　　）。

    A．学生评价   B．系统评价

    C．领导评价   D．自我评价

（3）按照评价价值标准的不同，信息化教学评价可以分为（　　）。

    A．诊断性评价、形成性评价和总结性评价

    B．相对性评价、绝对性评价和个体内差异评价

    C．外部评价和内部评价

    D．定性评价和定量评价

（4）晓楠在英语期末考试中取得了班级最高分，并被老师评选为"班级英语之星"。她的妈妈认为孩子在英语学习上付出了很大的努力，也准备了一份礼物作为奖励。老师的这种评价属于（　　）。

    A．相对性评价   B．个体内差异评价

    C．绝对性评价   D．定性评价

（5）在课堂教学过程中，陈老师详细记录了每位学生在小组讨论中的发言情况、参与度和学习态度，并在课后根据记录内容对学生的表现进行了评价。这种评价属于（　　）。

    A．诊断性评价   B．定量评价

    C．绝对性评价   D．定性评价

（6）通过信息化教学评价，评价者与被评价者能够通过评价结果深入了解教学和学习的具体情况，了解教学和学习的效果、不足、矛盾与问题等。这句话体现了信息化教学评价的（　　）。

    A．调节功能   B．诊断功能

    C．激励功能   D．导向功能

（7）在上"学习使用显微镜"这节课之前，葛老师录制了一段关于显微镜使用步骤的讲解视频，要求学生课前观看并记录心得。该视频可以视为一个（　　）。

A．范例　　　　　　　　　　　　B．量规

C．学习契约　　　　　　　　　　D．电子学习档案

2. 填空题

（1）教学评价是指根据一定的＿＿＿＿＿＿，运用＿＿＿＿＿＿的方法，对教学和学习活动的过程及结果进行＿＿＿＿＿＿的过程。

（2）信息化教学评价的基本内容包括＿＿＿＿＿＿和＿＿＿＿＿＿。

（3）诊断性评价是指在＿＿＿＿＿＿或＿＿＿＿＿＿时，评价者对被评价者各方面的状况进行评价的过程。

（4）弗兰德斯互动分析系统包括三个部分：① 一套描述＿＿＿＿＿＿的编码系统；② 一套关于＿＿＿＿＿＿的标准；③ 一个用于＿＿＿＿＿＿、＿＿＿＿＿＿、＿＿＿＿＿＿的矩阵表格。

（5）量规是对学生学业绩效，包括学习过程中的＿＿＿、＿＿＿、＿＿＿和＿＿＿＿＿＿进行评价的一套标准。

3. 简答题

（1）简述信息化教学评价的功能。

（2）简述信息化教学评价的原则。

（3）什么是课堂观察法？

（4）什么是学习契约？

（5）简述面向学习结果的评价方法。

4. 实践题

（1）结合自身情况制订一份自学式学习契约。

（2）选择一种合适的评价标准，对自己的信息化教学设计进行自我评价。

完成所有学习任务之后，请按照以下要求进行项目评价。

全班同学每 3～5 人一组，各组成员结合课前、课中和课后的学习情况，以及项目实训和项目考核的完成情况，按照表 8-9 中的评价标准对本项目的学习效果进行自评和互评（组内成员互相打分），并请教师进行总体评价，学生根据评价结果进行总结。

表 8-9　学习效果评价表

评价项目	评价内容	评价分数			
		分值	自评	互评	师评
知识 （50%）	信息化教学评价的含义、类型、功能与原则	20 分			
	信息化教学设计评价的内容、信息化教学活动评价的方法	15 分			
	面向学习过程的评价常用的工具、面向学习结果的评价常用的方法	15 分			
技能 （30%）	能够阐述信息化教学评价的类型与功能	10 分			
	能够使用相关工具或方法评价信息化教学设计和教学活动	10 分			
	能够使用相关工具或方法评价信息化学习过程和学习结果	10 分			
素养 （20%）	遵守课堂秩序，展现良好学习态度	5 分			
	具有自主学习意识，做好课前准备	5 分			
	积极参与教学活动，善于思考、提问和探索创新	5 分			
	具有团队合作精神，高效解决问题，出色完成实践任务	5 分			
总评	综合得分：_____	100 分			
	综合等级：_____	教师签字：_____			
总结	最突出的表现（创新或进步）： 还需改进的地方（不足或缺点）：				

注：综合得分=自评（25%）+互评（25%）+师评（50%）；综合等级可以"优"（综合得分≥90 分）、"良"（80 分≤综合得分＜90 分）、"中"（60 分≤综合得分＜80 分）、"差"（综合得分＜60 分）为标准进行评价。

项目九　信息化教育教学创新

项目导读

在信息化教育教学的实践中，教师必须坚持与时俱进，主动关注信息化教育教学的最新动态，持续提升自身的信息素养和创新实践能力，以更好地应对信息时代教育发展的需求变化与挑战，努力为教育事业的进步贡献力量。本项目主要介绍信息化教育教学创新的相关知识，包括教育应用新技术、信息化教学新模式等内容。

学习目标

知识目标

- 了解人工智能技术、脑机接口技术、眼动追踪技术、计算机图形与仿真技术、云计算技术、大数据技术、物联网技术等教育应用新技术的内涵。
- 了解翻转课堂教学模式、STEAM 教学模式、创客教学模式、大单元教学模式等信息化教学新模式的内涵。

能力目标

- 能够描述人工智能技术、脑机接口技术、眼动追踪技术、计算机图形与仿真技术、云计算技术、大数据技术、物联网技术等的教育应用现状及优势。
- 能够探索翻转课堂教学模式、STEAM 教学模式、创客教学模式、大单元教学模式等的应用实例。

素质目标

- 开阔视野，举一反三，增强获取新知识、新技能的能力。
- 勤于实践，乐于探究，培养科学思维和逻辑分析能力。

项目九 信息化教育教学创新

> **引导案例** 智能技术让教师培训有力有效

云南师范大学继续教育学院是云南省教育厅认定的云南中小学教师发展中心，作为云南省教育"中小学教师国家级培训计划""中小学教师省级培训计划"项目的承担者，每年都要负责大量的教育管理者和各级各类教师的培训工作。

在国家深入推进教育数字化转型的背景下，2024年，云南师范大学继续教育学院在"中小学教师国家级培训计划"项目中，积极探索生成式人工智能在教师培训中的应用，依托人工智能学习支持系统，重点通过两种方式辅助教师培训，以提升培训质量和教师学以致用的水平。

一是研发了教师智能助手，解决实践性作业质量不高的问题。在信息化能力提升项目中，云南师范大学继续教育学院开发了"学校信息发展规划智能助手"；针对中小学教学能力项目培训中的"大单元教学培训"，开发了"大单元教学智能助手"。参训教师可以按照智能助手提供的流程进行大单元教学设计，遇到问题时可以向智能助手请教，智能助手依据课程标准、专家讲授内容等与参训教师进行人机对话，从而引导教师思考，为教师提供思路，帮助教师自主完成设计。针对大单元教学活动的难点，系统提供了头脑风暴功能，可以在这个过程中进行重难点内容的学习，这个过程也是教师一边实践一边进行有针对性和应用性学习的过程；最终，智能助手会根据教师提供的学科单元内容、目标等，自动生成10个教学活动，供教师选择使用。

二是研发了智能助学系统，解决在线培训难以监测教师在线学习状态、学习效果不佳的问题。"我们引入了生成式人工智能技术，将相关培训主题的政策文件、教材内容、学习资源，如专家授课视频、辅助学习内容等输入系统，系统可以自动提取学习内容生成知识地图。"参与项目培训管理的教师介绍，基于学员的学习目标、学习起点、学习要求、学习偏好等，系统可以自动规划个性化学习路径。同时，在学习过程中，系统可以为学员提供一对一对话辅导，如启发教学、情境监测、智能答疑、知识摘要等，根据学员已有的知识和经验，逐步引导学员自己归纳得出结论，从而提升学习效果。

（资料来源：赵小雅，《智能技术让教师培训有力有效》，中国教育新闻网，2024年10月23日）

> **请思考：**
>
> 教师智能助手和智能助学系统为什么能够提升教师培训质量和教师学以致用的水平？你如何看待"人工智能与教育的融合正深刻改变着教育生态"这句话？

任务一 了解教育应用新技术

当今时代，科技发展日新月异，各种新兴技术对教育教学产生了革命性的影响。新时代的教师不仅要熟练掌握信息化教学的方式方法，还应广泛深入地了解与教育教学深度融合的各种新兴技术。在本任务中，我们将学习人工智能技术、脑机接口技术、眼动追踪技术、计算机图形与仿真技术、云计算技术、大数据技术、物联网技术等内容，以初步了解教育应用新技术。

任务准备

在一个阳光明媚的上午，陈老师微笑着说："同学们，今天我们玩一个'快速阅读'的小游戏。为了确保游戏顺利进行，老师请来了一位特殊的助手。"话音刚落，教室的交互屏幕上出现了一个名为"智能助手"的虚拟角色，它说道："大家好！我是你们的智能助手，今天由我来帮助你们！"

接着，陈老师给每位同学发了一台眼动仪，智能助手则向同学们介绍了游戏的规则：屏幕上将显示一段文字，要求大家在规定时间内认真阅读这段文字。

"现在请戴上眼动仪，准备好了吗？开始！"陈老师一声令下，同学们迅速注视屏幕，眼动仪也同步记录着他们的眼动轨迹。游戏结束后，陈老师立刻收集了同学们的眼动数据，并让智能助手对数据进行可视化展示。陈老师说："在刚刚的快速阅读游戏中，每位同学的眼动轨迹都是不同的，这反映出你们在阅读习惯、理解能力、情绪状态、阅读兴趣、注意力集中程度、信息处理方式等诸多方面存在差异。例如，小伟在某一个句子上的停留时间较长，大概是因为他对这句话特别感兴趣。"

小伟惊讶地说："没想到眼动仪能显示我的注意力变化！"陈老师回应道："通过这些信息，我们可以调整学习方式，提高学习效果。"小伟感慨地说："眼动仪居然能帮助我们了解那么多与学习有关的东西，真有意思！"

请同学们结合上述材料思考以下问题。

（1）上述情景中，智能助手和眼动仪所依赖的核心技术分别是什么？

（2）除了这些，你还知道哪些新技术正在教育教学中发挥积极作用？

一、人工智能技术

1. 人工智能技术的内涵

人工智能（artificial intelligence, AI）技术是指用机器模拟、实现和延伸人类的感知、思考、行动等智力与行为能力的技术，目的是让机器像人类一样具有感知能力、学习能力、思考能力、沟通能力、判断能力等，从而更好地为人类服务。

人工智能的关键技术包括机器学习、计算机视觉、知识图谱、自然语言处理、图像识别和处理、语音识别、情绪检测等。

2. 人工智能技术的教育应用

随着与教育的深度融合，人工智能技术已经渗透到备课、教学、练习、考试、评价和管理等各个环节，能够针对教学机构、教师、学生等构建不同的人工智能教育应用场景，并展现出巨大的发展潜力与前景。科技部新一代人工智能发展研究中心总结的人工智能教育应用场景，如图 9-1 所示。

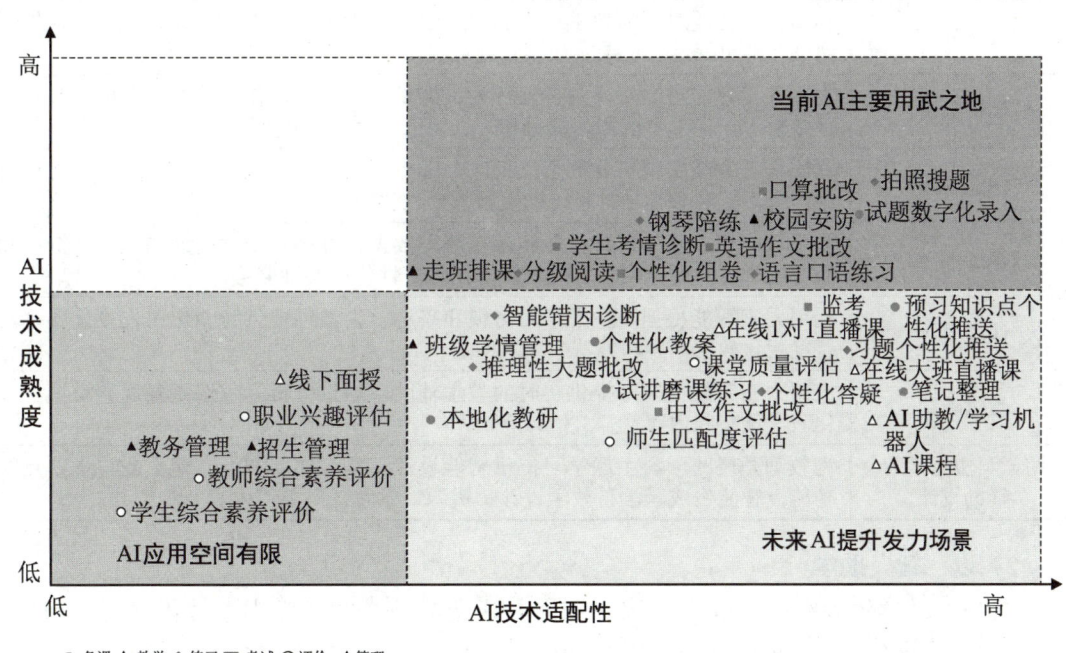

图 9-1　人工智能教育应用场景散点图

2024 年 10 月 26 日，北京教育科学研究院、北京师范大学、北京智源人工智能研究院联合发布《北京市教育领域人工智能应用指南》，旨在对学校教育应用人工智能进行引导和规范。其中，应用场景指引部分提出，当前人工智能技术的教育应用场景还在不断丰富，学校主要可以从以"智"助教、以"智"助学、以"智"助评、以"智"助育、以"智"助研、以"智"助管六大重点领域开展相关应用场景实践，促进教育教学创新。

1）以"智"助教

发挥人工智能技术赋能教学创新价值，为教师提供智能教学助手，积极利用人工智能、知识图谱等技术在智能课程设计、智能备课、个性化教学、智能课堂管理、智能教学分析、智能作业批阅、智能辅导答疑、智能学情分析等应用场景方面开展实践探索，推动跨学科主题学习设计与教学评一致性实施，提升教育教学质量，实现教师工作提质增效减负。以"智"助教的典型场景，如表9-1所示。

表9-1 以"智"助教的典型场景

应用	说明
教师备课	教师通过与大模型的互动，由人工智能为教师自动生成教学设计、教学图片、练习题，推荐资源和课件。通过智能学情分析，评估学生对学习内容的预备知识水平，推荐个性化教学资源
课堂管理	利用人工智能实现课堂出勤智能管理，跟踪学生的学习进度和反馈。通过智能互动教学系统，激发学生兴趣，促进学生参与，加深学生理解
教学分析	利用人工智能对教师教学行为和学生学习行为进行分析，形成教学分析报告，帮助教师更好地反思课堂教学实施情况，为改进教学提供数据支持
学情分析	利用人工智能对学生课堂学习行为、课堂练习、课后作业等综合多模态数据进行分析，识别学生认知、情感和行为特征，为教师备课提供学情分析
作业管理	利用人工智能实现作业的智能批改、分析，为学生提供个性化诊断，推送针对性的学习资源和辅导材料，助力教师个性化教学
答疑辅导	利用智能体，基于日常作业和课堂练习数据，准确识别学生的知识掌握情况和潜在的学习障碍，为学生提供智能化、个性化的答疑服务
课程设计	利用人工智能根据学生的学习习惯和兴趣，为教师提供智能化课程设计建议，帮助优化教学内容和方法
教学辅助	应用人工智能为教师提供实时的教学辅助，通过分析学生课堂表现和反馈，优化教学策略和内容
跨学科主题学习辅助设计	为教师开展跨学科主题学习提供智能设计工具，实现智能匹配主题与素养点的功能，智能生成跨学科教学设计、资源、学习任务单等内容

2）以"智"助学

围绕"以学生为中心"理念，积极利用人工智能技术助力学生个性化学习、研究和实践，在语言学习、游戏化学习、项目式学习、情境式学习、智能辅导系统、研究辅助工具等应用场景方面开展实践探索。通过创新学习内容和学习方式，为学生提供个性化的学习路径，满足不同学生的学习需求。在提升学习体验和互动反馈的同时，探索线上与线下结合、真实情境与虚拟情境结合、真人和智能体结合等多种混合式学习形式，促进学生在不同学习环境下的自主学习能力和探索性、创新性思维发展。通过推进探究式学习、跨学科主题学习、项目式学习，全面提升学生的核心素养，确保学生在复杂环境中具备解决问题和创新的能力。以"智"助学的典型场景，如表 9-2 所示。

表 9-2　以"智"助学的典型场景

应用	说明
AI 学伴	运用人工智能的预测性开展学习诊断和精准教学，不断优化个体的学习效果，增强人工智能教学工具的辅导针对性，协助个性化学习路径规划，推送相关课程资源和项目，支持个性化学习
语言学习助手	利用自然语言处理、机器学习和其他先进技术，为汉语、英语等语言学习者提供个性化的学习体验和即时反馈，实现发音纠正、语法检查等功能。通过模拟对话，帮助学习者练习口语和听力技能
游戏化学习	结合人工智能技术和游戏设计原则，将学习内容融入游戏，通过挑战、奖励机制激发学生的学习兴趣和参与度，使学习过程充满乐趣，有效提升学生的主动学习意愿和解决问题能力
情境式学习	借助人工智能技术、虚拟现实技术和增强现实技术，创造出身临其境的学习体验，使学生能够在模拟的真实世界环境中应用跨学科知识，增强学习的趣味性和实用性
智能辅导系统	利用人工智能提供个性化学习辅导，帮助学生解决学习中的疑难问题，并提供实时反馈和建议。通过机器学习技术，理解和预测学生在特定学科上的知识缺口，即时提供有针对性的解释、练习和资源，帮助学生克服学习障碍。根据学生的学习进度动态调整辅导策略，确保每位学生都能以最有效的方式掌握知识，真正实现因材施教

3）以"智"助评

围绕"改进结果评价，强化过程评价，探索增值评价，健全综合评价"要求，利用人工智能构建面向师生的多元化评价体系，注重数据采集方式的人性化和无感化，做好教与学活动的过程性采集和分析，通过学生"德、智、体、美、劳"全面发展的数据，形成基于大数据的学生立体智能画像，提供可视化的智能、互动、动态的数据反馈。建立符合育人理念和社会伦理的评价标准，开展综合诊断分析和针对性服务，进行表现性、发展性和过程性评价，实现更加客观、全面和及时的评价，促进学生全面发展。以"智"助评的典型场景，如表 9-3 所示。

表 9-3　以"智"助评的典型场景

应用	说明
"五育融合"学生画像	利用智能穿戴设备、学习管理系统、在线评估工具、智能教室设备等采集学生在德、智、体、美、劳各方面的表现数据，对不同方面的数据进行综合分析，为每个学生建立过程性学生发展画像
综合素质评价	利用人工智能综合考量学生日常表现，结合社会实践、团队合作、创新思维等行为特征，为学生提供多维度的综合评价报告，帮助学生认识到自身的全面发展状况，也为教师提供全面了解学生情况、调整教育教学策略的依据

续表

应用	说明
学生评估	利用人工智能，整合大数据分析、机器学习和自然语言处理等先进技术，精确评估学生的学术成绩，深入洞察其社会责任感、团队协作能力、领导力及创新能力等非认知技能。通过收集并分析来自课程作业、项目报告、社团活动、社会服务等多个渠道的数据，生成立体化的学生画像，为学生个人发展路径的规划提供指导
研究生学术评估	应用人工智能评估研究生的学术成果和研究进展，提供个性化的反馈和改进建议。运用深度学习模型，对研究论文、实验报告、专利申请等学术成果进行量化分析，自动评估研究工作的原创性、影响力和学术价值。跟踪研究生的研究进展，识别可能存在的瓶颈和挑战，及时提供定制化的反馈和建议，帮助研究生优化研究方向，提高研究效率

4）以"智"助育

围绕"五育并举"育人方式创新，积极利用人工智能技术在智能阅读、智能体育训练、智能美育教育、个性化心理支持等方面开展实践探索，加强智能工具研发、教育策略和方法创新、优质资源建设，促进教育活动的有效实施，增强学生的社会责任感；着重提升学生的体质健康，培养学生的审美情趣和文化素养，深化学生对劳动价值的认识，引导学生养成终身学习的习惯，促进学生全面健康成长。以"智"助育的典型场景，如表9-4所示。

表9-4 以"智"助育的典型场景

应用	说明
智能阅读辅助	应用人工智能实现互动式、多模态阅读方式，支持个性化推荐阅读内容，提高阅读体验和提升对内容的理解能力。积累个体阅读数据，形成个性化阅读报告
智能美育教育	应用人工智能平台，尊重知识产权，合理合法应用素材，实现音乐创编（作词、作曲）、模拟演唱、配音、智能绘画等功能，从语言、视觉、听觉三方面促进一体化美育创新创作和个性化学习
智能体育健康	应用计算机视觉技术和可穿戴设备，监测学生的运动表现和健康指标，智能生成群体与个体运动报告，针对运动能力和健康状态进行诊断分析，为教师教学反思、优化教学策略提供依据
智能心理支持	利用人工智能技术，为学生提供个性化的心理健康支持和咨询服务，及时识别和干预心理健康问题

5）以"智"助研

借助人工智能积极构建新型智能教研生态，开展全域教研、实验教研、协同教研，探索基于大数据的循证教研，挖掘教育教学规律，支持群智协同共进、个体自主发展研修模式创新，助力智能时代教师专业发展。应用生成式人工智能创新科研范式，建立智能科研实验平台，研发智能科研助手，借助人工智能生成新的数据、假设、模型或解决方案，人机协同加速知识创新和技术突破，为解决复杂问题和探索未知领域提供新的工具和视角。以"智"助研的典型场景，如表9-5所示。

表 9-5　以"智"助研的典型场景

应用	说明
智能教师专业发展平台	利用智能技术分析教师的教学视频，提供教学技能的自动评估和改进建议，根据教师的专业发展需求，推荐个性化的培训资源，提升教师教学质量
教科研智能管理	利用教科研项目智能管理系统，实现全程数字化管理，提高管理效率和透明度，分析科研数据，识别研究热点和潜力领域，促进跨学科合作，加速教科研成果转化，提升学校教科研竞争力
智能科研实验平台	利用智能实验室管理系统和虚拟现实技术，借助人工智能、大数据分析工具处理复杂数据，进行模型建构与仿真模拟，加速科研发现过程，为学生提供安全、可重复的实验环境，促进理论与实践结合，提高实验效率与创新能力，推动科研项目协作，探索前沿问题
智能科研助手	应用人工智能技术、自然语言处理和数据挖掘技术，快速筛选和归纳大量文献资料，辅助高效完成文献综述，对复杂的研究数据进行深度分析，揭示潜在的模式和关联，从而加速研究进程，提升研究成果的质量和影响力

6) 以"智"助管

利用人工智能实现多模态、全景式、动态化的校园智能化管理，探索在师生治理、教务管理、智能督导、行政管理、学籍管理、学生发展支持、教师发展支持、设备运维、智慧办公、后勤服务、校园安防、协同育人等多元场景进行数字化转型和智能升级，链接学校、家庭与社会治理空间，创建智能化治理方舱，建立多元主体参与教育数智治理体系，提升智能化管理水平和教育治理效能，实现教育管理服务的高效化、科学化和精准化。以"智"助管的典型场景，如表 9-6 所示。

表 9-6　以"智"助管的典型场景

应用	说明
学生信息智能管理	通过人工智能和数据库技术，建立校园数据中台，实现学生基本信息、成绩、出勤、健康档案、食谱、学校活动等数据的集中管理与即时更新。家长和教师可通过移动应用实时查看学生情况，促进家校沟通，自动提醒重要事项，确保学生健康成长，实现对学生学习的及时监督
校园安全智能监控	利用智能摄像头、图像识别系统、入侵检测传感器等智能技术，实时监控校园安全状况，预防和及时响应紧急事件，通过分析历史数据预测潜在安全风险
教务管理智能化	利用人工智能技术，优化高校教务管理系统，实现课程安排、成绩管理、学生事务的智能化处理

拓展阅读

2018 年 8 月 7 日，为贯彻落实《中共中央 国务院关于全面深化新时代教师队伍建设改革的意见》《国务院关于印发新一代人工智能发展规划的通知》《教育部等五部门关于印发〈教师教育振兴行动计划（2018—2022 年）〉的通知》精神，推动教师主动适应信息化、人工智能等新技术变革，积极有效开展教育教学，经研究，教育部决定在宁夏回族自治区和北京外国语大学开展人工智能助推教师队伍建设行动试

点工作。

　　人工智能助推教师队伍建设行动试点工作的目标任务是通过开展试点工作，探索人工智能助推教师管理优化、助推教师教育改革、助推教育教学创新、助推教育精准帮扶的新路径，为在全国层面推开人工智能助推教师队伍建设行动探索模式、积累经验、奠定基础。

（资料来源：教育部办公厅，《教育部办公厅关于开展人工智能助推教师队伍建设行动试点工作的通知》，教育部网站，2018年8月7日）

　　2021年9月7日，为贯彻落实《中共中央 国务院关于全面深化新时代教师队伍建设改革的意见》，深入推进人工智能等新技术与教师队伍建设的融合，推动教师主动适应信息化、人工智能等新技术变革，积极有效开展教育教学，教育部启动第二批人工智能助推教师队伍建设行动试点。在各地推荐基础上，经审核认定，决定在北京大学等单位实施第二批人工智能助推教师队伍建设行动试点工作。

（资料来源：教育部，《教育部关于实施第二批人工智能助推教师队伍建设行动试点工作的通知》，教育部网站，2021年9月7日）

二、脑机接口与眼动追踪技术

1. 脑机接口技术的内涵与教育应用

1）脑机接口的内涵

　　脑机接口（brain-computer interface，BCI）技术是不依赖于外围神经和肌肉，直接建立用户的大脑或神经系统与计算机之间的通信通道，捕捉大脑或神经系统神经元活动的信号，并对捕捉到的信号进行解码、再编码、反馈等处理的技术。脑机接口技术使得人类大脑或其他神经系统与计算机之间的直接通信成为可能。

2）脑机接口技术的教育应用

　　脑机接口技术在教育领域的应用主要集中在学生的学习和认知状态方面。该技术通过捕获、处理和控制学生在学习过程中的脑电波信号和脑磁信号，结合人工智能技术，能够有效识别学生学习状态，了解学生学习情绪变化，监测学生认知水平，并结合相关理论实现对学生的分类，最终实现教师教学针对性的提升和学生学习能力的提升。

　　有学者基于脑机接口技术的三类重要功能"读脑""脑控""控脑"，将脑机接口技术的教育应用概括为解读学生深层状态、增强学生身体功能和激发学生认知潜能。

　　（1）读脑功能：解读学生深层状态。读脑功能本质上是获取人的生理信息，并根据生理信息解读出人的心理活动与身体性能等深层信息。例如，2019年，华南师范大学脑机接口技术教育应用研究团队通过可穿戴的脑机接口设备，在广州市天河区和海珠区采集了近600位学生的课堂注意力数据，希望通过该数据实现对学生认知能力的客观评价,如图 9-2 所示。值得注意的是,"读脑"功能有时会给学生带来一定的心理压力,影响学生的心理健康发展。

① 听力　② 讲授新课　③ 个人提问　④ 课堂练习　⑤ 练习讲解　⑥ 听力　⑦ 练习讲解
⑧ 个人提问　⑨ 互动　⑩ 小组练习　⑪ 个人提问　⑫ 讲授新课　⑬ 看视频　⑭ 做VR练习
⑮ 个人提问　⑯ 讲授新课　⑰ 个人提问　⑱ 讲授新课　⑲ 课堂练习　⑳ 个人提问　㉑ 讲授新课
㉒ 个人提问　㉓ 讲解练习　㉔ 自我评价　㉕ 课堂总结

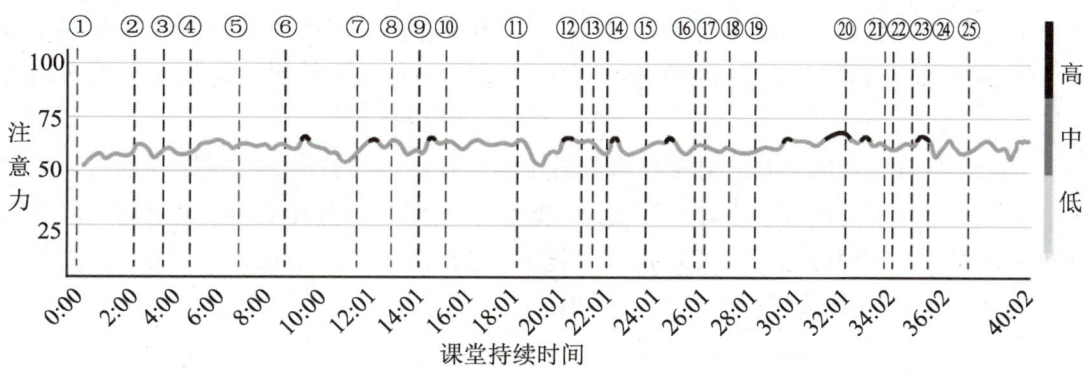

图 9-2　某班学生在英语课堂上的平均注意力情况

（2）脑控功能：增强学生身体功能。脑控功能是指脑电信号等生理信息的向外输出,脑机接口技术使用者可以不依赖于外围神经和肌肉,直接利用意识控制外部设备,进而通过外部设置对外界环境造成影响或者改变。例如,学生可以利用脑机接口技术进行脑控电子游戏,进而提升专注力。

（3）控脑功能：激发学生认知潜能。如果说脑控功能是脑电信号等生理信息的向外输出,控脑功能则可以解释为外部控制指令的向内输入,通过脑机接口技术对人的大脑或神经系统实施外部影响。例如,国外研究者通过脑机接口技术对正在进行记忆任务的大脑进行经颅交流电刺激,得出了经颅交流电刺激对人的记忆能力有增强效果的结论。

2. 眼动追踪技术的内涵与教育应用

1）眼动追踪技术的内涵

眼动追踪技术是指借助相关媒介,实时捕捉并记录用户眼睛及其周围特征（如视线轨迹、眼动速度、注视点、注视时间等）,监测和预测用户的状态与需求,并做出相应响应的技术。

有研究者按照借助的媒介不同,将眼动追踪技术分为以硬件为基础的眼动追踪技术和以软件为基础的眼动追踪技术两类。

（1）以硬件为基础的眼动追踪技术：利用图像处理技术,使用能锁定眼睛的眼动摄像机,通过捕捉从用户的眼角膜和瞳孔反射的红外线连续地记录视线变化,从而达到记录与分析眼睛运动过程的目的。

（2）以软件为基础的眼动追踪技术：利用普通摄像机获取用户的眼睛或面部图像，然后用软件对捕获图像中的用户眼睛和面部进行定位与跟踪，从而估算用户在屏幕上的注视位置等。

2）眼动追踪技术的教育应用

眼动追踪技术为揭示人类高级认知过程的心理机制提供了重要途径。在复杂信息加工（如阅读、场景知觉和视觉搜索）过程中，眼动与注意力之间的关系密不可分。通过眼动追踪技术，我们能够深入了解学生的基本认知过程、阅读理解机制和视觉加工过程。这种技术不仅可以帮助教师实现个性化教学，还有助于优化学习策略，提升教育效果。

例如，有研究者利用眼动追踪技术分析了学生在阅读理解测试中的眼动轨迹。通过观察学生在阅读不同难度文本时的注视点，研究者发现学生对复杂句子的理解与其注视时间密切相关。这种信息可以帮助教师识别学生理解过程中的困难，从而更有针对性地调整教学内容和方法，提高学生的学习效果。

三、计算机图形与仿真技术

1. 计算机图形与仿真技术的内涵

计算机图形与仿真技术泛指运用计算机再现现实世界或实现可能世界的技术。它通过不同程度地将数字信息与现实环境融合，为用户带来全新的体验模式。

计算机图形与仿真技术的关键技术包括虚拟现实技术、增强现实技术、混合现实技术和扩展现实技术。

（1）虚拟现实（virtual reality，VR）技术：利用数字技术直接模拟出逼真的三维空间虚拟场景，使用户完全沉浸其中，并能与其进行自然交互的技术。虚拟现实技术的实现通常需要配合头戴式 3D 显示器和触觉反馈设备等，如图 9-3 所示。

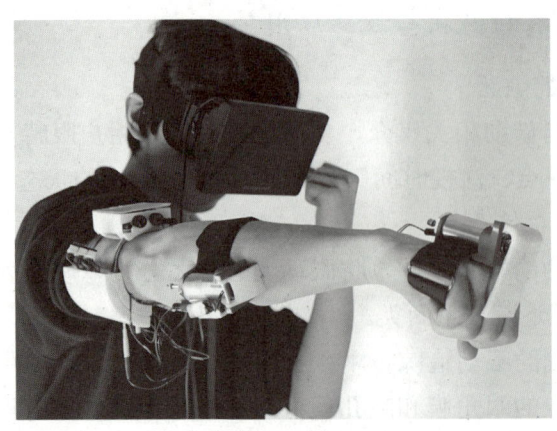

图 9-3　头戴式 3D 显示器和触觉反馈设备

（2）增强现实（augmented reality, AR）技术：利用数字技术将虚拟场景信息叠加在现实场景中，并借助相关设备（如智能手机、AR 眼镜）进行展示的技术。

（3）混合现实（mixed reality, MR）技术：结合了虚拟现实技术和增强现实技术的特点，既可以让虚拟对象与现实环境中的对象交互，又可以让用户与虚拟对象实时交互。该技术通常需要更加高级的硬件支持，能够提供更为复杂的全新交互体验。

（4）扩展现实（extended reality, XR）技术：一种涵盖性术语，包含了虚拟现实技术、增强现实技术、混合现实技术及其他因技术进步而可能出现的新型沉浸式技术。它强调这些技术之间的界限日渐模糊，能为用户提供更加灵活、动态的体验，适用于多种创新的应用场景。

2．计算机图形与仿真技术的教育应用

计算机图形与仿真技术通过构建高度逼真且立体化的教学情境，全方位地刺激学生的感官系统，不仅极大地提高了教学信息的传递效率，还更有力地保障了信息在传递过程中的准确性与完整性，从而大幅缩减了信息传递所需的时间成本，为高效教学奠定了坚实基础。计算机图形与仿真技术在多个教育关键环节均展现出卓越效能。

1）虚拟教学资源

借助 AR 和 VR 技术实现的虚拟教学资源，使得学生可以身临其境地体验历史事件、地理环境或生物生态，增强了学生学习的沉浸感和互动性。这种沉浸式的学习体验，可以有效激发学生的学习兴趣与好奇心，显著增强学习过程中的互动性与学生参与度，使得学生不再被动地接受知识，而是主动地探索知识。

2）虚拟仿真课堂和校园

通过计算机图形与仿真技术，可以打造出与真实校园环境高度相似的虚拟校园空间，以及功能完备、场景丰富的虚拟课堂。在虚拟校园中，学生能够自由穿梭于教学楼、图书馆、实验室等各个场所，提前熟悉校园布局与设施；在虚拟课堂里，教师可以灵活运用多样化的教学资源，如 3D 模型、虚拟教具等，使抽象的知识变得直观易懂，同时还能实现远程教学、在线讨论等多种教学互动形式，打破了传统课堂在时间与空间上的限制，促进了教育资源的公平共享与高效利用。

3）虚拟实验与实践技能训练

计算机仿真实验平台的出现，使得实验教学彻底摆脱了时间与空间的束缚，学生可以随时随地依据自身学习进度与需求，开展各类科学实验。通过计算机仿真进行科学实验，模拟各种实验条件，有效避免了实际操作中的安全风险和资源浪费。

"元宇宙"是新一代信息技术融合创新，驱动互联网迈向 3.0 发展的全新业态。为系统推进元宇宙相关产业在城市副中心落地发展，打造数字特征鲜明的城市科技

创新高地，助力北京建设数字经济标杆城市，2022年8月23日，北京市通州区人民政府、北京市科学技术委员会、中关村科技园区管理委员会、北京市经济和信息化局联合印发《北京城市副中心元宇宙创新发展行动计划（2022—2024年）》。

《北京城市副中心元宇宙创新发展行动计划（2022—2024年）》提出了四大重点任务，其中，重点任务三提出要推广数字教育场景，支持元宇宙相关技术企业与教育机构深度合作，拓展智能化、交互式在线教育模式，开发行业通用数字教学平台、虚拟现实远程教育资源共享平台、基于知识图谱和教学大数据的个性化学习平台，支持建设元宇宙教育实验室。推动"智能学校"等智慧教育试点示范建设，开展基于线上智能环境的课堂教学试点，加快虚拟现实技术在职业教育、基础教育等不同教育阶段的应用，支持建设新型虚拟仿真实训基地、产教融合智慧云平台，推动科普、培训、教学、科研的融合发展。

（资料来源：北京市通州区人民政府等，《北京城市副中心元宇宙创新发展行动计划（2022—2024年）》，北京市通州区人民政府网站，2022年8月23日）

四、云计算与大数据技术

1. 云计算技术的内涵与教育应用

1）云计算技术的内涵

云计算既是一种计算机技术，也是一种IT服务模式。它将超大规模的数据处理任务分解成大量的小任务，然后通过由多台服务器组成的系统（即分布式系统）进行处理和分析，并将各自得到的结果汇总、合并后返回给用户。利用这项技术，用户可以在很短的时间内完成极为复杂的信息处理任务，获得能与"超级计算机"相媲美的强大网络服务。

2）云计算技术的教育应用

云计算技术在教育领域的实际应用广泛而深远，包括在线学习平台、协同学习和共享资源、数据存储与分析、云技术支撑的虚拟教室、个性化学习、教育资源的按需访问、教育机构快速部署和维护等。

2. 大数据技术的内涵与教育应用

1）大数据技术的内涵

大数据是指规模远远超过传统数据处理技术获取、存储、管理和分析能力的数据集合，其具有海量的数据规模（volume）、快速的数据流转（velocity）、多样的数据类型（variety）、真实的数据来源（veracity）和较低的价值密度（value）五大特征，简称"5V"特征。

大数据技术是指用以处理传统数据处理技术难以处理的数据集合的技术。它的关键技术包括大数据采集技术、大数据预处理技术、大数据存储与管理技术、大数据分析与挖掘技术、大数据展现与应用技术等。

2）大数据技术的教育应用

大数据技术在教育教学过程中的应用，能够为学生提供个性化的学习计划，满足他们不同的学习需求和节奏。同时，大数据技术也能够帮助教师深入了解学生的学习状况，从而调整教学内容和方法，提升教学效果。此外，学校可以利用大数据技术有效分配教育资源，优化课程安排，确保教学活动的高效进行。

教育管理部门同样可以通过大数据技术分析整体教育趋势和学生反馈，从而为教育政策的制订提供科学依据。这种基于数据的决策方式，不仅推动了教育体制的完善，还能提升教育公平性和质量，确保每个学生都能获得最适合的学习支持。

总的来说，大数据技术在教育领域的广泛应用，提高了教学和管理的效率，为实现更高水平的教育提供了有力支持。

五、物联网技术

1. 物联网技术的内涵

物联网技术（internet of things, IoT）是指通过感知设备，按照约定协议，连接物、人、系统和信息资源，实现对物理和虚拟世界的信息处理并做出反应的技术。它的关键技术包括射频识别（RFID）技术、传感器技术、M2M（machine to machine）技术等。

2. 物联网技术的教育应用

物联网技术在教育领域的应用主要体现在优化教学环境、辅助教师教学、支持个性化学习、优化教学管理等方面。

1）优化教学环境

通过在教学环境中安装能够实时监测教学环境状态的物联网设备，如亮度传感器、噪声传感器、智能温湿度传感器、空气质量监测器等，可以对灯光、声音、温度、湿度、空气质量等环境因素进行实时监控和调节。这些物联网设备能够根据学生和教师的需求自动进行调整，从而创造更加舒适和高效的教学环境。

2）辅助教师教学

通过智能黑板、智能投影仪等物联网设备，教师可以实现互动教学，实时获取学生的反馈与学习状态，并借此进一步了解学生的学习情况，及时调节教学的进程。

3）支持个性化学习

通过为学生佩戴传感器手表、眼镜等可穿戴物联网设备，可以实时监测并记录他们在学习过程中的生理状态（如大脑活动状态、血压、体温等）和运动信息（如眼动、手部微小移动等）。结合心理学相关测试技术对这些数据进行分析，可以评估学生的紧张程度、注意力状况和思维活跃度等。这些分析结果能够为学生提供个性化的学习建议，从而帮助他们根据自身的情况制订更加合理的学习计划。

4）优化教学管理

通过安装校园应急预警物联网系统，学校可以及时发现可疑和危险事件，全面掌握校园安全，保障学生安全。此外，学生通过佩戴智能电子卡，能够实时记录其在校内外的位置和运动路径，有助于学校实现校园、宿舍和课堂的考勤管理，以及学生安全管理。

 任务实践 ——生成小组活动计划

在传统教学过程中，教师常常面临诸多压力与挑战，如机械性工作和教学经验不足等。人工智能的应用可以有效帮助教师处理批改作业、考试组卷、阅卷评分和成绩统计等烦琐的任务，从而减轻教师的工作负担。此外，人工智能还可以辅助教师完成撰写学生综合评价报告和工作总结、进行教学与学习日程安排等任务。当教

生成小组活动计划

师因经验和知识不足而面临教学困境时，人工智能甚至能够充当顶尖教育专家的角色，精准识别和分析教师与学生的需求，并提出切实可行的解决方案。下面以生成"故宫博物院"一课的小组活动计划为例，学习使用 AI 教师助手辅助教师教学的一般方法。

步骤 1　进入 AI 教师助手发现页。打开浏览器，在地址栏中输入"https://aigc.unipus.cn"，按回车键，打开 AI 教师助手首页，单击"立即探索"按钮，登录个人账号（若没有个人账号则需要注册新账号后登录），进入 AI 教师助手发现页，如图 9-4 所示。通过发现页的导航栏可以看到，AI 教师助手集成了丰富多样的 AI 功能，包括教学计划、教学内容、教学活动、智能出题、知识准备、学生支持、沟通、收藏夹等，以全方位辅助教师教学。

步骤 2　设置并生成小组活动计划。单击"教学计划"按钮，在该分组下找到并单击"小组活动"按钮，进入小组活动计划生成页面。在该页面中依次设置小组活动计划的"学段"（如"六年级"）、"学科"（如"语文"）、"教材"（如"小学语文部编版六年级上册"）、"小组工作时间"（如"10 分钟"）、"参与学生人数"（如"6"）、"对齐标准设置"[如"义务教育语文课程标准（2022 年版）.pdf"]等要求。同时，在"主题、标准或目标"编辑框中输入教学主题和教学目标，如图 9-5 所示。所有要求设置完毕后单击"生成"按钮，系统将自动生成一个适合"故宫博物院"一课的小组活动计划。

项目九　信息化教育教学创新

图 9-4　AI 教师助手发现页

图 9-5　设置小组活动计划要求

步骤 3 润色生成的小组活动计划内容。根据"故宫博物院"一课的小组活动计划要求，AI 教师助手生成了"六年级语文小组活动计划：故宫博物院参观路线设计"。该小组活动计划包括活动目标、活动内容、所需材料、活动流程（引入、实践、讨论、总结）、评估方法、时间安排等部分，用户可以结合实际教学需求在 AI 教师助手的帮助下对小组活动计划的内容进行进一步润色。例如，用户想要调整小组活动计划的语气，可以选中需要调整的内容，在弹出的下拉列表中选择"语气调整"/"幽默风趣"选项，如图 9-6 所示。

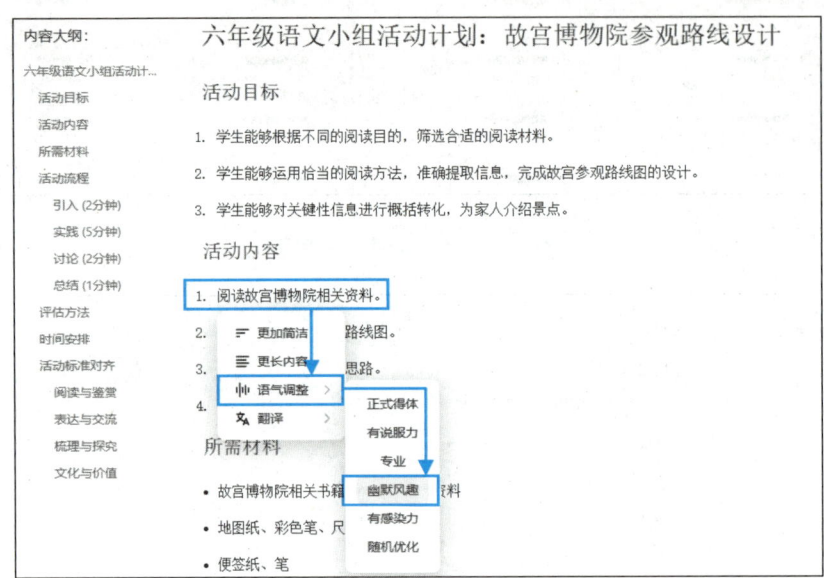

图 9-6　AI 生成的小组活动计划

步骤 4 为小组活动计划添加图片。AI 教师助手支持在生成内容中插入 AI 生成图片。例如，用户想要为小组活动计划插入一张故宫的 AI 生成图片，可以单击想要插入图片的位置，再将鼠标指针移至位置所在行左侧出现的 + 按钮上方，在展开的下拉列表中选择"AI 生成图片"选项，在弹出的编辑框中输入"故宫"，在左下角的下拉列表中选择"AI 生成"选项，再单击"生成图片"按钮，如图 9-7 所示。稍等片刻，AI 教师助手会生成几张故宫主题的图片供用户选择。

但是，在这一过程中需注意，AI 生成的图片往往质量参差不齐或与事实不符，此时用户若想获取与内容契合度更高的图片，可以在左下角的下拉列表中选择"图片检索"选项并选择合适的图片检索平台，再单击"生成图片"按钮，进行图片检索。

步骤 5 所有工作完成后，单击页面底部的"导出"按钮，将小组活动计划保存为 Word 或 PDF 文件。

项目九　信息化教育教学创新

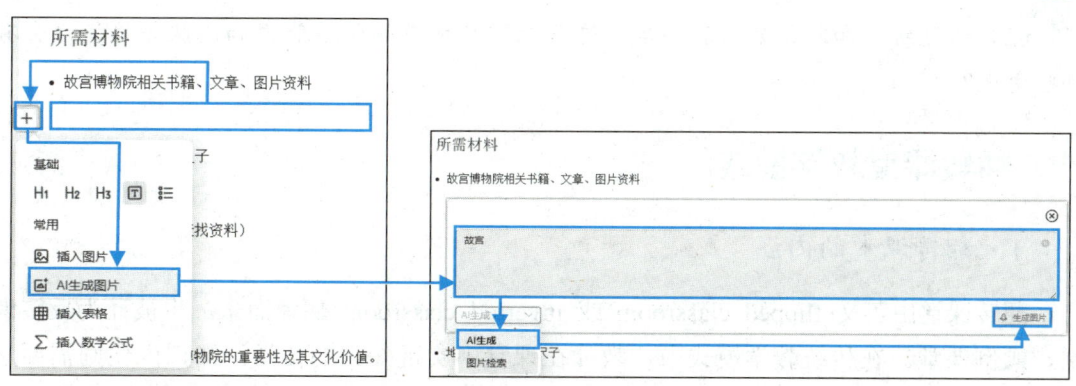

图 9-7　为小组活动计划添加图片

任务二　了解信息化教学新模式

任务描述

新兴技术与教育教学的深度融合催生了一系列信息化教学新模式，这些模式不仅革新了传统教育，还增强了教师教学的灵活性，并促进了跨学科资源整合，从而提升了教育的整体质量和公平性。在本任务中，我们将学习翻转课堂教学模式、STEAM 教学模式、创客教学模式、大单元教学模式等内容，以初步了解信息化教学新模式。

任务准备

在一所高中，五名学生组成了一支科技创新团队，决定利用有限的工具和材料制作一辆太阳能小车。他们的灵感源于学校环保讲座中对可再生能源的深入讨论。刚开始制作太阳能小车时，团队里的五位成员都没有相关经验，也不熟悉学校提供的工具。在学校创客空间负责人吴老师和蒋老师的帮助下，成员们充分利用每天放学后的一个半小时，从零开始，逐步摸索如何利用太阳能电池板、木板和电机等材料制作太阳能小车。在制作太阳能小车期间，成员们积极主动地讨论，并做出了各种决策，老师们则只提供必要的技术支持。

经过几周的努力，这五位成员最终成功制作出了一辆太阳能小车，并在学校科技展上介绍和展示了他们的创新作品，获得了家长、老师和同学们的一致认可。

请同学们结合上述材料思考以下问题。

（1）在研究和制作太阳能小车的过程中，两位老师和五位团队成员各自扮演了什么角色？

（2）通过研究和制作太阳能小车，这五位团队成员的学习能力和团队合作能力会有哪些变化？

一、翻转课堂教学模式

1. 翻转课堂的内涵

翻转课堂由英文 flipped classroom 或 inverted classroom 翻译而来，也被译为反转课堂、颠倒课堂。在传统教学模式中，教师在课堂中实现知识的传授，知识内化则需要学生在课后通过作业、实际操作或者实践活动来完成。翻转课堂则强调学生在课前进行基础知识的学习，而知识内化是在教师指导和支持下的课堂中完成。

在翻转课堂中，学生成为学习的主体，教师的角色从知识的传授者转变为学习的促进者和引导者。同时，课堂时间的分配也发生了变化，教师讲授的时间减少，留给学生进行学习活动的时间则相应增加。

翻转课堂教学模式是指在信息化环境中，教师提供以教学视频为主要形式的学习资源，学生在上课前完成对教学视频等学习资源的观看和学习，师生在课堂上一起完成作业答疑、协作探究、互动交流等活动的一种信息化教学模式。

2. 翻转课堂教学模式应用实例

刘锐老师以"Flash 动画制作"课程中的"按钮制作"教学单元为例，开展了基于微课的翻转课堂教学，其教学过程和主要活动如表 9-7 所示。

表 9-7　基于微课的"翻转课堂"教学过程和主要活动

教学过程	主要活动
分析教学内容	在"按钮制作"教学单元中，将"按钮元件的创建方法""按钮四个帧的作用"等知识和技能通过微课呈现
设计和制作微课	录制一个 13 分钟的微课视频，主要讲解"按钮元件的创建方法""按钮四个帧的作用"等内容，并在视频中设置"三个常见按钮"（由易到难）过关任务。此外，开展在线讨论，收集学生对微课难度是否适宜、利用多少时间完成任务等问题的反馈信息
开展课中活动	根据学生观看微课视频时的反馈，进一步讨论按钮中"点击"帧的作用，然后以"认识电脑"为典型任务，要求学生通过自主探究的形式完成动画作品的制作
开展课后活动	选取优秀的"认识电脑"动画作品并在网络课程平台上展示，同时布置"六位一体教学"拓展任务，上传任务所需素材供学生自主拓展学习

国家中小学智慧教育平台的课程教学资源中，有很多是以翻转课堂为核心理念进行设计的。这些资源不仅提供了丰富的课堂内容，还充分利用了互联网技术，使学生能够在课前自学和预习相关知识。未来，随着信息技术的进一步发展，翻转课堂将会在更多学科和教育阶段得到应用，促进学生的成长与进步。

二、STEAM 教学模式

1. STEAM 教育的内涵

STEAM 教育是一种在真实情境中通过跨学科整合来培养创新人才的教学模式。STEAM 是科学（science）、技术（technology）、工程（engineering）、艺术（arts）和数学（mathematics）五个学科的英文首字母缩写。

STEAM 教育的前身是 STEM 教学模式。STEM 教学模式起源于 20 世纪 90 年代的美国，旨在通过跨学科的方法来增强学生在科学、技术、工程和数学领域的能力，以应对科技和工程方面的创新人才需求。随着教育实践的发展，人们逐渐意识到艺术（arts）在创新人才培养中的重要性，特别是在培养创新人才的创造力、批判性思维、人文素养等方面效果尤为突出。于是，艺术元素被引入 STEM 教学模式，形成了 STEAM 教育。

2. STEAM 教学模式应用实例

广州市海珠区实验小学的郑贤老师采用 STEAM 教育理念开展了 3D One（国内某公司，专门针对 8～18 岁青少年研发的三维创意设计软件）打印课程的教学。该 3D One 打印课程设计了三位虚拟人物，即魔法公主（充当教师角色）、龙龙和贝贝（充当学生角色）的卡通造型，并且课程自始至终是通过这三位虚拟人物进入 3D One 世界后的相互对话来展开整个学习活动。卡通人物的设计能抓住学生的眼球，凸显 STEAM 教育的艺术部分，培养学生的审美意识。

该 3D One 打印课程的第 2 课 "设计 3D 神笔——基本实体与颜色渲染" 的教学过程和主要活动，如表 9-8 所示。

表 9-8 "设计 3D 神笔——基本实体与颜色渲染" 的教学过程和主要活动

教学过程	主要活动
课程导入	通过三位虚拟人物的对话创设学习情境，激发学生兴趣
自学教材	① 教师引导学生通过自学教材，掌握绘制 3D 笔的新知识 ② 通过三位虚拟人物的对话创设 "为笔杆上色及复制笔" 的知识学习情境 ③ 学生通过教师点拨和自学教材，掌握为笔杆上色及复制笔的新知识 ④ 学生综合运用所学新知识，发挥创意，为笔渲染不同的颜色
微课学习	① 通过三位虚拟人物的对话创设 "美化 3D 笔——戴上笔套" 的知识学习情境 ② 学生以微课的形式学习 "浮动菜单" 中的 "移动" 命令，学习为笔戴上漂亮的笔帽的新知识
巩固学习	通过采取多种学习形式，如看一看、做一做、练一练、试一试等，使学生所学的新知识得到进一步巩固，同时为学生继续学习和综合运用打下坚实基础
运用所学，创新设计	教师引导学生在学完新知识后，综合运用这些知识进行创新设计，创作新颖的作品

现代教育技术

三、创客教学模式

1. 创客教育的内涵

创客一词来源于英语单词"maker",原意是"制造者"或"创造者"。近年来,创客专门用于指代利用网络、3D 打印及其他新兴科技,把创意变成现实,勇于创新的人。

祝智庭教授提出,广义上的创客教育应是一种以培育大众创客精神为导向的教育形态;狭义上的创客教育则应是一种以培养学习者,特别是青少年学习者的创客素养为导向的教育模式。创客教育包含正式学习,也包含贯穿学习者一生的非正式学习。

2. 创客教学模式应用实例

张文兰教授等人以四川省成都市第七中学初中学校开设的"3D 打印与创意制作"课程为例,进行了创客课程的设计与教学实践,该课程的教学过程与阶段、主要活动、媒体工具及学习支持,如表 9-9 所示。

表 9-9 "3D 打印与创意制作"创客课程

教学过程与阶段		主要活动	媒体工具及学习支持
主题学习	情境引入	从生活问题出发,教师引导学生对现实问题进行思考,创设问题情境(教师亦可通过展示 3D 打印的案例模型激发学生的兴趣)	iPad、案例模型
	主题学习	开展与主题相关的知识、技能学习,熟悉软件工具	123D Design 软件
创意设计	创意构思	组建学习小组,进行头脑风暴,基于已有的知识经验及案例模型进行创造构思	组内讨论与交流
	创意设计	提炼创意点,形成设计方案,梳理设计要点	
原型实现与完善	模型构建	根据方案设计模型(此过程可借助教师准备好的微视频资源包)	微视频资源
	讨论优化	利用 iPad 及相关学习平台展示设计方案,开展讨论活动,各个小组根据讨论意见完善模型设计	iPad
	作品实现	将优化好的创意作品打印出来,展示成果	3D 打印机
整合反馈	学习评价	作品交流分享,开展多样化的学习评价	Moodle 平台、3D One 网络社区
	总结反思	学生对学习过程中的自身表现、协作能力及创新思维进行总结反思	个人反思

四、大单元教学模式

1. 大单元教学的内涵

大单元教学是指教师以某一大主题或大任务为中心,对教学内容进行分析、整合、丰富和开发，形成具有明确主题、目标、任务、情境、活动、评价等要素的一个结构化的具有多种可行性的统筹规划和科学设计。

大单元中的"单元"并不是指传统教科书中的单元，更多地指的是一种学习单位。一个大单元通常是一个学习事件、一个完整的学习故事。例如，语文教材中的一个单元通常是一个主题下的几篇课文，但如果这几篇课文没有一个完整的"大任务"驱动，没能组织成一个围绕目标、内容、实施与评价的"完整"的学习事件，那它就不是我们所讲的单元。

2. 大单元教学模式应用实例

部编版初中语文教材七年级上册第二单元的主题为"感悟亲情"，郭跃辉老师针对该主题设计了大单元主题教学，并细分成了五个小任务。"感悟亲情"大单元主题教学的任务和主要活动，如表9-10所示。

表9-10 "感悟亲情"大单元主题教学

任务	主要活动
班级"朗读者"（1课时）	针对本单元的6篇文章，特别是前4篇现代散文，学生利用课余时间自行朗读，选择一篇自认为最好的朗读作品进行录制，并上传到班级QQ群。上课时间则借鉴中央电视台《朗读者》节目，选定主持人，推选"朗读者"。"朗读者"可以分享与课文内容有关的亲身经历，可以发表个人对亲情的观点，而且可以配图、配乐，深情朗读最有感触的课文
编印《人间至情·亲情卷》（2课时）	全班同学分组编印一本以"亲情"为主题的语文读本，设计4~6个单元，单元以"亲情·（双音节词）"为标题，每个单元选3~5篇文章，文体不限。单元主题以教材文本的中心主旨作为依据，每篇文章还要写一段不少于300字的推介语
制作"细节见真情"手抄报（1课时）	每名同学制作一份以"细节见真情"为主题的手抄报，即挑出本单元6篇课文中作者通过细节描写抒发真挚情感的句子，把握并鉴赏这些句子的表现手法尤其是修辞手法，把握言语形式背后的情感力量。每名同学至少选出8处进行赏析
分享与表达（2课时）	母亲节就要到了，给妈妈写一封信，综合从阅读版块习得的表现手法，表达自己特定的情感，如热爱、悔恨、愧疚、怨怒等。能够结合具体的事例来写，体现"矛盾冲突—矛盾解决"的内容。写信之前，可以先跟同学交流，打开思路，分享自己的感情与观点
比较探究（2课时）	亲情和友情是人生中非常重要的两种感情。这两种感情究竟有什么异同？两种感情会不会发生冲突？当冲突时，个人又该如何选择？请搜集关于亲情和友情的名言及其他文章，对这两种感情进行比较探究，并撰写一篇1 000字的小论文。写完之后，可以与同学交流自己的观点，甚至可以围绕某些问题展开辩论

任务实践——探索大单元教学设计

在了解完信息化教学新模式后，下面引用崔允漷教授在《如何开展指向学科核心素养的大单元设计》一文中对教师如何依据学科核心素养进行大单元教学设计问题的分析，探索如何进行大单元教学设计。

步骤 1 确定大单元。确定一个学期的大单元至少要考虑以下三个方面。

（1）研读本学期相关教材的逻辑与内容结构，厘清课程标准的相关要求，分析学生的认知准备与心理准备，研究可得到的课程资源等，按照规定的课时，判断本学期本学科大致可以划分为几个大单元。

（2）依据学科核心素养的相关要求，厘清本学期的大单元逻辑及单元主题。例如，到底是以大任务或大项目来统率，还是以大观念或大问题来统率？按照一种逻辑还是几种不同的逻辑？

（3）一个单元至少要对接一项学科核心素养，依据某项核心素养的要求，结合具体的教材，按某种大任务（或观念、项目、问题）的逻辑，将相关知识或内容结构化。

步骤 2 设计单元名称与课时。关于单元名称与课时，根据单元的特性，可以用大任务、大项目、大观念或大问题来命名。

例如，普通高中生物学（必修1）课程有两个大观念，分别是"细胞是生物体结构与生命活动的基本单位"和"细胞的生存需要能量和营养物质，并通过分裂实现增殖"，每一个大观念可以分成3个观念，相应地形成3个学习单元，这样，该模块就可形成以6个观念命名的6个单元，每个单元再按知识的重要性或地位分配课时。这样，就有效保证了每一个学习单元都围绕学科核心素养展开。

步骤 3 设计单元目标。阐述该单元要解决什么问题，期望学生学会什么知识，通过什么过程与方法，将重难点解决到什么程度。单元目标应从知识与技能、过程与方法、情感态度与价值观三个维度阐明行为主体、行为表现、行为条件和表现程度。

步骤 4 设计评价任务。评价任务用以检测目标是否达成学习任务，单元目标指向哪里，评价必须跟到哪里。在大单元教学设计中，评价任务单列并置于单元目标与学习过程之间（逆向设计），这是一个关键。评价任务起到承上启下的作用，上接目标，以视其与目标的匹配性；下连学习过程，把评价任务嵌入教学过程，按教、学、评一致的思路设计教学过程。

步骤 5 设计学习过程。设计学习过程的实质是设计学生的学习经验，即学生要经历怎样的过程才能够学会知识，这需要着重关注几个问题：一是必须依据至少三分之二的学生如何逐步达成目标（即学会）来设计学习任务；二是必须嵌入评价任务，以实现教、学、评一致的教学，不能只管教或学的设计；三是必须在整体设计的前提下分课时呈现学习方案，使之适用于真实的课堂教学。

步骤 6 设计作业与检测。通过安排具体的作业任务、检测与考试等，明确学生是否真的达成了目标。

步骤 7 设计学后反思。学后反思必须是学习方案的一个组成部分，且是学习过程的关键步骤。教师需要思考怎样设计，提供反思支架，引导学生正确地悟与反思，以实现从基础知识、基本技能到学科核心素养的过渡或升华。

项目九 信息化教育教学创新

项目实训　探究信息化教育教学创新现状

1. 实训背景

如今，各类新兴技术和教育教学新模式不断涌现并广泛应用于课堂实践，持续推进教育数字化转型。人工智能、云计算、大数据等前沿技术为教育教学提供了新的可能性，推动了教育教学理念的转变和创新。本项目实训将带领大家探究信息化教育教学创新现状，以便更加全面、深入地认识信息化教育教学创新。

2. 实训目的

在了解教育应用新技术和信息化教学新模式的基础上，使学生进一步了解新技术与教育教学的融合情况、信息化教学新模式的实际应用现状，培养学生将新技术和新模式应用于教学的意识，使学生深入理解信息化教育教学创新的重要意义。

3. 实训步骤

（1）学生自由组成小组，搜索"信息化教学新模式"案例。每个小组确定一个案例，组内合理分工进行深入研究并收集相关资料，收集过程中应注意资料内容的严谨性和形式的多样性。

（2）讨论与分析案例并形成展示成果。各小组讨论分析收集的案例，评估其优缺点和对传统教学模式的影响，将案例分析和调研结果制作成演示文稿，以备下一步进行课堂展示。

（3）各小组派代表在课堂上进行展示汇报。展示汇报完毕后，在课堂上自由讨论，让学生发表自己的见解，加深学生对于汇报内容的理解和认识。

（4）教师评价总结。

为了帮助读者更好地掌握本项目所学内容，下面通过一张思维导图直观地呈现所有知识要点，如图9-8所示。

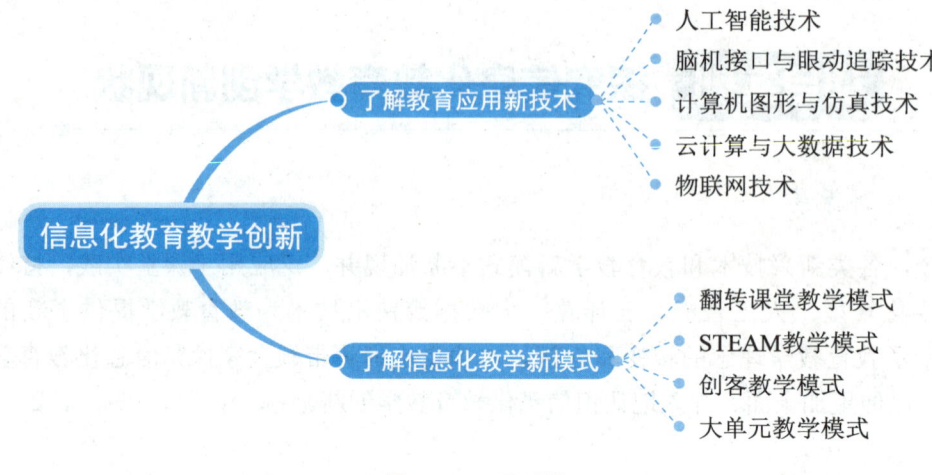

图 9-8　项目总结

项目考核

1. 选择题

（1）人工智能的关键技术不包括（　　）。
　　A．自然语言处理技术　　　　　　B．计算机视觉技术
　　C．机器学习技术　　　　　　　　D．射频识别技术

（2）脑机接口技术的重要功能有（　　）。
　　A．读脑功能、脑控功能、情绪调节功能　　B．读脑功能、监控功能、控脑功能
　　C．读脑功能、脑控功能、控制功能　　　　D．读脑功能、脑控功能、控脑功能

（3）（　　）利用图像处理技术，使用能锁定眼睛的眼动摄像机，通过捕捉从用户的眼角膜和瞳孔反射的红外线连续地记录视线变化，从而达到记录与分析眼睛运动过程的目的。
　　A．计算机视觉技术　　　　　　　B．脑机接口技术
　　C．以软件为基础的眼动追踪技术　D．以硬件为基础的眼动追踪技术

（4）计算机图形与仿真技术的关键技术不包括（　　）。
　　A．混合现实技术　　　　　　　　B．虚拟现实技术
　　C．增强现实技术　　　　　　　　D．M2M 技术

（5）以下关于翻转课堂的说法正确的是（　　）。
　　A．在翻转课堂中，知识内化需要学生在课后通过作业等来完成
　　B．在翻转课堂中，教师扮演主导者的角色
　　C．在翻转课堂中，学生成为学习的主体
　　D．在翻转课堂中，教师讲授占据了大部分课堂时间

（6）随着教育实践的发展，人们逐渐意识到（　　　）在创新人才培养中的重要性，特别是在培养创新人才的创造力、批判性思维、人文素养等方面效果尤为突出，于是该元素被引入 STEM 教学模式，形成了 STEAM 教育。

  A．合作（alliances）   B．应用艺术（applied arts）

  C．活动（activity）   D．艺术（arts）

2．填空题

（1）人工智能技术是指用机器_____、_____和_____人类的感知、思考、行动等智力与行为能力的技术，目的是让机器像人类一样具有_____、_____、_____、_____、_____等，从而更好地为人类服务。

（2）当前人工智能技术的教育应用场景涵盖_____、_____、_____、_____、_____、_____六大重点领域。

（3）脑机接口技术是不依赖于_____和_____，直接建立_____与_____之间的通信通道，捕捉大脑或神经系统神经元活动的信号，并对捕捉到的信号进行解码、再编码、反馈等处理的技术。

（4）STEAM 是_____、_____、_____、_____、_____五个学科的英文首字母缩写。

（5）狭义上的创客教育应是一种以培养学习者，特别是青少年学习者的_____为导向的教育模式。

（6）大单元中的"单元"并不是指传统教科书中的单元，更多地指的是一种_____。一个大单元通常是_____、_____。

3．简答题

（1）人工智能技术以"智"助教的典型场景有哪些？

（2）简述眼动追踪技术的教育应用。

（3）简述计算机图形与仿真技术的关键技术。

（4）简述云计算与大数据技术的内涵。

（5）简述物联网技术的教育应用。

（6）简述翻转课堂的内涵。

（7）简述大单元教学的内涵。

4．实践题

（1）选择一个在教育领域成功应用新技术的实例，深入分析其应用的具体技术、实施过程及带来的变化和效果。

（2）结合所学专业和个人经验，展望未来的教育应用新技术和信息化教学新模式，谈谈信息化教育教学创新的各种可能性。

完成所有学习任务之后,请按照以下要求进行项目评价。

全班同学每 3～5 人一组,各组成员结合课前、课中和课后的学习情况,以及项目实训和项目考核的完成情况,按照表 9-11 中的评价标准对本项目的学习效果进行自评和互评(组内成员互相打分),并请教师进行总体评价,学生根据评价结果进行总结。

表 9-11　学习效果评价表

评价项目	评价内容	评价分数			
		分值	自评	互评	师评
知识（40%）	人工智能技术、脑机接口技术、眼动追踪技术、计算机图形与仿真技术、云计算技术、大数据技术、物联网技术等教育应用新技术的内涵	20 分			
	翻转课堂教学模式、STEAM 教学模式、创客教学模式、大单元教学模式等信息化教学新模式的内涵	20 分			
技能（40%）	人工智能技术、脑机接口技术、眼动追踪技术、计算机图形与仿真技术、云计算技术、大数据技术、物联网技术等的教育应用现状及优势	20 分			
	翻转课堂教学模式、STEAM 教学模式、创客教学模式、大单元教学模式等的应用实例	20 分			
素养（20%）	遵守课堂秩序,展现良好学习态度	5 分			
	具有自主学习意识,做好课前准备	5 分			
	积极参与教学活动,善于思考、提问和探索创新	5 分			
	具有团队合作精神,高效解决问题,出色完成实践任务	5 分			
总评	综合得分:＿＿＿＿＿	100 分			
	综合等级:＿＿＿＿＿	教师签字:＿＿＿＿＿			
总结	最突出的表现（创新或进步）: 还需改进的地方（不足或缺点）:				

注:综合得分=自评（25%）+互评（25%）+师评（50%）;综合等级可以"优"（综合得分≥90 分）、"良"（80 分≤综合得分<90 分）、"中"（60 分≤综合得分<80 分）、"差"（综合得分<60 分）为标准进行评价。

参考文献

[1] 傅钢善. 现代教育技术 [M]. 第2版. 北京：高等教育出版社，2021.

[2] 柯清超，马秀芳. 现代教育技术应用 [M]. 北京：高等教育出版社，2023.

[3] 汪基德. 现代教育技术 [M]. 第2版. 北京：高等教育出版社，2021.

[4] 李靖. 现代教育技术 [M]. 北京：高等教育出版社，2023.

[5] 杨宁. 现代教育技术 [M]. 北京：高等教育出版社，2022.

[6] 李志河. 现代教育技术 [M]. 第4版. 北京：清华大学出版社，2023.

[7] 何克抗，李文光. 教育技术学 [M]. 第2版. 北京：北京师范大学出版社，2009.

[8] 何克抗. 信息技术与课程深层次整合理论：有效实现信息技术与学科教学深度融合 [M]. 第2版. 北京：北京师范大学出版社，2019.

[9] 南国农. 中国电化教育（教育技术）史 [M]. 北京：人民教育出版社，2013.

[10] 南国农. 信息化教育概论 [M]. 第2版. 北京：高等教育出版社，2011.

[11] 南国农，李运林. 教育传播学 [M]. 第2版. 北京：高等教育出版社，2005.

[12] 张一春，等. 教育技术及学术发展史 [M]. 福州：福建教育出版社，2021.

[13] 张一春，等. 教育技术研究 [M]. 福州：福建教育出版社，2022.

[14] 彭绍东. 教育技术的定义与命题 [J]. 电化教育研究，2000（10）：18-22.

[15] 祝智庭. 现代教育技术：走进信息化教育 [M]. 北京：高等教育出版社，2001.

[16] 何克抗，刘春萱. 信息技术与课程整合的教学模式研究之六："适时教学（JiTT）"模式 [J]. 现代教育技术，2008（12）：9-13.

[17] 吕薪秀，黄茜. 希沃白板在中学地理教学中的应用：以"地球的宇宙环境"为例 [J]. 中学地理教学参考，2021，（20）：68-70+76.

[18] 吴昌东，江桦，陈永强. BOPPPS教学法在MOOC教学设计中的研究与应用 [J]. 实验技术与管理，2019，36（02）：218-222.

[19] 陈然，杨成. SPOC混合学习模式设计研究 [J]. 中国远程教育，2015（05）：42-47+67+80.

[20] 顾小清，王炜. 支持教师专业发展的课堂分析技术新探索 [J]. 中国电化教育，2004（07）：18-21.

[21] 方海光，高辰柱，陈佳. 改进型弗兰德斯互动分析系统及其应用 [J]. 中国电化教育，2012（10）：109-113.

[22] 崔允漷. 如何开展指向学科核心素养的大单元设计 [J]. 北京教育（普教版），2019（02）11-15.